經濟學人投資原則

How to Invest

NAVIGATING THE BRAVE NEW WORLD OF PERSONAL INVESTMENT

彼得・史坦耶（Peter Stanyer）、馬蘇德・賈維（Masood Javaid）、
史蒂芬・薩齊爾（Stephen Satchell）——著

陳儀——譯

The Economist

目次

本書內文以**粗明體**標示的詞彙與概念，會在〈詞彙表〉中進一步闡述。

引言

全民投資的時代來臨了

「我父親上星期打電話給我，他說：『兒子，我需要你的幫助。跟我一起打高爾夫球的朋友一向在羅賓漢（Robinhood）上交易。我剛剛也跟著開了一個帳戶，我該買些什麼股票？』」[1]

羅賓漢是一家收費低廉且易於使用的線上股票交易平台，2019年COVID-19疫情爆發不久後，它靠著實現「全民財務民主」的口號創造了令人驚豔的飛躍性成長，成為美國當時最受矚目的成功故事之一。

多數使用這類零售端交易平台的新手投資人家中，並沒有真正能為他們提供正確投資建議與指引的精明理財顧問。相反，在這場疫情大流行期間，許多透過線上交易平台交易的民眾只能訴諸社群媒體來相互取暖或尋求協助。2020年一整年，羅賓漢和它的競爭者聯手促成了「迷因股」（meme stock）的現象。所謂「迷因股」，是指在社群媒體上吸引眾多追隨者並促使大量民眾搶購的股票；但民眾在購買這些股票時，顯然不大留意其成交價格的合理性。

近年來，這類容易上手、唾手可得且收費低廉的股票交易平台，已成了散戶投資領域不容忽略的特色之一。不過，新手投資人到底是怎麼決定要買入什麼股票的？他們又是如何決定要用多高的價格買入那些股票？新手投資人應該加入全球各地眾多加密貨幣（cryptocurrency）買家（據稱已有1億多人投入其中）的行列嗎？如果應該，又該購買哪些加密貨幣？凡此種種，都是21世紀散戶投資人必須應對的典型投資挑戰。本書的目的就是要提供一些路標來引導你走出迷霧，並協助你擺脫不時爆發的衝動，以克服投資方面的諸多挑戰。

散戶投資的世界向來瞬息萬變，只是我們很容易忽略這個事實；然而，不管你喜歡或憎惡這個事實，或者根本無動於衷，你都不得不承認，目前有高達數千萬人甚至上億人正在參與形形色色的投資市場，而這樣的深度參與在過去幾個世代之前是聞所未聞的。這些投資人當中，有數以百計、甚至上千萬目前擁有個人退休金帳戶，且必須靠著一己之力親自打理退休金儲蓄及退休所得等事務（在上個世紀，勞工毋須親自打理個人的退休積蓄與所得，換言之，對以前的人來說，當前的理財模式幾乎可說是聞所未聞）。在過去，這項理財責任主要由雇主承擔，但目前這項重責大任正快速且大規模轉移到員工肩上。只不過，或許因為當局者迷的關係，很多人幾乎沒有察覺到這項責任至關重要。

新世紀已然邁入第三個10年，金融科技（fintech）方面的創新似乎即將改造銀行與支付系統，甚至是貨幣的本質，乃至我們對安全資產的理解。

這一切是在多年寬鬆貨幣政策、低利率，以及股票市場多年維持看似昂貴的水準之後來臨。不過，便利且容易上手的新交易平台和金融部門創新結合在一起後，反而使我們更有可能面臨隨時爆發金融危機的窘境。此時此刻，所有投資人都必須應對一項令人頭痛的挑戰：謹慎型投資標的只能提供微薄的可靠收入，而且一旦利率與通貨膨脹上升，這類投資標的的價值便很可能會嚴重折損。我們認為，上述種種狀況顯示我們迫切需要維持單純的投資方式，不要被「快速致富」的春秋大夢牽著鼻子走，因為這個世界上並沒有快錢可賺。

本書的目的是要幫助投資人妥善應對這個新世界的一切。隨著市場徹底被改造，投資人更需要具備思考線上聊天內容是否真的可靠，以及向投資公司業務員提出質疑的能力，因為業務人員一定會為了個人利益，不斷向你推薦最新但不見得穩當的金融產品。

有鑑於此，我們為力求改善投資成果的投資人提供了18項有助於制定明智決策的關鍵原則，例如，第1章的標題「看清楚牛肉在哪裡」，是為了提醒每個人：除非認為一個投資論點真正有說服力，否則絕對不能貿然出手。我們透過本書提出的幾項基本投資原則，必定能幫助投資人盡可能避免犯下重大投資錯誤。這些基本投資原則包括：

1. 必須時刻留意收到的投資提案是否有「真材實料」。（第1章）
2. 務必再三斟酌並審慎制定投資決策後再採取行動。（第2章）
3. 唯有採用明智策略並長時間定期加碼投資提撥款的人，才最能輕鬆獲得複利的榮耀。（第3章）
4. 昂貴的手續費是拖垮退休生活水準的最大致命負擔。（第3章）
5. 如果你認為股票市場或其他任何市場有「快錢」可賺，代表你不夠深思熟慮。（第4章）
6. 明星經理人不是萬能的。（第4章）
7. 大多數股票的績效落後於整體股票市場。（第4章）
8. 不要對投資報酬懷抱過高期望，但長期下來的複利效果一定會為你帶來收穫。（第4章）
9. 為長遠目標而投資時，寧可當烏龜也不要當野兔。（第1、4、5章）
10. 我們認為沒有人能知道十五年後的利率與通貨膨脹水準，這一點非常重要。（第5章）
11. 沒有人有能力規避未來意料之外的不景氣時期，所以

你必須清楚知道自己將會如何應對，也要知道屆時你的積蓄能否應付得來。（第5章）

12. 投資全球股票指數型基金堪稱非常明智的股票投資方法。（第6、8章）
13. 如果你為了呼應你在環境、社會與公司治理等優先考量而調整投資標的，切記還是必須貫徹充分分散投資的原則。（第8章）
14. 在嚴峻的危機時刻，政府公債依然是投資人最好的朋友，但長期下來，政府公債總是容易受通貨膨脹所傷。（第4、5、9章）
15. 在不景氣時期，公司債和股票市場波動性之間的有害固有連動性必然會顯露無遺。（第9章）
16. 房地產是每一個人財務與福祉的核心。（第11章）
17. 有耐性的不動產投資信託散戶投資人可能比很多機構法人投資者更能從不動產投資中獲益。（第11章）
18. 投資你樂於擁有或支持的事物，得到的將不僅僅是金錢上的報酬。（第8、12章）

請務必留意我們會在本書不同段落反覆提到的這些原則。

投資論戰

市面上有非常多受歡迎的投資書籍，但鮮少能以不偏不倚的視角，檢討21世紀個人儲蓄與財富管理的最新爭議。政府公債究竟有多安全？加密資產（crypto assets，尤其是所謂的**穩定幣**〔stable coins〕）是真正吸引人的另類投資標的嗎？人為氣候變遷的威脅可能會對投資造成什麼影響？**指數型投資**（index investing，也就是購買旨在複製你選擇要投資的股票或債券市場之績效的指數型基金——即被動投資〔passive investing〕）——能兼顧優質公司治理嗎？我們對未來通貨膨脹與利率的瞭解有多深？全球投資是最好的方法嗎？還是我們應該更著重於本國市場投資？以上就是本書所要探討的幾項投資論戰。

投資人不需要嘗試在各種相持不下的論點之間尋找折衷方案，也毋須激進地選邊站；相反，投資人必須認真思考一旦選定投資策略後，這些迄今仍未有明確解答的議題，會對伴隨這項策略而來的不確定性產生什麼影響。這就是本書試著用實用方式來釐清的問題。

然而，無論財富多寡，所有投資人都不該在外部投資顧問的慫恿下，採納自己完全不理解的複雜策略。本書固然會討論到某些較複雜的投資方法，但投資人大可以摒棄那些令人摸不著頭腦的方法，採用簡單但真正適合自己的策略。

即使你只想投資單純結合現金、充分分散投資的股票與政府公債的投資組合，也絕對不愁沒有合適的策略可用。不過，投資經理人幾乎都會推薦投資人採用更昂貴和複雜的策略。不僅如此，他們經常還主張，為了分散風險，現代投資人在建構資產配置時，除了股票與債券市場以外，還要投資私募市場。問題是，私募市場的投資費用較高，而且，私募市場雖然表面上看起來不至於不透明或沒有彈性，但實際上並非如此，更麻煩的是，通常投資人在投資私募市場時，必須做好長期投入的預期。偏好私募市場投資的論點乍聽之下很有道理，但實際上並非如此。本書提供了身為投資人的你必須要瞭解的重要知識與詞彙，也會在必要時質疑某些會導致投資方式變得無謂複雜的策略。

儘管線上交易平台領域發生了令人耳目一新的革命，我們還是應該把金融市場視為保護與增長財富的場所。可惜實際上，金融市場並非絕對能增長財富的可靠場所：在金融市場的大環境裡，唯有跟烏龜一樣有耐心，你定期大方投入其中的退休金，最終才有可能獲得優渥的複合投資報酬率，你一點一滴耐心提撥的資金也才可能累積成為一筆可觀的退休金或積蓄。相反，如果你跟野兔一樣活躍輕佻，最後的下場很可能會令你非常失望。多數基於碰碰運氣的心理而妄想把當沖客（day trader）當成正當職業的人，很快就會發現這並非長遠的職涯選項。

部分基本投資術語

投資的世界裡充斥著令散戶投資人望之生畏的專有名詞，下面會解釋一部分最常出現在書中的專業用語，書末的〈詞彙表〉則是則是另一個參考來源，表中的專有名詞於內文第一次出現時，會以**粗明體**標示。

股權（equities）：也就是所謂的**股份**（shares）或**股票**（stocks），代表一家公司一部分的所有權。

固定收益（fixed income）或**債券（bonds）**：指預先設定利息付款時間表（也稱為固定利息息票〔fixed-interest coupons〕），且在到期日當天具有固定贖回價值（fixed redemption value）的投資標的。債券代表債券持有人對政府與企業的放款，債券持有人預期信譽良好的政府一定會履行其債務的付款條件，因此諸如美國**國庫債券**（Treasury bonds）等政府債務所隱含的信用風險可說是微乎其微，這類政府債券被形容為「避風港」型投資標的。相對來說，企業有時則可能無法履行其付款義務，所以公司債被視為某種風險性資產。**信用投資組合**（credit portfolio）是指持有公司債與其他債券曝險部位的投資組合。

現金（cash）：代表能賺取利息的投資標的，例如銀行存款、對貨幣市場基金的持有部位，或是政府發行的較短到期期限（maturity）票據（例如**國庫券**〔Treasury bills〕）。**貨幣市場基金**（Money market funds）是由專業機構管理的基金之一，它的投資標的是現金與較低風險的類現金投資標的。

避風港型資產（safe-harbour assets）：投資人預期能藉由這種資產獲得防禦風暴的庇護作用，因此這類資產可能包含現金與政府債券。第4章將討論不同類型的政府債券能為不同種類的風險（包括資本損失風險與通貨膨脹風險）提供什麼保障。

風險性資產（risk assets）：指容易遭受各種不同潛在風險傷害的資產，包括股票、公司債（以及容易因信用風險而受傷害的投資組合）和不動產。

公開發行之投資標的（public investments）：通常是指已掛牌交易或已有公開報價的投資標的，正規的股票交易所會定期為這類投資標的提供報價，投資人可用那些報價或接近那些報價的價格完成買賣交易。

私募市場（private markets）：指未掛牌交易或無公開報價的

投資標的，一般來說，這類投資標的並無可隨時取得的報價。

槓桿（leverage）：顯示一項投資標的——乃至它的績效與風險——隨著它本身背負的債務水準而起伏或倍數起伏的程度。

放空（short selling）：當投資人出售某一項實際上並未持有的投資標的——不管是透過出售期貨或向他人借用這項投資標的（放空者提供擔保品給股票出借人，以便借用對方的股票）來賣出——就牽涉到放空行為。相反，作多部位（long position）是指投資人真正擁有的投資標的。

金融衍生性商品（financial derivatives）：各種旨在複製直接型投資標的——例如股票市場、債券市場或外匯市場投資標的——的風險與報酬的投資契約。

多元資產基金（multi-asset funds）：投資到多種類型投資標的、投資策略和基金經理公司的投資工具。

避險基金（hedge funds，又譯為對沖基金）：瞭解避險基金的最好方式，就是將它視為幾乎不受營運限制的私募創業型投資公司，避險基金會利用自家的研究成果來鑑別各種旨在獲取高報酬的機會。

投資經理人（investment managers）：在提供投資管理服務的企業任職的人。**諮詢師**（consultants）與**外部顧問**（consultants）則是協助投資人處理各式各樣財務與投資問題的專業人士，包括個人退休金、財務規畫，以及選擇投資經理人等。

章節規畫

本書共分成12章。

第1章　看清楚牛肉在哪裡

我們開宗明義就強調，不管投資人收到什麼樣的投資提案，都務必先釐清那些提案背後的實際內容，這一點非常重要。尤其這個世紀迄今，從事投資活動的成本明顯降低，投資人也更容易「得其門而入」，所以更應審慎應對形形色色送上門來的投資提案。

COVID-19大流行疫情是清楚闡述「不確定性」（無法衡量）與「風險」（可以試著衡量）之差異的最好例子。這場疫情提醒我們注意，最普遍的投資風險衡量指標——即投資價值的**波動性**（volatility）——其實只是片面的衡量指標。

我們也將在這一章討論金融知識的重要性，金融知識能在一定程度上保護你免於詐騙與欺瞞；另外，我們還會在這一章討論各種風險承受度（投資顧問使用的說法）與風險趨避（risk aversion，經濟學家使用的說法）指標。真正攸關投資人的風險經常是無法衡量的，而對投資人來說，能夠衡量的風險則往往不那麼重要。無論如何，最關鍵的疑問還是：「你究竟能承受多少風險？」

第2章　自我評估：應信賴一己之見來處理投資事務，還是求助外部顧問？

投資人需要外部顧問嗎？當投資人自行做決策時，他們往往會變成自己最大的敵人，所以若能找到一位在投資方面真正與自己契合的外部投資顧問，即使是自視甚高的投資人，都有可能因為接納了外部顧問的建議而受益，畢竟專業投資顧問的財務規畫內容可能更面面俱到。不過，以2022年的局勢來看，理性根據現況所擬定的未來財務計畫，可能無法創造令人滿意的成果；換言之，未來投資人恐怕不容易複製過往優渥的市場報酬紀錄（譯註：這主要是前幾年資產價格大幅上漲導致期望報酬率降低使然）。所以，我們在這一章特別強調，投資人期望能經由外部顧問的服務而獲得優異成果，這種想法雖然無可厚非，卻不能忘記「一分錢（投資人支付的費率）、一分貨（投資顧問提供的服務）」的道理，這一點非常重要。

我們還會在這一章分別探討經濟學對投資人投資行為的假設，以及行為財務學（behavioural finance）對投資人實際投資方式的解釋。我們會對比投資人偏好（應該加以尊重）和投資人偏誤（經常導致投資人犯下投資錯誤）之間的差異，從而探討當民眾以自身積蓄來從事投資活動時，自身行為會對投資活動產生加分還是減分的效果。

第3章　個人退休金的挑戰

「個人退休金自動從薪資中扣繳」的機制是眼前這個散戶投資新世界的關鍵特質之一。我們將在這一章以示例說明，即使是溫和的通貨膨脹，都足以對退休後的生活水準造成致命影響。因此，我們鼓勵所有接近退休的人探討各種能延後請領政府養老金（state pensions）與社會安全退休給付的選項，因為唯有延後請領這些給付，你未來領取的應得退休金與社會安全退休給付權益金額才能隨著通貨膨脹調整。大致上來說，能夠隨通貨膨脹調整的退休金才是最具價格競爭力的可用老年保險。我們也在這一章討論老年人出現高額照護成本的可能性，並說明各種動支退休積蓄的方法。

第4章　驅動績效的因素是什麼？

在這場疫情大流行期間，散戶圈出現了一窩蜂吹捧特定股票的「羊群」行為，這成了疫情期間散戶投資活動的特質之一。這種羊群行為使受到追捧的股票表現特別出眾——至少暫時特別出眾。我們在這一章透過股票市場長期期望報酬的正確視角來探討羊群行為，並提出反制羊群行為之負面影響的建議：選擇較不令人衝動且充分分散投資的現成投資策略，通常成果會比一窩蜂追逐熱門股更好。新近的研究顯示，任何一檔典型股票的績效都可能比代表大盤的市場更差，因為整個市場的報酬其實主要只來自極少數表現異常出色的股票。這樣的研究結果雖違反直覺，卻千真萬確。

第5章　通貨膨脹、利率、榮景與蕭條：世界上有真正安全的投資嗎？

很多人談到這些議題時，都能頭頭是道地說出自己的看法，但實際上，根本沒有人知道未來幾十年的利率和通貨膨脹將會是多少。問題是，這些議題對投資人又尤其重要。

我們確實無從得知未來的利率與通貨膨脹水準，而這個問題的影響之一是，民眾難免因此對政府債券的公允價值產生疑問，並連帶質疑股票市場的公允價值。此時此刻的環境鼓勵民眾追求可靠的**溢酬報酬**（premium returns），問題是，世界上並不存在任何可靠的溢酬報酬。我們還會討論其他形式的分散投資管道與「號稱」可作為投資人財富避風港的投資標的（包括黃金與加密貨幣），是否真的可作為政府債券的有效替代品——坦白說，我們認為這個問題的答案是否定的，但在遭逢極端的政治情勢時，酌情採用那類投資決策或許勉強堪稱合理。儘管如此，我們還是不得不承認，加密貨幣的成長以及加密貨幣相關的區塊鏈交易紀錄，的確有可能使銀行業務以及財富的保全及認證方式發生劃時代的變化，這個事實顯而易見。

最後，我們也會在這一章探討股票與信用市場長年以來反覆出現的一種交替模式：這些市場總是會在延續多年的長期假性平靜之後，進入較短期且危險的狂躁崩潰狀態。

第6章　標準資產配置有助於提升投資成果嗎？

我們建議投資人可以根據一個簡單的標準資產配置（model allocation）——也就是比較基準（benchmark）——將資金分配到股票、債券與現金等資產，這是淺顯易懂且非常明智的做法，世界各地大大小小的投資人都會採用標準資產配置來分配資產。儘管市場的波動性乃至投資人選擇的策略還是可能發生高低不一的虧損風險，不得不令人提高警覺，但若能採用最分散投資的資產配置，投資人一定能保有投資決策制定與風險承擔行為等方面的紀律，最終持盈保泰。

我們也在這一章探討各種模型假設投資人**應該**要如何投資，但也同時提出一份彙整數據，說明投資人**實際上**又是採用什麼樣的投資方式。

第7章　流動性風險：在不景氣時期，現金才是王道

所謂流動性不足（illiquidity），是指無法在不產生顯著損失的情況下，迅速將手上的投資標的轉變為現金。流動性風險

被形容為最危險且最不為人所理解的金融風險，諷刺的是，這項風險竟助長了兩個著名的異端邪說：其一是，投資人可以安心投資低交易頻率的投資標的，只因為據稱這類投資標的的波動性很低；另一個異端邪說是，如果一項投資標的的流動性不足，它勢必能提供某種程度的超額報酬率，以作為這種僵化特質的某種補償。不過，這兩個說法都是錯誤的。

接下來的4章將檢視風險性資產在投資人策略裡的地位。

第8章　風險性資產：全球股票市場

目前的股票投資活動出現了兩股清晰可見的趨勢：其一是指數化策略——即追蹤股票策略的盛行；另一個則是重視環境、社會與公司治理（environmental, social and governance，ESG）等議題的投資風氣的興起。

我們還會在這一章檢視不同風格的股票市場投資方式，尤其是和海外投資額度有關的決定，以及是否應該為了管理匯率風險而針對國際投資標的進行**避險**（hedged）等。我們的結論是，對散戶投資人來說，在實務上**未進行避險**（unhedged）的全球投資法通常才是最好的方法，因為無論投資人是否針對匯率進行避險，股票本來就是相對高風險的投資標的。然而，這個原則還是有一些例外。另外，還有一些論點主張，在安排投資標的配置時，應該側重本國的投資標的。

第9章　風險性資產：全球信用市場

我們會檢視公司債與其他類型的債務所扮演的角色，並解釋這些信用投資組合的定價（pricing）會隨著股票市場的波動性而出現怎樣的變化，這正是那類債券被視為風險性資產的原因。在危機時刻，政府公債依舊是投資人最好的朋友。

第10章　多元資產基金與另類投資標的

多元資產基金就像是一站式購足商店，可以滿足投資人的所有需要。這類基金包括股票及債券指數型基金與現金的各種簡單組合，不僅如此，這類基金更是介入各種不同另類投資產品的管道；如果沒有這類基金，散戶投資人多半沒有管道可投資各式各樣的另類投資標的。在最理想的狀態下，主動管理型的多元資產基金能做到領先業界的風險管理成果，原因是，這類基金能利用槓桿與放空等手段，將績效超前的機率提升到最高，同時善加管理績效落後的程度，但這是就「理想狀態」而言。較複雜的基金收費通常遠高於其競爭對手——即單純至上的指數型基金。不過，多元資產基金的確讓私人投資者（private investor）有機會取得平常不容易取得的收入來源，也讓他們得以承擔平常不太有機會承擔的風險。

第11章　住宅所有權與不動產

每個人都需要一個家，而且對很多人來說，住宅投資應該是多數人一生中最「高貴」的投資項目。住宅投資和一般投資標的大不相同，因為它還能滿足人類對庇護之所的需要，所以即使住宅的價格波動很大，風險卻可能很低。一般人經常會對住宅產生情感依戀，這種情感依戀和藝術品與其他珍貴財產對民眾的吸引力有著異曲同工之妙。

但商用不動產投資就是另一回事了。COVID-19大流行導致商用不動產市場陷入嚴重混亂，散戶投資人通常是透過不動產投資信託（real estate investment trusts，REITs）來投資商用不動產。REITs讓投資人得以比直接持有大樓的退休基金與保險公司等機構法人投資者更靈活地透過不動產投資活動來獲取收益。不過在英國，傳統的房地產基金是採用波動性較小的房產鑑定人估價機制，所以對英國的散戶投資人來說，傳統的房地產基金並不是那麼有效率的商用不動產投資管道。

第12章　藝術品與愛好性投資標的

很多民眾不惜斥重資收藏畫作或各種珍貴的財產項目，例如郵票、珍稀書籍、手錶或古董車等。他們之所以決定購買這些標的，是期待經由擁有美麗的藝術作品來獲得情感——而非財務——上的紅利。這樣的期待無可厚非，不過也有人嚴肅地提醒，總有一天，買來的畫作幾乎都會被丟棄，換言之，投資到這些畫作的錢最終幾乎都將付諸東流，成了一種浪費。

進入這個世紀後，科技改造了許多藝術品製作、購買與所有權紀錄的方式，這使得美術作品與珍貴財產的市場變得比以前更有效率。我們還在這一章討論了藝術品價格看起來和所得分配不均與財富正相關等狀況。

總的來說，我們最想要讀者透過本書吸收且反思的重要訊息是：當你取得一份投資提案，一定要先問清楚「牛肉在哪裡」，這一點至關重要。另一則同等重要的訊息是：如果某一項投資標的已經大幅漲價，而且有很多人正在搶購這項標的，單憑這一點，它就已經稱不上值得投資的標的了。

彼得・史坦耶、馬蘇德・賈維、史蒂芬・薩齊爾，

於2022年10月。

第1章
看清楚牛肉在哪裡

必須時刻留意收到的投資提案是否「真材實料」。

在很多人眼中，牛頓（Isaac Newton）是有史以來最偉大且「想必很理性」的數學家與物理學家之一，他理應信賴他對「看清楚牛肉在哪裡」這個問題（也就是本章標題）的直覺反應。但恰恰相反，他卻在那個時代的快速致富投機風潮——也就是當今所謂的南海泡沫（South Sea Bubble）——中迷失，最後敗於自己的貪婪：在十八世紀初這場狂熱剛開始的那幾個月裡，牛頓原本已經賺到了鉅額的利潤，但他竟然在市場高峰抗拒不了誘惑，加碼承擔了3倍風險，最後落得血本無歸。

如果我們向17世紀的荷蘭鬱金香球莖投機買家提出一個反覆在本書出現的疑問——為什麼你認為目前的投資一定值回票價？他們的答覆應該都冠冕堂皇，否則一開始根本就不會投入這場狂熱。當今的加密貨幣投資人也應該不斷反思這個重要的問題，當年把資金投入馬多夫（Bernie Madoff）龐大詐騙案的投資人，就是因為沒有好好思考這個問題，最終自毀前程；而當初曾省思這個問題的人，則因為無法找到足以令人信服的答案而得以趨吉避凶。

自古以來，不節制投資的行為總是一再引來瘋狂的廣泛關注，在那樣的狂熱時刻，很多散戶投資人都自以為找到了致富捷徑而瘋狂投入其中。但在深思熟慮的散戶投資人眼中，不管一個被大肆吹捧的熱門投資機會引起了多麼狂熱的行動，都不能作為勇於參與其中的正當理由。

現代的投資活動

線上交易與財富管理平台在這個世紀的發展，讓普羅大眾得以用低得驚人的成本，輕鬆開立各種投資帳戶。而儘管較年長的投資人過往能透過銀行帳戶來取得穩固的利息收入，但隨著利率長年維持在接近零的水準，那類管道的穩固收入早已不可多得。寬鬆的資金、財務自由化（financial liberalisation）、科技發展，以及交易成本降至前所未見的低水準等因素，共同形成了創新乃至泡沫與投機行為的沃土。

但這些變化也為小額定期性儲蓄型低成本投資策略鋪設了

一條康莊大道。幾乎可以肯定的是，很多擁有數十億甚至上百億投資資金的大型機構法人基金，難以在績效上超越單純的指數追蹤型策略，而每個月只有幾百美元、歐元或英鎊可用來投資的散戶投資人，如今都已能使用那種指數化投資策略來為自己謀取利潤。手邊只有小額積蓄的散戶或許接觸不到機構法人投資者所偏好的複雜（但收費昂貴的）投資機會，目前散戶的績效卻已明顯不再處於劣勢狀態。

誠如我們所見，美國股票交易平台羅賓漢就是這個全新的開放取用（open access）型投資世界裡的典型代表，它以零佣金、無最低帳戶規模限制以及簡單易用的網站等，開創了一個目前已變得非常普遍的美國商業模型，而散戶投資人也及時把握這個輕鬆又簡單的交易機會。羅賓漢成立於2013年，到2017年時，它已吸引了200萬名客戶，到2021年時，它的客戶更增加到1,800萬。

在那個股票交易狂熱時期，網路聊天室和討論區成了市場耳語和股票小道消息的最佳繁殖場，而美國政府在2020年發放給公民的1,200美元COVID-19經濟提振支票，更是助長了這股炒作風氣。

當今的投資世界已和20世紀末期的投資世界截然不同，在當時，首次購買股票或投資基金的成本非常高，相關的手續辦起來曠日廢時，且經常需要透過郵政系統往返寄送各種信件和申請表。當時美國和英國的多數大型雇主都主動將員工納入公司的退休金計畫，而員工的應得退休權益會隨著服務年資與薪資水準而自動增長。不過，那個世界已不復存在。

目標、風險與不確定性

儘管這是一個全新的投資世界，投資人的目標卻幾乎還是一如既往沒有太大改變。民眾存錢是為了能應付未來的支出，那些支出可能包括退休後的開銷，或是購屋所需的頭期款、度假費用、婚禮開銷或子女的教育費用等。另外，民眾存錢也可能是為了儲備各種為應對不時之需或其他目的之準備金。而在儲備資金的過程中，我們總是會遭遇到各式各樣的風險與不確定性。

其中最重要的幾種風險有可能會導致我們無法達成目標，舉個例子，我們也許可以善加利用時間的魔法和耐心投資的方式來獲取優異的潛在報酬，但切記，要想獲取優異的潛在報酬，就得承擔高風險。時間當然能使優異的績效產生複合成長的效果，但時間也有可能導致你離目標愈來愈遠的風險上升。在實務上，每當談到投資風險，我們會以投資標的波動性（也就是每月投資報酬率的年化**標準差**〔standard deviation〕）作為風險的代用指標。波動性通常是一項有用的指標，它也確實被用來推估報酬不如預期的可能程度。然而，這項指標卻可能產生誤導效果。

過往投資報酬率的波動性通常是我們唯一唾手可得的資料，但使用這項資料的方式與時機是有限定條件的，所以務必要搞清楚怎樣與何時使用這項指標才是恰當的。因為在某些可預測的情境下，低波動性就像是包裹了糖衣的毒藥，會讓人誤以為發生極端負報酬率的風險很低。我們將在第4章回頭討論這個議題，並在那一章提出一個示例，本書其他篇幅也會廣泛討論到這個議題。

更錯綜複雜的是，風險和不確定性之間有一個重要的差異。「賭一枚公平硬幣的投擲結果」會構成風險，因為擲硬幣的結果與發生機率是完全已知的，即使擲出來的實際結果是未知的。相較之下，被隕石擊中、被外星人綁架，以及其他類似的奇異現象就和擲硬幣不同了，因為我們無法明確描述那些現象的結果是什麼，也無法明確說出發生的機率。COVID-19大流行的爆發提醒我們，這個世界上存在眾多人類早已知曉的不確定性，但當下我們卻不能妄想為這些不確定性建立模型：昨日的不確定性等於明日的風險。

風險與不確定性：COVID-19大流行疫情

COVID-19大流行疫情是憑空出現的嗎？真的是這樣嗎？經歷過嚴重急性呼吸道症候群（SARS）、人類免疫缺乏病毒／

愛滋病（HIV-AIDS）與口蹄疫等疫情後，人類毋須別人提醒也知道，自開天闢地以來，致命傳染病就已是人類社會的已知威脅。專家雖對此心知肚明，卻也向來無法準確說明任何一場大流行疫情會有多嚴重，也說不出它會何時來襲。換言之，這是一種已知的未知，一種可能突然來襲的有害事件。COVID-19對多數人造成的不利經濟衝擊，主要其實是來自政府針對這場大流行疫情所採取的種種應對政策，尤其是官方針對社交群聚實施的限制以及在商業上的封鎖措施，而不是來自這場疫情直接造成的健康影響。在這樣的時刻，平日基於未雨綢繆心態而攢下的現金儲備便顯得彌足珍貴，那些準備金雖不見得足夠讓人度過疫情，但至少能爭取一點額外的時間（見第6章）。正是在那樣的時刻，多數國家政府會以最後保險人（insurer of last resort）的姿態介入，為民眾提供保障；不過，這類行動也會對國家負債帶來巨大代價。有些人認為，未來爆發其他大流行疫情以及氣候變遷等風險正日益升高，這意味在未來幾十年間，各國政府必須做好更常出面擔任最後保險人角色的準備，而這類大規模政府干預一旦經常性發生，將對本世紀剩餘時間內的政府債務、利率，乃至通貨膨脹產生重大影響。（見第5章）

在過去，風險經理人有時會將一些極端的市場發展描述為「百萬年一遇」的事件，但這其實只是推托之詞，目的是為了讓人相信他們之所以未能妥善管理好風險，都是因為極低機率的事件（不管是什麼事）竟然真的發生了。事實上，經理人事前早該知道這些風險，即使已經使用了所有可用數據來建立風險模型，那些模型絕對還是不夠完善，問題只在於他們不夠瞭解或不願承認這個事實罷了。總而言之，風險是可衡量的，但不確定性無法衡量。

除了要區分風險和不確定性之間的差異，還有另一個個別的議題要留意：可能會影響到「未來收入」的威脅和可能衝擊到「投資標的之價值」的威脅不盡相同，而我們必須區分這兩種威脅的差異。退休人士或正在為退休儲蓄做準備的人關心的是可能會影響到「未來收入」的威脅，而短線投資人則比較重視可能衝擊到「投資標的價值」的威脅，因為短線投資人可能需要可隨時取用的資源。對短線投資人而言，投資報酬的波動性以及虧本的短期風險至關重要，但投資報酬波動性與虧本的短期風險的變化，卻可能會誤導正在為退休儲蓄做準備的長線投資人（見第3章），害他們做出不適當的回應。因此，投資報酬率的波動性與虧本的短期風險並不是衡量風險的適當整體指標。對不同的投資人來說，「保持謹慎」這四個字代表著不同的意義，而這一點凸顯出外部顧問審慎設計問卷內容的重要性。

投資報酬會隨著時間推移而變動，而投資報酬的變動型態對投資人非常重要，如果在漫長的投資過程中，投資報酬頻頻令人失望（不僅是未來某個日期的最終報酬令人失望），投資人就會產生「最終結果可能很差」的觀感，而且這樣的觀感會隨著失望的次數增加而變得愈來愈強烈。投資人當然會隨著時間推進與個人（及其他所有人）經驗的增長，來修正對風險的期望與理解。投資人也當然不希望在目標日期（例如期望的退休日期）到來之前的任何階段出現無法接受的損失，而投資人對這項風險的關注，更是凸顯出錯誤衡量風險的危害有多大（見第6章）。

說穿了，風險就是發生惡劣的結果，而在不景氣時期發生的惡劣結果尤其具有殺傷力，因此，若要投資人承擔「在不景氣時期發生惡劣結果」的風險，就必須提供特別吸引人的報酬才行。誠如先前討論的，外部投資顧問通常是根據投資標的的波動性來評斷它的風險，但套用艾爾曼倫（Antti Ilmanen）的說法，並非所有波動性皆「生而平等」，且就風險來說，惡劣結果發生的「時機」和惡劣結果的「規模」同樣重要。[1]

本書一貫的主題之一是，散戶投資人應該思考各種投資標的在不景氣時期的可能績效，這是瞭解個人風險承擔程度的關鍵。我們沒有花太多篇幅討論何謂不景氣時期，因為所謂的不景氣時期會因不同投資人而異，不過，艾爾曼倫的說法最為傳神，他對不景氣時期的定義是：當你感覺自己手邊多出的額外一塊錢顯得彌足珍貴時。

當不景氣時期來臨，投資人難免會感到措手不及，而要善加管理這項風險，方法之一就是趁著景氣良好的階段，誠實地省思你的風險承擔行為——在景氣良好階段，不當的風險承擔行為經常會讓人得到報酬上的獎勵，而不是遭到懲罰，但也是在這樣的時刻，才更應誠實地檢視自己的風險承擔是否過當。法蘭克・索丁諾（Frank Sortino）與薩齊爾（Stephen Satchell）合著的《管理金融市場的下跌風險》（*Managing Downside Risk in Financial Markets*）一書的封面照片，傳神地描繪出這個主題的面貌。在這張照片上，到非洲狩獵的凱倫・索丁諾（Karen Sortino）正撫摸著一頭令人望之生畏的犀牛。書本的副標題寫道：「就算你僥倖逃過一劫，也不意味你沒有承擔任何風險。」

誠如我們將在第4章討論的，投資人可能是被看似卓越的經理人績效所迷惑，才會承擔不當的風險，而看似卓越的績效背後，可能隱含著發生異常負面報酬的風險。無論如何，目前一般人已經愈來愈能體會金融教育的必要性，從各大學與學院紛紛開辦許多教導學生妥善處理個人財務的課程便可見一斑。自助式投資風氣與個人必須為退休準備金的提撥負起責任等趨勢興起，更進一步凸顯出金融財務知識的重要性。

金融財務知識：絕對值得你付出努力

在當今這個彈性工作、可攜式退休金計畫（portable pension pots）與線上交易當道的全新大環境中，缺乏基本計算能力與金融財務知識及技能的散戶投資人，很容易落入不利的處境。這是非常重要的議題，因為儘管世界各地有數千萬甚至數億民眾已加入投資人的行列，但近年來的國際調查證據卻頻頻顯示，民眾金融財務文盲的程度真的非常嚴重。

從一般人對三項核心金融財務概念的理解明顯不足，便可見金融財務文盲的程度有多嚴重：

1. 利息收入／支出的複利效果
2. 通貨膨脹的衝擊。
3. 風險分散的好處。

每一位投資人都必須對這些概念有所瞭解，而且這些概念對本書以及我們的核心投資原則尤其重要。隨著民眾漸漸體認到這些概念的重要性，一般人已愈來愈重視培養學童的金融財務知識與投資原則概念，坊間更有適合各種年齡的投資書籍出版，這一切都是為了幫助人們及早應對這些挑戰。[2]

金融財務知識和計算能力有所不同。就算你擁有基本計算能力，也無法確保你瞭解金融財務，亦不代表你能直覺感受到風險（可衡量）與不確定性（不可衡量）之間的重要差異。

企業發起的確定提撥制（defined-contribution）退休基金（如美國的401(k)計畫）通常都有預設的基金選項，員工的決策負擔因而得以減輕，換言之，絕大多數員工的提撥款項都會流入那些預設的基金選項。總的來說，預設投資選項的退休金計畫等於是把退休積蓄的相關決策外包給投資專業人士所設計的簡單結構。

目前這類預設基金選項裡有愈來愈多的目標日期基金（target date funds），而選擇這種基金的提撥人從頭到尾只需要做一個決策，那就是決定預計退休的日期（見第2章）。不過，退休金提撥人應該再三確認預設的提撥率是否足以支持他們所期待的退休生活水準；事實上，很多提撥人可能必須提高每個月的提撥金才能達到這個目的。根據設計，目標退休日期一經指定，預設策略將會年復一年地依照雇主公司的外部顧問的建議自動投資並增長。

預設基金可能形成一股推力，使員工朝更良性的退休儲蓄型態前進，但為了避免掉入財務管理方面的陷阱，員工本身還是需要具備金融財務知識才行。研究結果顯示，民眾並不太理解通貨膨脹（即使只是溫和的通貨膨脹）對生活水準的衝擊，而這可能在未來導致令人憂慮的影響（見第3章）。這個問題在近幾年內較缺乏物價上漲經驗的國家似乎尤其嚴重，令人不得不為這些國家的民眾憂心。總之，民眾必須隨時做好應對「通貨膨脹對生活水準造成衝擊」的準備，而隨著2020年代初期世界各地通貨膨脹高漲，這個議題更是舉足輕重。

金融財務文盲的其他特點還包括：民眾普遍並不瞭解財務顧問慣用的投資概念（例如股票與債券）。研究也顯示，即使是教育程度較高的人，也不盡然具備較好的金融財務知識，而且平均來說，女性較為缺乏財務自信心，通常也比男性缺乏金融財務知識。

相反，擁有較深厚金融財務知識的人，則更可能為退休擬訂計畫、更禁得起意外財務衝擊的打擊，也較有財務安全感。在金融財務知識上的投資，有可能讓人獲得較好的財務成果，而事實向來也顯示，接受過金融財務教育課程的人，傾向於提高他們的定期退休金提撥金額。

勇於坦承自己搞不太懂各種金融財務概念的投資人還可以選擇另一種策略：那就是採用由專業人士設計且容易理解的單純投資策略。

詐騙與欺瞞

據估計，截至2008年11月底，伯納德．馬多夫投資證券有限公司（Bernard L. Madoff Investment Securities LLC，

該公司是在美國證券交易委員會〔Securities and Exchange Commission，SEC〕註冊有案的投資顧問公司）的客戶帳戶名下，共有總價值648億美元的資產被投資到馬多夫號稱的深奧投資策略，不過到頭來那卻是個實實在在的騙局。早從1970年代的某個時刻，馬多夫就開始了他的詐欺行為，一直到2008年12月11日他被逮捕當天，這場騙局才終於畫下句點。據揭露，他的事業看起來金玉其外，實際上卻是個大陰謀，甚至堪稱全世界有史以來最大的證券相關騙局。

當年在馬多夫誇大不實的投資績效糊弄之下，投資人誤以為馬多夫的投資妙手為他們獲得了可觀的財富，但實際上，他們透過這個管道所累積的資產規模遠比馬多夫所號稱的少。另一方面，馬多夫以灌水後的投資價值來應付早期投資人的贖回，所以他實際上能控制的金額，更是進一步減少（應付贖回的資金來自較晚加入的投資人所投入的數十億美元）。根據法院指派的清算人估計，全體投資人的原始投入資金實際上總共虧掉了約175億美元左右。

儘管如此，在馬多夫的矇騙之下，那些投資人一度還以為他們擁有的資產價值是上述金額的4倍左右，但他們有所不知的是，那些資產價值多半是虛構出來的。到了2022年6月，清算人透過實際追回或簽署追回協議等方式，共從這場騙局的初期受益人手上追討回145億美元，大約相當於該案全體投資人原始投資金額的估計損失的83%。雖然清算受託人追回的資金高於原本預期，但最後分配給投資人的資金卻還是只相當於馬多夫公司垮台前所申報的資產總價值（遭到誇大）的21%。總之，原本投資人自以為透過馬多夫累積了龐大的個人財富，但實際上卻是以鉅額虧損收場。

如果「風險」指的是「惡劣的結果」，那麼「成為騙局受害者」絕對是特別惡劣的結果，但為了規避這個特別惡劣的結果而選擇親自打理儲蓄和投資，真的比較好嗎？當投資人自行打理儲蓄與投資，往往會成為自己最大的敵人。很多人對儲蓄與投資並不特別感興趣，也有很多人感覺這些玩意太過艱深，所以認為自己永遠也搞不懂箇中訣竅。正因如此，這類人經常抵擋不了抄捷徑的誘惑，也常會有諾貝爾獎經濟學得主康納曼（Daniel Kahneman）所謂的「快思」毛病——根據康納曼的說法，很多人有「快思」（這可能導致一般人犯下原本可避免的錯誤）的傾向，而不「慢想」（需要在某種程度上集中精神，故較耗費心力）。

人類有偏好快思的懶惰傾向，而這類行為缺陷很容易被覬覦他人錢財的詐欺犯看穿並趁機上下其手，如同蜂蜜罐容易招來蜜蜂一樣。對散戶與專業投資人來說，馬多夫的巨大騙局都是受益良多的教誨。千萬不要沾沾自喜地以為「那種事不可能發生在我身上」，這樣的想法是錯誤的。那種詐騙案隨時可能發生在你我身上，而憑藉一己之力從事投資活動的自助型投資人，很可能特別容易受此類詐騙行為傷害。一心期望能找出績效超前的投資經理人（見第2章）的專業外部顧問，其實也很容易被誤導。事實上，金融市場上的騙局普遍到令人心寒。

馬多夫的投資策略看似能在低波動性的前提下，創造可媲美股票市場績效的誘人長期績效，它看起來簡直就像魚與熊掌兼得的夢幻策略。根據馬多夫與他的銷售團隊（這些團隊成員大致上並不知道實情）的說法，馬多夫是藉由巧妙使用**選擇權**（option）等**衍生性金融商品**（derivatives），來達到上述兩者兼得的成果，他們說這些巧妙的手法既能保障投資人免於因股票市場下跌而受創，又能讓投資人受益於市場的漲價。

根據基金配銷商提供的行銷資料，馬多夫騙局的績效紀錄結合了特別容易引人上鉤的明顯低風險與高報酬（但不是高得誇張）等特質。不過，經驗豐富的投資顧問或投資人一看到這樣的績效紀錄，應該馬上就能察覺箇中蹊蹺：馬多夫的績效紀錄看起來真的太詭異了。總而言之，最穩當且安全的做法，就是假設世界上並不存在既能獲取高於現金報酬又只承擔低風險的途徑。

說穿了，馬多夫的策略只是單純的**龐氏騙局**（Ponzi scheme），在這種騙局當中，主使者以虛構的報酬率承諾來誆騙投資人，而由於早期的投資人通常能順利抽回被人為灌水的金額，所以那樣的詐欺性承諾自然看似能夠兌現。只要要求取回資金的投資人只佔少數，那些投資人就能順利依照欺詐者對外號稱的投資價值取回資金。不過，詐欺者對外號稱的投資價值都是虛構的，他們其實是挪用新投資人投入的現金來讓那些少數贖回者獲得被誇大的報酬。總之，一如所有龐氏騙局，馬多夫只是盜用「某乙」的錢來付款給「某甲」罷了。

一旦有意賣出這項投資標的的投資人要求取回的資金超過新投資人的投入，這類騙局一定會馬上崩潰。馬多夫騙局之所以愈滾愈大，原因在於它苟活非常多年。如果不是2008年爆發的信用緊縮，這場騙局還不一定會被揭發，也不見得會崩潰——2008年時，信用市場局勢極度緊張，所以儘管馬多夫的眾多投資人相當滿意他所宣稱的投資績效，卻還是不得不為了彌補其他方面的投資虧損而從馬多夫的公司抽回資金。而眾多投資人一窩蜂抽回資金的行為，自然導致馬多夫的骨牌迅速崩塌。

這場騙局的受害者多半是美國境內的投資人，但世界各地也有不少投資人蒙難，其中很多人是經由其他人、外部投資顧問或財富管理人（wealth manager）的推薦而購買他的基金。想當初，那些投資顧問與財富管理人的推薦建議裡，應該都是以馬多夫曾擔任那斯達克股票交易所（NASDAQ stock exchange）董事長以及他作為慈善家的尊榮社會名望與商業血統等為號召，而這樣的美名自然成功吸引了投資人的青睞。

馬多夫的投資人包括許多有錢的個人投資者、慈善機構和某些財富管理人，但有趣的是，只有相對少數的機構法人投資者購買他的產品，理由是，機構法人投資者的分析師根本沒辦法以合理的理由來解釋為何馬多夫的績效那麼出色。我們可以肯定地說，機構法人投資者之所以不投資馬多夫，並不是因為他們看出這是一場騙局，而是因為他們看不懂這項投資。

自古以來，騙局就層出不窮，主要原因在於民眾很難抗拒「低風險但又能獲得超群績效」的方法的誘惑。不過，超群的投資績效和風險就像連體嬰，**永遠**都脫不了干係。

馬多夫騙局並非唯一的大型詐欺或疑似詐欺案例，只不過，這場騙局規模之大，確實是前所未見。這個個案為投資人與他們的外部顧問留下了重要的教訓，當初馬多夫的某些投資人是依循外部投資顧問的建議才投資馬多夫的公司，而那些投資顧問看起來也對他們的專業審查能力引以為傲，自以為真的為客戶找到了績效超群的投資經理人。何況，當時作為馬多夫投資證券有限公司投資管道的第三方連結基金（feeder fund）的帳務，也由全球主要會計事務所之一負責審計與把關，所以那些外部顧問自然認定這檔基金不至於造假。可惜事實最終還是證明，這一切都沒有對投資人構成任何保護效果。

聽從外部顧問或朋友建議來處理投資事務的投資人應該如何辨識風險？以下是10個老掉牙的教誨：

1. 有一句俗話看似老生常談，但它仍是世界上最寶貴的投資建議：「如果一件事看起來好到不像是真的，那它或許就不是真的。」

2. 想要實現比政府公債利率更高的超額報酬，唯有承擔風險一途。
3. 當一項投資標的的表現看起來反覆無常，我們自然一眼就能看出它的風險，而當一項風險性投資標的沒有顯露出明顯的波動性，我們當然就難以察覺它的風險。坊間的投資書籍鮮少提到這一點。
4. 當外部顧問建議你投資一項波動性很低，卻又能提供優異報酬率的投資標的，身為投資人的你就應該馬上對他提出質疑。
5. 不要因為你的好友一窩蜂地投資某一項標的，就不假思索地把錢投入你完全不瞭解的標的。人類的從眾欲望會導致你做出很多原本不會做的決策，這一點請特別留意。
6. 不管你的外部顧問說什麼，都務必確切做到充分分散投資。不過請切記，當風險性投資標的未顯露出明顯的波動性時，將是最難以評斷你是否已切實做到分散投資的時刻。
7. 如果一位外部顧問提出一項讓你為難的謹慎建議——例如建議你規避某一項你超級想投資的標的，或是建議你出售一項到目前為止都績效優異的投資標的——一定要特別重視他的意見。
8. 社會地位不盡然和誠信畫上等號。

9. 不要因為某一家投資公司受到監理機關的規範，就假設監理機關絕對且永遠有能力查出這家公司的一切是否合法。
10. 要將被詐欺的風險降至最低，關鍵就是仰賴投資經理人優秀的實質審查能力。《馬多夫：警訊暴動》（Madoff: A Riot of Red Flags）是針對馬多夫事件所做的權威事後報告。當年多數私人投資者恐怕都沒有察覺到這些警訊，但實際上因投資馬多夫而虧本的機構法人投資者卻只有區區幾家，這並非僥倖。所以，私人投資者必須解決的挑戰之一是：如何確保他們也能取得優質投資經理人的實質審查結果。

你能承受多少風險？

不管你要制定什麼樣的投資策略，都必須先釐清一個最基本的問題：「你準備承擔多少風險？」請切記，學術界人士與外部顧問是以不同的方法來處理這個問題。

學術界經濟學家是利用數學假設來為風險趨避行為建立模型，這個方法是為了衡量投資人需要獲得多少額外補償，才願意接受更多風險。問題是，風險承擔意願有可能隨著情境（如財富的增減）轉變而改變。不過，那類數學假設的確很吸引人，部分原因是，那類假設可用於模型，也因為那種假設是可憑經驗推估的。

對照之下，行為財務學則強調人類會對自己的利潤與損失產生不對稱的回應，這個領域的學術人士非常重視這種人類傾向——這就是所謂的「虧損趨避」（loss aversion），而非風險趨避傾向（見第2章）。

財富管理人習慣上會使用問卷來為客戶的風險承擔態度分類，這些問卷的內容可能涵蓋投資人的環境（年齡、家庭、所得、財富、支出計畫等等），也會涵蓋投資人看待風險的態度。這類問卷的毛病之一是，財富管理人可能是用非專業人士所不熟悉的語言和概念來提出和風險有關的問題，所以，那些問卷的結論能否翔實反映客戶的實際風險承擔態度，難免令人存疑。

不過，近幾年財富管理人開始廣泛使用心理測量概況分析（psychometric profiling，通常是和學術界研究人員合作開發出來的），來評估與比較客戶看待風險的態度。這使得投資人概況分析的嚴謹度出現某種階躍性變化。隨著所謂機器人投資顧問（譯註：又稱智能投資顧問）高度自動化線上投資服務的興起，這類客戶分析的嚴謹度更是急速提升。

外部顧問在向客戶推薦一項投資標的以前，必須先透過諸如此類的投資人概況分析服務，評估不同投資產品對客戶的適合性，問題是，這些外部顧問和客戶之間鮮少直接溝通，這不由得令人懷疑他們的評估結果是否真的適合客戶需求。幸好以機器人顧問來說，除非為投資人找出適合的投資建議，否則這些智能顧問不會善罷甘休，所以稍稍緩解了這個疑慮。不過，外部顧問使用這類分析服務來評估適合客戶的產品時，也會碰上一些為難的狀況，例如客戶回答某些互有關聯的問題，他們的答案經常不太一致。一旦碰上這樣的情況，往往需要以人為干預（而非機器驅動的回應）的方式來消除當中的明顯矛盾。除此之外，機器人顧問在完成分析後，可能隨後會導入真人投資顧問來促銷新產品。[3]

根據某大型國際風險概況分析服務公司的資料，客戶的回覆呈現某些有趣的型態，大致而言，投資人的回覆型態在各國之間並沒有很大的差異：個人的平均風險承受度相當穩定，不會隨著時間的流轉而明顯改變；女性傾向於比男性更謹慎一些（這對家族財富的投資很重要）；另外，投資專業人士的風險承受度往往高於他們的客戶（而這些客戶的風險承受度進而傾向略高於全體民眾）。

不過，從數據確實可以看出，每個個別投資人的回覆和以上所述的平均特性就可能會有非常大的差異。所以，如果外部顧問是根據典型的回覆來假設特定個別投資人的風險承擔態度，這個差異就可能變成一個茲事體大的變數。

因此，精心設計的心理測量測驗似乎可能比即興式問卷更有助於做好投資人的風險偏好（risk appetite）分類。另外，我們似乎也無法經由教育，促使生性謹慎的民眾擺脫這一習性。

無論如何，風險承受度問卷——即使是精心設計的問卷——上的分數，絕對不足以研判出投資人的風險承受意願或能力。

在討論風險承擔議題時，必須將「未來收益保障」所受到的威脅以及「投資標的之未來價值」所受到的威脅雙雙列入考慮。這兩種威脅並不相同，而我們將在第4章討論，即使是能提供多年穩定收益的政府公債，也會在利率發生變化時出現顯著的價值起伏。

外部顧問常會對投資人表示，若想達成特定目標，就必須承擔特定水準的風險，但有時候這個所謂「特定水準的風險」，可能和投資人本身想要承擔的風險水準（有時稱為風險偏好）或投資人本身承擔風險的能力（有時稱為風險承受能力，這和風險偏好不盡然相同）背道而馳。一旦遇到這樣的狀況，投資人應該要反問那位投資顧問，他真正想要表達的是不是指投資人心目中「明顯合理的目標」其實並不合理，且已經偏離了投資人本身的穩健訴求？我們將在下一章探討外部投資顧問如何幫助投資人設定務實的目標，並敦促投資人根據那些務實的目標來規畫個人財務。

第2章

自我評估：應信賴一己之見來處理投資事務，還是求助外部顧問？

我們可能是自己在投資方面的最大敵人，與我們契合的外部顧問能保護我們免於自我傷害。

很多投資人都覺得自己不需要外部投資顧問，這個想法可能是對的，也可能是錯的。當一名投資人跨出投資的第一步時——也就是開始定期提撥一部分儲蓄來從事投資活動——我們一定會規勸他反思本書〈引言〉所條列的18項投資原則。然而，如果這位投資人一起步就投入一大筆足以改變一生的金額，例如將繼承而來的錢或退休金全部投入，那麼我們除了規勸他反思那18項投資原則外，也會請他再三思考是否要尋求外部的專業建議，並請他說明他的明確理由。

尋求外部專業建議的理由之一是，投資人必須體認到，他們需要的外部專業建議不可能僅止於投資上的建議。即使是自信認定只要靠一己之見就能搞定一切的私人投資者，都應該思考自己是否需要財務規畫上的建議，因為財務規畫建議的涵蓋面遠比投資建議廣泛，其中還包含了有關退休規畫（不管那是多麼遙遠以後的事）、年輕投資人應該存多少錢、怎麼做才最能確保有穩定的所得、為老年照護與被撫養人（如果有的話）提撥準備金等方面的討論，也包含和繼承規畫有關的議題。除了這些林林總總的議題，財務規畫內容還包括投資專家也不盡然有能力應付的稅務建議。

投資人在反思這些更廣泛的議題時，可能不知不覺就會顯露出他們在風險承擔方面的重要特質。這些討論經常也會凸顯出同一家庭不同成員之間的不同風險承擔態度。外部專業投資建議只是眾多更廣泛議題中的一環，而一旦投資人真的打算依循外部的投資建議行事，一定要確認外部顧問所建議的種種投資安排，能否達到適當分散投資的目的。另外，長期而言，萬一投資顧問安排的股票與債券基金管理公司收費非常高，投資人就有長期支付過高手續費的危險（那些基金管理公司的綜合績效與風險概況很可能跟收費較高的指數型基金不相上下，那還不如直接選擇指數型基金）。

如果投資人確信自己不需要外部的投資顧問，還是可以尋求不定期的財務規畫與投資「健檢」服務，並就這些不定期服務和外部顧問協商一個費用率，這麼做有益無害。雖然表面上看起來，這類服務的每小時費率看起來可能很高，但其實有一部分是外部顧問為了進行必要的「客戶盡職調查」而衍生的實質審查監理成本所致。

當然，投資人必須設法釐清他們付給外部顧問的費用相對於他們的財富規模而言是否合理，避免當冤大頭。投資人在聘任外部顧問之前，應該先確認自己是否滿意顧問的整體費用水準，而且要不時詢問外部顧問是否也會投資他向客戶推薦的標的。外部專業建議的品質不盡然能和收費水準畫上等號，但唯一可以肯定的是，長年下來，收費水準上的差異，可能會造成截然不同的財富積累結果。

當你在評估外部顧問的收費是否公允時，可以拿充分分散投資的指數型投資策略（涵蓋股票、債券與現金的策略）的成本作對照，這是最簡便且直接的參考比較基準之一，目前已經有一些投資經理公司開始銷售以這類策略為基礎的現成產品。儘管如此，還是得切記，個別來看，如果你選擇直接採用這類現成的投資策略，就無法取得以下諸多議題的正式外部專家建議，包括永續的退休收入、通膨與其他風險可能對你造成的傷害、個人與家庭景況變化的管理，以及稅務等。如果無法就上述諸多疑問取得寶貴的正式建議，你恐怕很難安心過日子。不僅如此，如果你只選擇現成的指數型投資策略，一旦情勢突然變得艱難（這種情況總有一天會發生），就無法得到外部顧問的適時指導或支持，而通常在那種時刻，就算外部顧問能提供的指導非常單純，卻還是彌足珍貴。

不僅如此，外部顧問也應該隨時扮演參謀的角色，對你警示時不時搶佔社群媒體版面的最新熱門快速致富陰謀。表面上看起來，這類建議好像是免費的，但實際上外部顧問已經透過他們和投資人之間的基本諮詢關係取得了手續費收入，所以這是他們理應為投資人提供的意見。只仰賴一己之見來從事投資活動的人，很容易錯過這類看似免費的建議。

當投資人決定聘用外部投資顧問，這可能是堪稱他們平生最重要的投資決策之一，原因是，他們選上的外部顧問可能會強烈影響投資人將採用什麼樣的投資策略，從而顯著影響投資人的財富以及這些財富所衍生的收入等長期成長狀況。總之，優質的建議彌足珍貴。

一旦選定外部顧問後，投資人和顧問就會展開相關的討論，其中最重要的初期討論內容一定會牽涉到目標、投資時間範圍（time horizon）和風險承擔等議題。這些討論有可能深入個人隱私，但為了建立成功的合作關係，投資人必須對外部顧問開誠布公，而且雙方之間必須彼此尊重和信任。一旦投資人在外部顧問的建議下，建立由股票、債券與現金組成的單純投資結構，他們後續需要的投資建議應該就不用耗費那麼多成本了。

投資信念

外部顧問的投資建議經常會受自身的觀點影響，不同的外部顧問當然會採納不同的投資方法，而他們最終選定的投資方法，必定深受個人信念的影響，畢竟每個人心目中的「最佳投資方法」難免有所不同。外部顧問提出的財富與投資管理意見必須和投資人目標一致，且必須適合用來實現投資人的各種目標，唯有如此，投資人和顧問的關係才能成功維繫下去。

不同外部顧問可能對投資人提出截然不同的建議，而我們可藉由不同外部顧問的建議，看出他們對手續費費率高／低的成本效益、應否投資流動性不足的標的，以及投資人是否有判斷進出場時機的能力等諸多議題的不同看法。簡單來說，從那些建議便可看出一名外部顧問對於不同投資風格的優點有何看法。總之，如果投資人想和外部顧問建立相互信任的關係，一定要先瞭解那位外部顧問的投資信念，並釐清那些信念是否可信，以及是否適合投資人本身的特有情況。

最大型的機構法人投資者常為了這些看法上的差異而爭辯不休，不過，這些差異對於財力一般的散戶投資人而言也同樣至關重要。機構法人投資者經常將他們對這些辯論的觀點描述為他們的「投資信念」，每一家機構法人投資者的投資信念都是根據機構本身的境況量身打造，而這些信念也會體現在他們的投資方法上（或者說他們的投資方法應該要體現他們的投資信念）。

機構法人投資者可能會把一系列投資信念落實為文字，以便將之轉化為記載著某個共識框架的紀錄。平日機構內的相關人員會根據這個框架來討論新的投資標的是否值得投資，並根據這個框架來瞭解和評估投資績效。投資人可以詢問潛在的外部顧問是否已將他們公司的一系列投資信念落實為文字（一頁紙應該就足夠了），如果有，這份文字紀錄應該要有條不紊地就各式各樣的市場機會提出明確的看法，並能概要評估這位投資人是否具備利用這些機會來獲取利益的能力。

如果外部顧問能將他們的投資信念化為一份簡潔的摘要（無論是書面或口頭），投資人可從中獲得的好處之一是，這份投資信念摘要有助於凸顯出潛在的警訊。舉個例子，某些外部顧問會大膽假設某項策略將在未來創造超群的績效，而讀過第4章有關投資報酬的討論內容的投資人一旦碰上這樣的外部顧問，應該就會敢於對他們的假設提出質疑。非專業人士通常難以評估這種假設的可信程度。

假定外部顧問在為客戶擬定財務計畫時，預期或假設客戶將能透過債券和股票市場獲得亮麗的績效，就算這位投資人不明就裡，他一定會感覺這位外部顧問擬定的計畫看起來讓人比較放心，也傾向於同意購買這樣的計畫。不過，計畫和現實是兩回事，換言之，那位外部顧問並不見得真的能找到能創造超前績效的基金經理人，這就是個人理財計畫的常見問題之一。

2022年的事態發展促使投資策略專家圈子形成一個幾乎成為共識的觀點：投資人必須開始學會調整期望，接受「未來幾十年期望報酬將會降低」的可能性（我們將在第4章深入討論這一點）。總之，這個觀點所要傳達的最重要訊息是：從今以後該勒緊褲帶了。

對於想要向投資人推銷投資計畫的外部顧問來說，這個觀點毫無幫助。外部顧問向投資人提出投資策略建議時，當然會連帶說明他預期能透過這項策略獲得多少報酬率，而投資人則應該要求外部顧問就這個期望報酬率提出解釋。除此之外，投資人也應該要求外部顧問以量化的方式，說明投資費用及顧問手續費將預期對績效造成多大的負面影響，這一點很重要，因為在2021年有幾位知名學者公開表示，他們認為未來投資股票和債券平衡型策略的報酬率，應該大約只有「前三個世代民眾的實質報酬率的1/3，這個低報酬的世界將使很多儲蓄者、投資人、退休計畫和機構法人面臨嚴峻的挑戰」。[1]而在這個微利的大環境下，費用率對報酬的侵蝕性影響將變得更重大。

憑藉一己之見來從事投資活動的投資人還面臨一項更進一步的風險：很多這類投資人可能根本還沒有思考清楚要以什麼態度來應對投資市場景氣良好和不佳的時期。尤其如果投資人在設計投資策略時，沒有充分將陷入不景氣的可能性列入考慮，那就相當危險了。舉個例子，自行擬定但設計不良的策略，雖可能有辦法在景氣良好的時期創造收入，卻更可能在不景氣的時期產生資本損失與收益折損風險，事實證明這是一種不可逆的錯誤。

利益衝突

近幾年來，投資人和外部顧問之間的利益衝突範圍已大幅縮小，但利益衝突在某些關係當中仍是嚴重的問題。學術界人士將投資人和其外部顧問之間可能發生利益衝突的狀況，稱為「委託人－代理人問題」（principal–agent problem），或是簡單稱為「代理問題」（agency issues）。發生利益衝突的可能原因之一是：委託人（即投資人）在資訊的取得方面不像代理人（例如外部投資顧問）那麼有優勢，諸如此類的資訊不對稱現象不僅造就了許多被深入研究的市場失靈（market failure，不僅僅是金融市場失靈）領域，更導致一般人逆選擇（adverse selection）劣質的產品。總之，資訊不對稱現象可能鼓勵外部顧問利用優越的資訊來圖謀自身利益，把投資人的最大利益排在第二順位。

投資人當然有方法能降低利益衝突的風險，其中之一是遠離多數牽涉到細部投資決策制定的作業；相反，直接投資到適當的風險分級策略（risk-graded strategy），或是多元資產基金（見第3章與第10章），可以減少被上下其手的機會。

儘管如此，投資人可能還是會被外部顧問強迫推銷，無法自主決定購買他們真正需要的產品。要避免投資人產生利益衝突的疑慮，最好的保障措施就是讓投資人安心相信他們的利益和外部顧問的利益是一致且無不當的（通常監理規定就能促使雙方利益一致），而且要讓他們確信萬一真的發生利益衝突，問題一定會被攤在陽光下。不過，在實務上，能否做到讓投資人安心，主要取決於當事人的性格，而非他們任職單位的制度安排（institutional arrangements）。

自我評估

在某些時刻，憑藉一己之見從事投資活動的自助型投資人很可能變成自己最大的敵人；和與自己契合的外部投資顧問合作，則有助於減輕這種危險。不過，誠如先前討論的，「投資顧問的選擇」本身就隱含某種程度的風險。

近幾十年來，實驗心理學家的研究與行為財務學方面的進展，大大增進了經濟學家對人類決策制定方式的理解。這些獨到見解顯示，人類做選擇的方式總是明顯偏離經濟學家與財務學術界人士傳統模型的根本假設。這些成果意義重大，因為它們揭示了在很多情況下，投資人比傳統財務學模型所預測的更傾向於做出較差勁的決定，有鑑於此，若我們能瞭解人類的這些弱點，將有助於改善財務決策的制定。

有些人可能會如此來揶揄財務學的傳統模型：「如果投資人是理性的，且市場能像教科書上所寫的那樣保持效率運作，那麼，投資人的行為模式應該就會和模型所推演出來的行為一致。」（我們稍後會進一步說明市場的運作其實經常缺乏效率，不過，此時的重點是要說明我們如何做決策。）傳統的投資建議向來假設投資人偏好分散投資的風險性資產投資組合，而非不分散的投資組合，而且，傳統的投資建議也假設投資人會用一視同仁的態度來看待「虧損的風險」和「獲利的機會」，但事實證明，投資人實際上的行為模式並非總是如此。

也因如此，投資人有必要瞭解傳統財務模型對投資人行為的假設隱含了哪些缺陷，一個簡單的示例就足以說明一切。

很多人會買樂透彩券，其實他們在買彩券的同時，心裡已做好虧錢的打算，但儘管如此，這些買家內心還是期待能因此獲得財富。傳統財務學含蓄地將這種行為視為沒有效率，但其實這種行為卻可能是理性的，因為它是「有機會（不管機會有多麼渺茫）在短期之內獲得財富」的最佳合法管道，[2] 畢竟如果你沒有買樂透彩券，就肯定不會贏錢。如果能瞭解人類願意在特定可預測情境下賭博、在某些可預測的狀況下為了保險而超付保費，以及即使明知不為特定風險投保的風險可能非常高，卻還是不願意為此支付保險費（例如投保終身**年金**〔annuity〕）等等諸多傾向，可能有助於我們更善加管理自己的財務。

研究結果明確顯示，直覺偏誤（intuitive biases）會影響個人制定直覺性決策的方式，甚至影響個人經過深思熟慮的決策，同時影響個人偏好的形成，這顯示投資人教育是必要的。無論如何，投資人和他們的外部顧問都應該要意識到這些直覺偏誤的存在，因為這有助於判斷投資人會對一系列可預測的市場發展產生什麼樣的反應，並據此研擬因應之道。

投資人偏誤

心理學家明文記錄了人類在形成觀點和制定決策的過程中，經常會出現的幾種系統性偏誤。這些偏誤攸關我們如何歸納出投資意見，並進一步攸關我們如何做出投資決策。其中某些偏誤如下：

- **樂觀與一廂情願思維**（optimism and wishful thinking）的普遍特徵：如果你認定這個特徵不會影響到投資觀點，那你就太過天真了。
- **過度自信**：過度相信個人直覺的傾向。
- **確認偏誤**（confirmation bias）：輕易接受能使現有觀點變得更有說服力的資訊，並將之視為證據。
- **自我歸因**（self-attribution）：將得到的所有成就歸因於

自己天賦異稟。同樣地，自我歸因也促使我們把令人失望的結果歸因於厄運，而非自身缺乏技能。以投資用語來說，就是我們傾向於認為，獲利來自高超的技能，而虧損則是厄運使然。

- 這也和**後見之明偏誤**（hindsight bias）有關：一般人經常在事件發生後，確信自己早就料到會發生什麼事，並大言不慚地說：「這很明顯會發生，不是嗎？」另外，如果最後的結果是不好的，則會說：「這場災難本來就遲早會發生。」遺憾的是，鮮少人能清晰看透未來將是什麼樣貌。
- **代表性**（representativeness）或**刻板印象**（stereotyping）會使人根據過少的資訊過快地斷言他們瞭解後續的發展：舉個例子，100年的股票與債券績效歷史聽起來好像涵蓋了漫長的時間，但其實100年只代表5個（未重疊的）20年期間，而「5」其實是非常小的樣本。在這些情境下，在妄下斷言之前，抱持審慎態度是最安全的，唯有參考其他資訊——例如企業獲利與價格水準——才比較可能做出更具說服力的結論。
- **保守主義**（conservatism）：當一般人普遍公認可取得的數據不足以歸納出具說服力的結論時，就會產生這種偏誤。以這個例子來說，常見的失誤是太過看輕可取得的證據，或甚至無視那些證據的存在，且一心一意只相信先前的期望。

- **定錨**（anchoring）：這種偏誤會導致民眾還沒來得及思考適當的答案，就已經被外人提示的數值牽著鼻子走，常見的例子之一是「股票市場投資佔個人總投資金額的比例應該是多少才正確」。不可避免地，投資人的答案一定會強烈受到他們被告知的「常態」數值影響，而這是可以理解的（但通常不適當）。定錨是普遍到令人訝異的現象，而且它可能輕易導致投資人誤入歧途。
- **信念堅持**（belief perseverance）：指民眾在見到相反的證據時，依然頑固地堅持先前的意見。個人透過信念堅持所表現出來的態度就是，不願意搜尋和他們先前的觀點相互矛盾的證據。

各種偏誤通常代表著心理上的捷徑（有時也稱為**捷思**〔heuristic〕），我們平日就是利用這些心理捷徑來避免處理大量資訊，而它們有可能是源自和市場運作方式有關的既定成見。舉個例子，很多投資人和外部顧問總期待能找到績效超群的優秀投資經理人，因此，當他們發現某位投資經理人績效數據超越大盤時，很可能一味忙著竊喜，而不會對那乍看之下超群的績效數據抱持任何懷疑。然而，懷疑論者則較可能將那種超群的績效歸因於短暫的運氣，更會思考那位投資經理人績效格外優異的原因是什麼。

總之，這些成見的差異可能會形成上述種種心理捷徑。舉個例子，某些人可能認為在採納特定決策以前需要進行更多分析，但也有一些人可能輕率斷言，適當的行動方針不言而喻，毋須多作證明。馬多夫詐欺案在2008年被拆穿以前，想必某些人就是在這些心理捷徑的引導下，誤以為自己在馬多夫的公司裡找到了優秀的基金經理人。

愈來愈高的複雜性（例如投資產品的日趨複雜）以及愈來愈大量的資訊，已導致一般人愈來愈可能仰賴各種捷徑來制定決策，畢竟相較於使用捷徑，較務實的替代方案看起來好像多半流於優柔寡斷。不過，如果一個決策明顯是依賴捷徑制定而來，而且最後事實證明那個決策是錯誤的，那麼事後回顧起來應該會讓人覺得很尷尬。要避免落入那樣的窘境，最好還是採用一系列投資信念（見上述內容）來制定決策，這是久經考驗且更能果斷且一致地促成決策制定的有效方法。

即使投資人能不偏不倚地將人類各種潛在偏誤列入考量，也無法逃脫後悔風險（regret risk）的危害。當一個人能輕易想像「如果我之前能採取某個行為，理應會得到更有利的結果」時，就會感受到後悔的情緒。對投資人來說，即使有關投資風險的論點明確顯示立即執行新投資決策是可取的，投資人還是會因為害怕面對後悔的感覺而陷入兩難，無法決斷要如何與何時執行新的投資決策，而且幾乎所有人都曾陷入過這樣的兩難之中（見第6章）。不過，若能採用優質的流程，（或許）再加上與自己契合的外部顧問的支援，應該就能促成更思慮周全（且更優質）的決策制定，也有助於建立信心，讓人相信一切盡在掌握之中。

投資人偏好

我們不該將偏好與偏誤混為一談，如果偏誤必須加以管理，偏好則必須予以尊重，而且只要是可行且合理的偏好，就應適當將它體現在投資決策當中。

行為財務學的研究特別強調兩類投資人偏好。

第一個領域是**虧損趨避**（loss aversion），相關的研究被視為心理學對行為經濟學最顯著的貢獻。

第二個領域是**心理帳戶**（mental accounting），這是指民眾通常會為了實現不同的目標，而將金錢分配到不同實際或名義上的帳戶中。這些帳戶的風險承受度各有差異，並且取決於達成那個帳戶專屬目標的重要性。

虧損趨避

「虧損趨避」的傾向暗示，令人失望的績效會對投資人信心造成不成正比的傷害，換言之，相較於利得，投資人更在意虧損，且更容易因虧損而憂慮。一般公認的經驗法則是，投資虧損對投資人造成的影響，大約是等額的投資利得對投資人影響的2倍（儘管不同來源的估計值略有差異）。

投資人對虧損與利得的不對稱反應很重要，因為投資銀行業者早就開始利用人類的這種特性，透過各種花招來說服投資人購買結合了「小小恐懼」與「大大希望」的投資產品，這些業者深知，具備這類組合特性的產品，對投資人有著致命的吸引力。不過，天底下沒有白吃的午餐，長期下來，這些產品應該只能讓那些銀行業者賺到荷包滿滿，對投資人的績效卻是有害無益。

行為實驗早已證明，問題的問法或設計，會顯著影響被提問者的回覆。而投資比較基準的選擇，則有助於框定投資人對投資績效的期望，並促使投資人據此判定某項投資成果是令人開心還是失望。

舉個例子，當一檔基金的績效遠遠落後股市大盤，投資人可能會因此對它感到失望，但外部顧問有可能會運用上述手法，讓這位投資人相信這檔基金的表現是令人滿意的——儘管它只實現了微薄的價值增長。事實上，投資人在判斷某一項投資標的是否成功，甚至判斷一位投資經理人是否夠格領取紅利時，他們一開始對該投資標的所設定的期望，有可能跟它後來的實際績效一樣重要。

這個方法和傳統財務理論的差異之一是，投資人的態度其實會隨著當下認為自己的表現是好或壞而有所不同；而在傳統財務學的框架下，最後的財富水準才是判斷決策良窳的依據。儘管這些差異聽起來很學術，但這項行為研究（稱為**展望理論或前景理論**〔prospect theory〕）確實提供了一系列豐富的解釋，也有很多投資人行為調查可做後盾。

這些調查顯示投資人具有以下傾向：

- 在持有的投資標的創下一波優異績效後，趁賺錢賣掉它們。
- 購買跟樂透彩券有著相同特質的投資標的，儘管這麼做的下場最可能是虧掉最初的成本。
- 為了逃避「實現虧損」所帶來的痛苦，而選擇死抱著虧本的投資標的，因為只要不賣掉發生帳面虧損的投資標的，就會讓人感覺有收回虧損的希望，但其實這麼做卻承擔了虧損可能愈滾愈大的風險。
- 為了規避可能只會發生小幅虧損的小風險而購買保險。

心理帳戶與行為投資組合理論

行為財務學的心理帳戶框架的預測之一是，民眾會把投資標的劃分為：一、安全第一且旨在滿足基本需求的投資標的，這類投資標的會被投資人歸入謹慎的帳戶；二、旨在應付較不重要或單純較長遠目標的投資標的，投資人會將這類投資標的歸入較積極的帳戶，而且投資人期待能經由這類帳戶賺到大筆財富。

傳統財務學的教科書找不到這種劃分方法，因為傳統財務學教科書認定投資人理所當然會有效管理他們的全部資產與負債。然而，我們可以從第3章得知，這種劃分方式在日常生活中很常見（有些人甚至會說這是常識），第3章將討論個人為取得定期性收入、維護緊急現金準備，或甚至為了可能的臨終照護所需開銷等目的而建立額外準備金時，將遭遇到什麼樣的財務挑戰。

心理帳戶有助於我們因應不同目的而更精準地分配財務資源，畢竟有些目標很重要，有些目標則是「達成最好，不達成也無傷大雅」。相較之下，傳統財務學處理的是整個投資組合的績效與風險，這意味在傳統財務學的架構下，不論風險是高或低，投資人的全部資金都承擔同樣的風險。然而，如果以傳統財務學為基礎的整體策略是由一個零風險資產組合和一個根據市場風險而安排的資產配置所組成，那麼這個傳統財務學方法就可能和心理帳戶不謀而合。

這代表在任何情境下，一定都會有某些策略明顯效率不彰，或牽涉到明顯不適當的風險概況；但基於目前為止對市場與投資人風險態度的瞭解，我們認為必然也會有一系列大致上適當的策略可採用。這使投資人得以在堅持原定的長、短期目標（這是投資人最重要的期望）的同時，在很大程度上將自己的偏好體現在投資策略上。

有幾件事再清楚不過：首先，對投資人及受僱於投資人的外部顧問（對有僱用外部顧問的人而言）來說非常重要的是，唯有更加瞭解個人的決策制定與偏好會受到哪些力量影響，才能真正從行為財務學的獨到見解受益，因為唯有更瞭解那些影響力，才能適當地順應那些影響力來調整他們的建議與策略。

儘管如此，我們還是不能偏廢幾項重要的基本原則——包括分散投資、不同投資標的之間的**相關性**（correlations），以及務必根據投資目標的投資時間範圍來量身規畫投資策略等。同樣地，認定散戶投資人購買樂透彩券型投資標的的行為絕對不妥，也有流於傲慢之嫌，畢竟那可能是使致富機率最大化的效率管道，只不過，在出手購買那類投資標的以前，你必須充分瞭解到，這麼做的成功機率非常有限。

這個例證說明了為何投資人有必要瞭解行為與偏誤會對自己（乃至於他們的外部顧問）的投資觀點造成影響，並帶來什麼樣的獲利潛力與陷阱，相關的例證眾多。為了能安然走過這個潛在的地雷區，雖然和契合的外部顧問建立良好的信賴關係難免會多花一些成本，但那些成本卻很可能「值回票價」。

第3章
個人退休金的挑戰

唯有採用明智策略並長時間定期加碼投資提撥款的人，才最能輕鬆獲得複利的榮耀。

昂貴的手續費是拖垮退休生活水準的最大致命負擔。

這個世紀以來，美國、英國和其他國家的雇主退休金提撥制度發生了巨大的變化，在世界各地，政府部門以外的新員工幾乎清一色不再有機會選擇舊式的確定給付型（defined benefit）退休金制度。私人企業員工原本有幸享受的舊式退休金安排，陸續被雇主主辦的個人退休基金計畫（employer-sponsored personal pension plans）裡的個人投資帳戶取代。這個發展將籌措退休金的責任和挑戰，從雇主端轉移到員工身上。

目前退休金相關的安排取決於數千萬甚至數億人的個人決策，這是先前幾個世代的人始料未及的狀況。如今，民眾必須自行評估透過工作所累積的儲蓄，是否足夠支持老年生活所需，諾貝爾獎得主夏普（William Sharpe）教授將這個現象形容為他在財務領域所遭遇過的「最棘手、最難處理的問題」。如果某人沒有加入任何一項雇主退休金計畫，他必須做的第一件（且通常是最重要的）事，就是要選擇一個可信賴的外部顧問，但通常這件事知易行難（見第2章），沒有明顯可見的最佳解決方法。目前有數千萬甚至數億人都已親身體驗到這件事有多麼困難。

通常主辦退休金計畫的企業會建議採用「一勞永逸」的預設標準策略，以局部減輕個人的責任，透過這種方式，員工將款項提撥到退休基金後，就把那筆錢留在那裡，隨著時間慢慢累積。那類預設型的提撥人從一開始就會在半推半就下，將固定比例的薪資提撥為退休金儲蓄，長期下來，當他們幸運得到加薪，受惠的程度也會漸漸提高。

退休金制度的轉型使企業員工被迫直接面對第2章所討論的各種行為偏誤的衝擊，而一般企業員工缺乏對風險的理解，也會對他們造成顯著影響。但從好的一面來說，這些制度上的轉變，也讓儲蓄者得以更靈活地視自身景況與偏好來調整退休金安排（如果他們願意的話）。不過，制度的轉變也使得散戶投資人不得不承擔起「透過未來的期望市場報酬來籌措退休金」的重責大任，令人感嘆是，根據目前普遍的評估，未來的期望市場報酬將遠低於過去幾十年的水準（見第4章）。

此時此刻，個人的決策必須涵蓋退休金儲蓄是否充足、要用什麼方法投資那些儲蓄才合適，以及一旦退休之日來臨，要如何使用這些儲蓄來支應退休生活用度等問題。相關的選擇包括：是否要向保險公司購買定期年金（以取得收益）？如果要，應買固定金額的年金還是隨著時間遞增的年金？在實務上，很少人領取終身年金（儘管這是經濟學家的標準建議）；相反，個人關注的是退休總儲蓄金額的提領速率。另外，還有一個偶爾有人提到的疑問：是否要將一部分退休積蓄用來購買年金，剩下的作彈性提領之用？

當理財顧問遇到經濟學家，他們應該會跟經濟學家說：「別傻了，退休後的財務需求並不會永遠沿著穩定的途徑前進。」而事實也的確是如此。人類的平均餘命（life expectancy）已明顯延長，這衍生的影響之一是，愈來愈多較年輕的退休人士或接近退休的人，如今猛然發現自己成了三明治一族——一頭要撫養年邁的雙親，另一頭還得為子女提供支援。許多必須為有特殊需要的被撫養人提撥財務準備金的家庭，自然承受了更沉重的負擔。更令人擔憂與緊張的是，即將開始提領退休金的人不僅必須考量自己有可能會活到極高齡，還得考慮自己晚年是否需要支付鉅額照護費用——儘管只有少數人會陷入這樣的處境。

從民眾在安排個人退休收入時所遭遇到的諸多困難，便可見一般人一生當中必須應對、判斷並模擬的棘手變數與不確定性實在非常多，包括：

- 個人退休金儲蓄率。
- 現有的退休基金金額與其他儲蓄和投資。
- 個人所得與未來可能的所得變化。
- 個人必須繼續負擔的家庭財務責任。
- 個人習慣的生活水準。
- 個人的退休日期。
- 平均餘命的合理範圍。
- 開始提領退休金後，是否要繼續從事兼職工作？
- 是否有權取得與通貨膨脹連動的社會安全津貼或政府老年退休金？何時開始提領這些退休金是最適當的？
- 住宅的產權自有比率。
- 晚年出現無保險給付的鉅額護理或居家照護費用的風險。
- 如何投資，以及預期將透過畢生積蓄獲得的報酬範圍。
- 未來幾十年的合理通貨膨脹範圍。
- 利率水準以及長遠的預期利率水準變化。
- 個人承受風險與不確定性的偏好與能力。
- 個人目前與未來的可能稅務狀態。
- 為處理畢生累積儲蓄而支付的手續費與稅金。
- 是否有配偶或伴侶能共同承擔這些風險、機會與偏好？

雙方又是以什麼方式來共同承擔這些風險、機會與偏好？

上述林林總總的不確定性與必要決策顯示，一般民眾真的很需要能幫助他們應對各式各樣議題的外部專業建議。在最理想的狀態下，這項建議會討論到這些不確定和選擇是否能彼此抵銷。總之大體而言，個人退休金挑戰並不是一個投資議題，在評估個人退休金的投資面時，也必須同步考量退休人士除了退休金以外的積蓄與其他資源（尤其是住宅）。

很多逼近退休的人手邊最寶貴的資產莫過於自有住宅的產權，以及畢生累積的退休儲蓄金額。要有效改善分散投資程度，方法之一是搬到較便宜的住宅，這是非常務實的選項，因為這麼做能減少你對特定住宅的持分，並釋出一部分**流動性**（liquidity）來滿足財務上的需求。然而，生活風格當然不能輕言犧牲，且對很多人來說「沒有什麼地方比得上家」。這顯示住宅所有權的心理或情緒回報，非常類似持有其他珍貴財產（例如藝術品）的報酬（見第11章與第12章）。

反向房屋抵押貸款（reverse mortgages，也就是英國一般民眾所熟知的自住房產套現〔equity release，譯註：類似臺灣俗稱的「以房養老」〕）是籌措晚年開銷所需現金但又不會影響到退休人士生活水準的另一個管道。老年人可以利用這個管道，以自有住宅的權益來申請貸款，這種貸款的累積應繳利息會被累加到貸款本金上並持續展期，等到貸款的退休老人搬到新房子或過世後再一併償還。不過，如果申辦這種貸款的退休老人活到極為高壽，這種做法很可能會導致他們的遺產嚴重縮水。另一方面，購買終身年金的人雖已把長壽風險轉移給保險公司承受，但它可不是免費的午餐，而是直接將早逝的風險加諸在退休人士的遺產之上（因為一旦退休人士早逝，年金的成本將導致他的遺產嚴重縮水）。

唯有和外部顧問進行明智且深入的討論，並將投資人本身面臨的所有條件，以及對虧損風險及錯失機會的厭惡等因素列入考慮，才能做出最好的選擇。

金融市場可以為其中某些風險提供保險。無論是在有意識或無意識的情況下，每一個人都必須決定要為哪些風險投保，但同時也必須判斷如何避免花費過多無謂的支出在保險上。當我們面臨那麼多有待消化的資訊和有待制定的決策，直覺上必然會採納較方便好用的心理捷徑（見第2章），這些捷徑一定會反映我們心中一系列先入為主的信念，問題是，這些信念不可能有效幫助我們掌握該做出怎樣的取捨，才能設計出真正合適的退休財務計畫。

退休日期的不確定性

不過，其中某些不確定性卻也能成為靈活性的寶貴來源：

其一是退休的日期，另一個則是離開主流工作後的兼職工作。若想提高個人的退休所得，最簡單的方法就是擁有繼續工作以及延後提領退休金的能力。這項能力等於是讓退休積蓄僅勉強夠用但還有能力透過繼續工作或延後提領退休金來謀取利益的人多了一個寶貴的選項，而且，如果一個家庭裡有兩個人擁有繼續賺錢的能力，那就更彌足珍貴了。

然而，某些人卻無法選擇繼續工作，也無法延後提領退休金，不僅如此，對每一個人來說，預期退休日期又是進一步的不確定性來源。通常很多人沒有辦法自主選擇退休日期，美林證券（Merrill Lync）與年齡波顧問諮詢服務公司（Age Wave）在2014年提出的一份報告指出，經調查，55%的美國退休人士比原定計畫更早退休，其中更有3/4的案例是非自願提早退休，原因包括個人健康問題、失業，或為了照顧家庭成員等。

賈斯特集團（Just Group）在2019年底發表了一份英國退休與半退休男女調查（受訪者的年齡都在55歲以上），結果也和上述報告非常類似。這份調查發現，有2/3的受訪者比原先規畫的更早退休，而他們提早退休的理由也和上述退休調查大同小異（健康不佳、失業，或是需要照顧被撫養人）。種種結果顯示，雖然我們內心可能已經打定主意要在某個特定日期退休，事實卻經常證明，實際退休日期並不是我們可以選擇的。

2020年就有一份有關提早退休風險的學術文章探討了這個主題，[1]那篇文章的作者寫道，退休日期的不確定性，通常「不是能抵銷衝擊的緩衝，它本身就是一種衝擊」。他們檢視了美國在1998年至2012年針對老年人所做的年度調查後發現，在美國，只有略高於1/4的退休人員是自願退休的，而一旦被迫退休的情況發生，通常隨之而來的就是顯著的財務折損。

根據這些研究，「意外提早退休」通常會使人折損多年的收入。另一方面，在股市陷入漫長的下跌期之後，意外提早退休的案例也趨向增加，舉個例子，2009年時（也就是全球金融危機剛結束那年），美國有46%的退休個案屬於非自願退休。整體來說，被迫提早退休的風險和股票市場的表現高度相關。（然而，在COVID-19大流行期間，股票市場的表現雖明顯強勢，卻也有大量員工基於一系列不同理由而比預期中更早退休。）

這些研究的結論是，就業所得原本是一種類似債券的可靠所得來源，但到了退休前幾年，這項所得卻會變成風險大幅上升且不確定性很高的資源。因此，最好的退休計畫會將預定退休日前幾年的被迫退休風險列入考慮，而這個考量當然會排擠掉一部分股票市場投資，換言之，這類計畫中的股市投資額度將因被迫退休的考量而降低。

我的退休生活可能延續多久？

個人通常會低估典型的退休期間長度，即低估自己的壽命超過平均壽命（也就是活到超高齡）的可能性。

根據史丹佛大學長壽中心（Center on Longevity）的統計，臨近退休年齡層的美國人當中，有2/3的男性與一半的女性低估了65歲老人的平均餘命。英國賈斯特集團在2018年進行的一份類似調查也發現，介於40至54歲的成年人低估了自己的平均餘命高達10年左右。民眾對平均餘命的悲觀態度導致他們不夠關注自己活得比平均壽命更久的可能性，也不夠關注「活得更久」所將造成的更多費用。表3.1是取自實際經驗的數字，這張表顯示，在過去40年間，美國與英國接近90歲或90歲以上的老年人口佔比各增加了1倍。

平均餘命其實只不過是目前對各種貌似合理的平均壽命範圍的最準確估計值。保險公司能將風險分散到大量的人身上，所以對保險公司來說，平均餘命是個有用的指南。但對個人來說，不管你的口袋有多深，不針對長壽風險投保都是沒有效率的做法。當一個人不為他的死亡風險投保，自然會有過度儲蓄的傾向，而過度儲蓄將使生活水準降低，而且一旦活得太老，遺產也會減少，少數活到超高齡的人更有可能變得一貧如洗。

表3.1 目前活到84歲以上的老年人比40年前多1倍

1979年與2019年依照年齡分類的死亡人口佔總死亡人口的百分比

	女性		男性	
年齡（歲）	1979	2019	1979	2019
		美國		
65以下	26%	20%	40%	31%
65－84	50%	41%	49%	46%
85或以上	24%	39%	11%	23%
		英格蘭與威爾斯		
65以下	17%	13%	29%	19%
65－84	59%	39%	61%	49%
85或以上	24%	48%	10%	32%

資料來源：美國：全國衛生中心統計中心（National Center for Health Statistics）；英國（英格蘭與威爾斯）：全國統計辦公室（Office for National Statistics）

表3.2列出了一些以美國與英國數據為基礎的廣義衡量指標，這些指標旨在衡量現代人在65歲退休後，預期可能繼續活多久。這張表顯示，一半的美國女性在過了65歲生日後，至少將再活22年，還有1/10的美國女性在65歲生日過後，將繼續活至少33年（也就是活到98歲），英國的數字也相去不遠。

很多網站取得這些全國性數據後，進行了一些微調，將自我申報的個人特質如目前年齡、生活風格、健康、性別與種

表3.2 我退休後還能活多久？

單位：年，男性與女性皆假設在大約2021年以65歲的年紀退休

英國數據	平均	1/4機率	1/10機率
男性	20	27	31
女性	22	29	33
美國數據	**平均**	**1/4機率**	**1/10機率**
男性	19	26	31
女性	22	29	33
夫婦（雙雙65歲）	27	31	35

資料來源：美國：數據擷取自美國社會安全局（US Social Security Administration）長壽視覺化工具，夫婦的平均數據是預期的第五十個百分位數字。英國（英格蘭與威爾斯）：全國統計辦公室，平均餘命計算器。計算出美國與英國數據的基礎方法可能無法直接比較。

族等列入考慮。然而，從財務規畫的角度而言，這些數據的關鍵訊息是：退休後的存活年數是巨大的不確定性。這些數據顯示，雖然在65歲以上的美國男性當中，有超過一半將在85歲前過世，但根據為雙雙65歲的夫婦提供退休用度的聯名退休金的紀錄，這些退休金連續35年發放定期津貼給那些退休老人的機率還是高達10%，換言之，65歲退休的夫婦到100歲還繼續領取退休金的機率還是高達10%。

如此說來，很多退休人士的退休積蓄必須足夠撐33年以上才行。對有錢人來說，這或許不是什麼大問題，但對大多數

退休人士而言，要靠45年的職場生涯累積到那麼多財富，實在不是容易的事，更何況，不見得每個人都能擁有長達45年的職場生涯。

終身年金能有效降低老年風險嗎？

顯而易見，不為大風險投保通常是錯誤的。隨著氣候條件日益極端，民眾因選擇不為自宅投保或無力為自宅投保而遭遇財務厄運的報導時有耳聞。有些人為了節省稱不上昂貴的年度保費而選擇不為發生機率極低的厄運投保，而一旦那種厄運真的降臨，並導致他們遭遇災難性財務虧損，他們當然也無法獲得補償，這是幾乎百分之百不明智的行為。

退休後的挑戰之一是，你必須選擇要從什麼來源提領你的收入：其一是從你的投資標的（注意：投資標的價值會隨著金融市場而起伏）提領（譯註：指將投資標的變現），其二是付一大筆錢給保險公司，跟對方換取讓你領取終身年金的權利（終身年金能為你的餘生提供定期的收入）。表3.2透露了個人或夫婦退休後存活期間的不確定性，如果不針對這項不確定性投保，財務崩潰（因為活得太久，以致儲蓄消耗殆盡）的風險可能會非常高。為了具體說明箇中道理，我們比較了兩名75歲老人的財務管理狀況：其中一人繼續被動地從退休積蓄中提領定期的攤付金額，並仰賴這筆錢維生（一如多數人的做法）；另一人則採用高波動性策略，將全部退休積蓄投入股票市場。[2]

如果你退休後存活了漫長的歲月，你的財務負擔必然會加重，而這成了保險公司最理所當然的市場。保險公司藉由銷售終身年金（保證為年金購買人提供終身的所得）的方式，定期為這項風險提供保障。通常終身年金的攤付金是一筆固定且定期發放的金額，不過，有些年金會為了抵銷通貨膨脹（有些年金可能正式與通貨膨脹連動）的慢性侵蝕效果，而根據預先設定的比率調漲給付金額。

很多人因為悲觀認定自己活不了那麼久而拒絕購買終身年金，當然，如果購買這種保險的退休人士提早過世，保險公司確實會賺到不公平的利潤，而這正是導致很多人不青睞這個選項的根本原因。總而言之，很多人認為，購買終身年金根本就是浪費錢。然而，目前已經有一些增值式年金（enhanced annuities）可供存活機會較低的人選擇，同時也有證據顯示，若能透過加強教育的方式讓民眾瞭解保險契約的本質，或許能改善民眾對終身年金的接受度。

若退休人士拒絕以至少部分退休積蓄來購買年金，一旦他們活到超高齡，就有可能會成為所愛之人的負擔。有錢人可能因為有很多錢可花用而拒絕購買終身年金，並宣稱打算把剩下的遺產留給所愛的人或捐給公益機構。但實際上，這麼做的人形同以他們的遺產來保障自身的死亡風險。

精算師與金融經濟學家對這種能消除個人長壽風險的保單特別感興趣。[3]如果民眾選擇不為這項風險投保，他們就不得不把資金綁在過多的預防性儲蓄上，還得自動降低退休期間的潛在支出（生活水準也因此降低）。在很多經濟學家與精算師眼裡，最理想的保單是遞延型通貨膨脹連動年金（deferred inflation-linked annuity），這種年金能針對兩種財務風險（退休後活得太久和累積通貨膨脹）為民眾提供保障。

某種程度來說，這種理想的保單早已普遍可取得。民眾只要善加利用延後動用應得權益（entitlements），就能減輕長壽與通貨膨脹的風險，因為以美國社會安全局與英國政府老年退休金的定期通貨膨脹連動給付來說，等到較晚起始日才開始提領給付的人，可領到的應得權益金額會相對多一些。對很多人來說，這是降低個人老年生活水準不確定性與確保遺產規模（這麼一來，可遺留給後代的遺產就不會因為長壽風險與通貨膨脹而減少太多）的最佳管道。

以美國來說，保險公司也提供可在未來某個具體日期開始給付的遞延年金，這類年金一樣包含各種不同的選項，包括專為夫婦提供的聯名終身年金保單，以及將預期通貨膨脹列入考慮的固定年度增長率（但這些年金通常不會納入正式的通貨膨脹連動條款）。一份在2020年發表的學術報告，將遞延收入年金稱為「一種規避『過於長壽以致耗盡個人資產的風險』的低成本管道」。

這份報告指出，即將退休且其壽命等於典型平均餘命的人，最好是在65歲時，將8%至15%的退休金投入一項等到85歲才開始給付的遞延收入年金。不過，儘管這份研究的結論已把通貨膨脹列入考慮，投資人還是必須思考通貨膨脹風險會對這種遞延年金的吸引力（相對於其他投資配置而言的吸引力）產生什麼影響。

無論如何，很多投資人還是會因為虧損趨避的傾向，不願意把資金大量投入有可能在他們過世（預估有一半的人會在85歲以前過世）後血本無歸的投資標的，換言之，很多投資人可能斷定這種遞延年金看起來過於昂貴。

老年時期的儲蓄行為

某些長者財務狀況研究的結論其實違反一般人的直覺，其中之一是：老年人會繼續將一部分收入存起來。各國所做的不同研究都曾發現這個現象，而且所有年齡層與收入水準的族群都不例外。雖然這個老年人儲蓄型態和「風險趨避傾向會隨著年齡漸長而上升」的傾向是一致的，只不過學術界對於「風險態度是否會顯著隨著年齡改變」一事，迄今仍沒有共識。

對很多人來說，老年時期的儲蓄包括為應付臨終可能出現的龐大照護開銷而做的預防性儲蓄——也就是自我保險。照理說，老年人應該不太會擔心自己是否有能力應付一般的老年健康與照護成本，畢竟他們對這種事不可能瞭解太多。相較之下，他們可能會在朋友與家人口耳相傳的影響下，更擔心自己的臨終照護成本遠比預期更多。

2017年一份根據之前18年的美國療養院使用狀況與相關的家庭自付費用等詳細數據所製作的報告（加權後呈現美國50歲以上人口的狀況）發現，每20名老年美國人中，就有1人住在療養院4年以上。[4]不過，這終究不是一般人的典型經歷，一半的老年美國人一生當中住在療養院的時間只有不到10天（例如在住院後接受康復照護）。很多老年人最終都得以避免應付長期照護的成本，不過，儘管只有少數人有長期照護需求，但這項費用一旦出現，就會成為龐大的財務負擔。

以英國的情況來說，迪爾諾社會福利資助協會（Dilnot Commission）也發現了相似的模式——龐大的照護成本讓不少人痛苦不已。在2011年，英國大約10%的老年民眾必須承擔超過10萬英鎊的照護成本，而在這些老人當中，有1/20的人更得面對15萬英鎊以上的照護成本。儘管如此，也約有1/4的老人毋須應付額外的成本。迪爾諾協會的結論是：「民眾根本無從得知他們的終身費用將是多少，所以每個人都有負擔極高終身成本的可能性，有鑑於此，有風險趨避傾向的人宜針對最糟的可能情況做好規畫。」

我能提領多少收入？

一般人的平均職場生涯大約是40年或以上，而在這段漫長的時間內，每年所得必然是不確定的。加薪與職涯升遷的軌跡不可預測，何況每個人或多或少都會遭遇大大小小的挫折，因此，沒有人能確知自己來年是什麼景況。

就退休金來說，只有舊式的最終發薪公司（final-salary company，或政府部門）給付制退休金是確定的，在這種制度下，雇主承擔了為前員工支付餘生合約性退休金的責任。然而，要獲得收入上的確定性，就得付出龐大代價。如果退休人士希望在有生之年（有時候他們的餘生甚至跟處於職場的時間非常接近）都能定期提領年金，就得支付保險公司一大筆錢，換言之，為取得這項保障，他們必須付出非常高的代價。

目前網路上很容易找到一些年金計算器，只要利用這些計算器，就能輕易估出一檔投資基金可能產生多少收入。這些收入的金額會隨著利率上升而增加，但以2022年6月為例，當時這些計算器顯示，美國65歲的民眾可能必須一次性支付100萬美元給保險公司，才能換得每年領回大約58,000美元固定收入的權利；而在英國，將100萬英鎊交給保險公司後，或許能換得每年領回略高於70,000英鎊退休金的權利。英、美兩國之間的上述領回金額之所以有差異，除了因為兩國的利率有所差異，也因兩國的平均餘命與其他因素有所不同。

而且長期下來，這些年金收入勢必逃不過通貨膨脹的侵蝕，的確，通貨膨脹迄今仍是很多謹慎型退休人士不得不應對的主要風險之一。已開發國家的貨幣政策通常是以物價穩定為目標，以美國聯準會（Federal Reserve）來說，所謂「物價穩定」是指平均每年2%的物價增幅。假定美國有一對夫婦請領第一筆固定金額的終身退休金後，又繼續活了35年，那麼就算聯準會真的達成它的物價穩定目標（見表3.3），35年後，那對夫婦定期領取的定額退休金也只會剩下一半的價值。而萬一聯準會未能達到它的物價穩定目標（在本書發行時，聯準會和其他所有主要國家的中央銀行都面臨通膨遠高於其正式目標〔2%〕的窘境），這筆定額退休金的價值更將遠低於原始金額的一半。

表3.3　即使是溫和的通貨膨脹，都會對固定金額的退休金給付造成嚴重侵蝕

單位：美元、英鎊或歐元

5萬美元、英鎊或歐元在X年後的價值		10年	20年	30年	35年
平均年度通貨膨脹率	1%	45,264	40,977	37,096	35,296
	2%	41,017	33,649	27,604	25,001
	3%	37,205	27,684	20,599	17,769
	4%	33,778	22,819	15,416	12,671

資料來源：作者的計算

儘管如此，固定年金乃至通貨膨脹連動型終身年金（儘管鮮少人選擇）的潛在年度給付金額還是難能可貴的比較基準，我們可以利用這些比較基準來評估外部顧問在客戶財務計畫裡預估的收入（這種收入通常比年金更不穩當）水準是否可接受。在實務上，理財顧問通常是藉由回測股票債券標準**資產配置**（asset allocations），來釐清什麼樣的提領率大致上安全——換言之，多高的提領率或許能提供永續、隨時間增長且禁得起通貨膨脹侵蝕的收入水準（但用這種方式判斷出來的提領率其實是後見之明，能否適用於未來，大有疑問）。

早期的例子之一是前美國財務規畫師班根（William Bengen）在1994年發表的一篇文章，他的研究最後成了眾所皆知的「4%提領法則」。[5]班根依據美國可用的歷史市場報酬率，算出65歲的退休人士每年應該能提領相當於退休積蓄（假定各投資一半到股票與政府公債）4%的金額，這個金額能和通貨膨脹掛勾，退休人士可以在退休後的30年間，每年提領這個金額出來使用。

從那時開始，很多人（不只是班根自己這麼做）以更長期的數據及和愈來愈容易取得的國際數據，深入且廣泛地測試與重新評估這個模型。然而，學術界已經注意到，班根等同建議以高風險且高波動性的策略來為一項恆定且不會顯著波動的支出計畫提供資金。

班根使用的數據是當時他可取得的美國市場最長期歷史

報酬數據（涵蓋1926年至1992年，前後共66年）。不過，儘管他大可以擷取許多段彼此重疊的30年期間（30年是他選擇的退休後基本存活年數）數據來建立資料庫，但他卻只採納兩個不同的30年期數字，因此他採用的數據集並不大。儘管如此，從那時開始，他的「4%通貨膨脹連動提領法則」還是對民眾造成了巨大的錨定力量，並顯著影響民眾對退休金收入的期望。

由於退休金提領議題牽涉到大量不確定性，所以退休人士在衡量可負擔的退休金時，免不了會受捷徑吸引，換言之，他們勢必會採用簡單的法則來作為衡量相關數字的基準。不過歷史告訴我們，投資人必須認真思考一個問題：過往的紀錄有沒有可能使人對未來產生誤解？

舉個例子，到2020年代初期為止的低利率，已使股票、債券與幾乎其他所有資產的報酬率全面上升。在這種情況下，我們對未來資產報酬率的合理期待理應是：未來的期望報酬率已經降低；此時此刻，包含股票與債券（特別是債券）的平衡型部位的過往績效，尤其不適用於推估未來的報酬率（見第4章）。當我們不再能訴諸歷史市場經驗來釐清未來的個人退休金問題，就代表一般人未來的風險承擔意願將比目前更加退縮。

投資人當然希望擁有足以讓他提領平穩退休金的退休積蓄，但通常作為退休資金來源的投資標的，卻總隱含固有的波動性，不容易滿足投資人「定期提領平穩金額」的需要。所以，外部顧問和投資人經常為了管理「提領平穩的退休金金額」與「投資標的之波動性」之間的錯配（mismatch）而傷透腦筋。箇中的危險包括：當投資人因故不得不在手上的投資標的市場價格低於財務計畫所假設的價格水準時，出售這些投資標的，他們的生活水準一定會遭受危害性的衝擊。同樣地，如果投資人出售投資標的的價格高於財務計畫所假設的價格，就可能會有利得進帳。

財務規畫師常將這個風險稱為「順序風險」（sequence risk），並鑑於這項風險而不斷強調定期重新評估財務計畫的重要性，他們還主張，若有必要，投資人也應該隨著時間推移，定期評估退休金給付金額是否足夠。外部顧問通常建議投資人建立流動性緩衝，以確保其投資收入與手頭的現金部位足夠應付幾年的預估領用需求。總之，建立流動性緩衝，應有助於管理順序風險，因為有了流動性緩衝，就算碰上不景氣時期，投資人也不需要急著以跳樓大拍賣的價格拋售手上的資產。

在金融經濟學家看來，妄想依賴市場的短期反彈來修復財務計畫本身的償付能力（尤其若這項計畫是在景氣良好階段擬定並達成共識的），似乎是流於天真的策略。相較之下，以現金緩衝（無論市場表現如何，它隨時都能派上用場）來應付近期需要，則毋庸置疑是有利的做法，因為這個做法讓外部顧問有時間和空間介入，為投資人提供詳細的指導與支持，並讓投資人有時間反思與考量不同的選項。有了現金緩衝做後盾，即使投資人流動性不足的問題短暫迅速惡化（那可能會導致交易成本上升），這個問題在事後自行修正的可能性也會上升。當然，備受壓抑的市場評價（valuation）也有可能幸運地及時恢復，讓投資人的財務計畫不至於「破功」。

這個4%法則與班根所主張的通貨膨脹連動型終身年金有一個根本問題：一旦民眾退休，平穩的實質收入經常不足以應付他們的財務需要或偏好。

誠如先前所討論的，退休人士有必要考慮為未來可能出現的長期照護成本提撥準備金，這是不容迴避的問題。同時，退休老人在退休初期花的錢，往往比晚年更多，這也是不爭的事實。法國北方高等商學院（EDHEC）與美國銀行（Bank of America）在2022年共同發表的一份研究，以「滑動軌道」（glide path）——也就是在限制範圍內，根據市場情勢變化來出售投資標的及投資配置調整計畫[6]——為長期照護需求的風險建立模型。這份研究報告說明，實質上，退休人士每年都應該在得知當年度新的重要資訊後，調整年度退休金提領金額。報告還表示，不管退休人士的風險承擔水準是高或低，根據新資訊來調整提領退休金的做法，都比採用固定提領金額的法則好，因為採用這個做法的人會在財務遭遇不景氣的階段而限縮提領金額（可能是因為市場狀況不佳，也可能是因為壽命比預期更長），從而得到更好的結果。

要在多大程度上偏離昂貴且流動性不佳的保險路線，視乎投資人自己的決定，但無論如何，絕對不宜偏廢只購買單純終身年金。投資人可以選擇為自己的退休金計畫持有一系列廣泛的投資標的，以保有較大的財富控制權與彈性，換言之，一旦他們的需求發生變化，這個做法能讓他們得以有較多的選擇自由。

然而，儘管這種選擇讓投資人保有較多機會，卻也意味他們必須承擔資源意外折耗、甚至是耗盡全部資金的風險。我們將在接下來幾章討論，在尋求穩當退休收入的同時，要如何安排委託管理型投資標的的結構。沒有必要把全部的金融積蓄都配置到終身年金裡，不過，退休人士絕對要思考如何藉由他人幫助與自助，善加管理長壽與投資市場風險。[7]

第4章
驅動績效的因素是什麼？

如果你認為股票市場或其他任何市場有快錢可賺，就代表你不夠深思熟慮。

在最嚴峻的危機時刻，政府公債依舊是投資人最好的朋友。但長期下來，政府公債總是容易受通貨膨脹所傷。

還記得對用戶非常友善的線上交易平台「羅賓漢」嗎？在COVID-19疫情大流行期間，由於投資人能輕易透過羅賓漢以及它的競爭對手進行線上交易，一股**迷因股**風潮遂在群眾吹捧下形成，並愈演愈烈。

最具代表性的早期迷因股是全球最大電玩遊戲零售商遊戲驛站公司（GameStop Corp）的股票。2021年初，大量忠誠的個人投資者——即散戶投資人——購買了該公司的股票，不過由於電玩遊戲的媒介逐漸從光碟片儲存轉變成數位下載，且逐漸由實體銷售轉變為線上銷售，故遊戲驛站早已成了許多傳統分析師眼中表現差勁的落伍企業，很多傳統避險基金也因此「放空」該公司的股票。換言之，這些避險基金不僅未持有該公司的股票，更設法借來它的股票來出售，期待稍後能以更低的價格買回該公司的股票，還給出借人。

但這一次，那些避險基金踢到了大鐵板。遊戲驛站的散戶大軍以排山倒海的氣勢，無情碾壓了那些放空的專業人士，最終反而使這些專業投資人成了典型被「軋空」（squeeze）的受害者。慘遭軋空的壓力逼得那些專業投資人不得不迅速大量買回先前放空的股票，希望能限縮他們的損失程度。但禍不單行的是，這波軋空行情引來了資金管理圈裡的嗜血同業，不少順勢操作的避險基金竟追隨散戶投資人的腳步，推波助瀾地將遊戲驛站的股票拉抬到驚人的價位。這導致注重評價並因此介入放空該公司股票的避險基金陷入更深的泥淖，使得虧損雪上加霜。

到了2021年1月時，瘋狂的買進風潮已促使遊戲驛站的股價飆漲了17倍。該公司見機不可失，隨即把握自家股票重獲大眾青睞的機會，向市場籌募了15億美元的新資金，用於改善公司的財務狀況。總之，當時在外界眼中，放空的避險基金雖空有最周延的計畫，卻栽在一群擅長操縱社群媒體的精明操作者大軍手中，當時很多人甚至把那些操作者的行徑和「劫富濟貧」畫上等號。

迷因股與樂透型股票都很有意思，但讓這兩類股票饒富趣味的原因卻截然不同：樂透型股票是高波動性的股票，一般將之視為獲取超額利潤的機會。通常善加利用破壞性新技術來獲取利潤的企業是最具代表性的樂透型股票，這些企業最終很可能會倒閉，不過它們一旦成功，結果卻也可能驚為天人。

一如所有樂透彩，事後回顧，成功總是顯而易見，不過冷靜反思後不難發現，即使投資人期待透過某一檔股票獲得勢如破竹的成就，也應該同時做好失敗的心理建設，因為這些股票的表現也很可能會極度令人失望。既存的證據顯示，不管是全職當沖客或是投機選股的短線客，散戶投資人操作個股的績效通常比不上「買進並長期持有」股市大盤的投資方法。[1]

很少人把當日沖銷操作當成正當的職業，這不足為奇，因為投入當沖操作的人不出多久就一定會受不了績效落後的壓力。不管投資人是否自認技藝高超，他都可能自我感覺良好地認為經過謹慎選擇且集中投資到特定股票的投資組合，至少應該能創造跟大盤一樣好的績效，這種自視甚高的觀點非常普遍。但事實證明，這種公認觀點是錯誤的。

股票市場的績效本身就是受某個小股票族群的不尋常累積績效牽動與扭曲，而散戶投資人很可能就是在這類股票的引誘下成為主動型投資人。

2018年的一篇文章就發現，多數美國股票的績效都落後於美國**國庫券**，而整體股票市場的績效之所以會優於國庫券（也就是股票的**風險溢酬**〔risk premium〕），其實是拜一小群績效卓越的股票所賜——這些股票創造了可觀的長期複合正向偏離績效。[2]

那篇文章的結論是：「雖然長期而言，整體美國股票市場的績效輕易超越國庫券，但多數普通股的績效並不如國庫券。」很多主動型投資人就是敗在這一點。機率對這種投資人相當不利，即使是扣除手續費或世俗的謀生需要等因素的績效也一樣。

所以，與其試圖在最新題材股上漲前搶先進場購買，妄想從中賺取價差，不如單純持有大盤曝險部位（對很多投資人來說，這樣的部位就已經夠刺激了），因為大盤部位雖笨重，卻是較穩當的財富管理方法。投資人在投資的過程中，確實偶爾需要保持敏捷的機動力，但在多數時間，被動地順著大盤的勢頭前進還是更好一點。

這個世紀到目前為止，投資人曾因三次嚴重的股票市場下跌走勢而遭受重創，首先是20世紀末的「非理性繁榮」（irrational exuberance，當時電信、媒體與科技股飆漲）在2000年至2002年間崩潰；下一次大挫折的影響面更廣泛，那是2007年至2009年的全球金融危機；第三次挫折是2020年初，金融市場對COVID-19疫情產生了劇烈的初期反應；而就在本書於2022年付梓之際，第四次大挫折還處於「現在進行式」。

歷經這幾場危機，政府公債已變得愈來愈昂貴，政府公債的殖利率曾經有多年（直到2022年為止）連應付外部顧問的手續費都不夠，遑論為投資人提供像樣的收益。這些發展徹底改變了儲蓄與財富管理的氛圍——當今的投資人對股票市場報酬的期望值已經降低，但也不敢指望能透過信譽良好的政府公債獲得像樣的回報。最重要的是，這些發展已使獲取「穩當定期收入」的代價上升。

習慣上一般認為國內**國庫債券**（Treasury bonds）與國庫券是零信用風險的，故這些資產可作為投資人的避風港。而如果一國政府能夠印製本國的鈔票，它發行的長、短期公債就更具避風港的效用了。一直以來，這個觀點是現代投資組合理論與實務賴以維繫的基石之一。不過，2007年至2009年信用緊縮後爆發的政府公債危機，卻導致這個約定俗成之見開始動搖——尤其是在歐元區，在當地，個別國家自願放棄控制本國通貨的能力，改為以整個歐元區較廣泛的貨幣紀律為重。於是，民眾漸漸不像以前那麼重視希臘、義大利與其他歐元區國家的通貨膨脹風險，轉而關注那些國家的信用風險。

低利率導致來自政府公債的可靠經常性利息收入消失，這對生性謹慎的投資人構成了嚴峻的挑戰。而由於對很多人來說，為取得政府公債的收入保障而必須付出的代價變得過於昂貴，因此，很多人不得不將其風險承擔水準提高到令人難以接受的地步，這當然不可避免地導致他們的生活水準面臨更大的不確定性。面對這樣的環境，很多理財顧問為了不偏離原本的投資策略而努力尋找可替代國庫債券的另類投資標的，第一個原因是來自國庫債券的收益變得非常微薄，另一個原因是，一旦殖利率上升，國庫債券更會導致投資人產生資本損失。不過，股票市場固然極具吸引力，政府公債卻依舊是多數適當分散風險的投資組合裡的重要組成要素之一。

能提供不同類型防護效果的避風港型投資標的

如果投資人完全沒有承擔風險，他就不該期待能獲得超額的報酬。不過，對某位投資人而言的**避風港型投資標的**（safe harbour），卻有可能是另一位投資人的高風險投資標的。

對短線投資人來說，本國的國庫券是最低風險的投資標的，它不僅能保障短期的資本價值，還能提供短期保證性報酬（但這項報酬通常相對微薄）。另外，在穩定低通貨膨脹的環境下，本國的國庫債券也能在到期期限內提供安全保障，若是就「到期期限內提供安全保障」的目的來說，每3個月或6個月到期的國庫券就是有風險的，因為當利率不可避免地隨著經濟展望的起伏而出現周期性變動，這類債券很容易受到立即的影響。至於國庫債券，若能持有到期，則能規避這項風險，而且保證能獲得該債券到期前的所有報酬（只不過，這些債券的利息收入有可能不得不再投資到較低殖利率的標的）。

持有國庫債券的主要風險是通貨膨脹上升。有些經濟學家主張，20世紀（尤其是1990年以前的那25年）曾出現過的幾段高通貨膨脹期（通貨膨脹顯著走高且起伏不定）屬於異常狀態，並主張20世紀起展開的中央銀行獨立時代，或許是使通貨膨脹預期心理得以維持穩定的主要功臣，這和更早之前的金本位（gold standard）時代的作用力是相同的。[3]然而這個現象是否能可靠地延續到未來幾十年？我們將在第7章討論這個問題。

想獲得穩當收入又不希望自身收入被通貨膨脹侵蝕的投資人，可以多多利用通貨膨脹連動債券（也稱為抗通膨公債〔Treasury inflation-protected securities，TIPS〕、物價指數公債〔linkers〕或實質公債〔real bonds〕）來達成目的，個別的通貨膨脹連動債券應該能提供一系列與通貨膨脹連動的已知未來付款。物價指數公債是防範不利通貨膨脹與不利意外實質利率變動等傷害的低風險工具（但很昂貴），不過前提是，持有這種債券的投資人必須一直持有至到期才能獲得這些利益。

不過，如果通貨膨脹率在一檔通貨膨脹連動債券到期以前的上升幅度超出預期，這種債券也不見得能提供可靠的保護效果，尤其萬一通貨膨脹上升的同時，**實質利率**（real interest rates）也一併走高，通貨膨脹連動債券的價值甚至可能暫時下降。因此，曾擔任哥倫比亞商學院（Columbia Business School）安・卡普蘭商學教授（Ann F. Kaplan Professor of

Business）的安格（Andrew Ang），用以下說法對那種債券的角色做了簡短的總結：「實質公債是規避通貨膨脹風險的爛工具。」他也認為，通貨膨脹連動債券的表現和通貨膨脹之間的短期關係（相關性）幾乎是零。

這一部分是由於通貨膨脹連動債券的實質殖利率本身就反覆無常。此外，通貨膨脹連動債券市場的流動性並不好，這個問題使這類標的顯得更沒有吸引力。儘管如此，如果持有通貨膨脹連動債券的投資人將這類債券持有至到期，這些債券還是能提供當初（也就是投資人購買這些債券時）承諾的通貨膨脹連動殖利率。

哪些政府公債的績效最優異？

從**殖利率曲線**（yield curve）可看出政府針對國庫券（等同現金）與較長期國庫債券分別支付的利率有何差異，表4.1說明了這兩者的差別。

長短期政府債券之間的殖利率關係意義深遠，因為它和金融市場衡量各種不同風險（包括通貨膨脹與經濟衰退的可能性等）的方式有關。說實在的，保險公司並不盡然是為了獲得政府代表納稅人支付的殖利率溢酬（premium yield）而持有國庫債券，退休人士也不見得是為了得到額外的溢酬報酬（premium return）而持有通貨膨脹連動公債，這意味沒有人知

表4.1 國庫券與國庫債券

國庫券	原始到期期限低於1年（通常介於1至6個月）的政府債券。國庫券被視為一種相當於零風險的現金投資標的。
國庫債券	原始到期期限超過1年的政府公債。在設計整體投資策略時，在慣例上會把即將在12個月內到期的政府公債視為國庫券。在美國，原始到期期限介於1至10年的國庫債券稱為「中期債券」（notes）。不過，本書所言的「國庫債券」則是指到期期限超過1年的所有國庫證券。

道政府公債（無論是否與通膨連動）相對現金而言的預期溢酬報酬（說不定沒有溢酬報酬可言）理應是多少。

長久以來，總體經濟學研究不斷試圖釐清殖利率曲線的正常形狀應該長什麼模樣，這個研究領域涵蓋面甚廣，但迄今多半沒有令人信服的結果可言。過去一個多世紀的殖利率曲線型態明確點出兩個事實：首先，在歷史上，殖利率曲線的斜率通常是向上的，即國庫債券的殖利率乃至報酬率向來都高於國庫券或現金；此外，長天期國庫債券提供的殖利率通常高於短天期的國庫債券（這被稱為「期限溢酬」〔term premium〕）。

舉個例子，瑞士信貸（Credit Suisse）在2022年的報告中提到，回溯到1900年，在所有能取得可用資料的國家中，幾乎每一個國家的長天期政府公債報酬率，都高於其國庫券。[4]

以美國來說，這項溢酬報酬平均為1.3%，英國則是0.9%。

這項溢酬的高低隨時間而異，而且至少在近幾十年間，全球主要市場都呈現類似的模式。「溢酬」一詞經常被解釋為「為引誘短線投資人購買較長天期債券（因為長天期債券的價格波動性較高）而必須提供的額外報酬」，然而，箇中關係其實比這個解釋更複雜一些。

首先，長天期債券並非對所有投資人而言都算是較高風險的標的，對篤定預期通貨膨脹將維持低檔的長線投資人來說，長天期債券反而可能是低風險投資標的；另外，投資人可能是因為以下理由而希望持有政府公債：在市場危機爆發時，政府公債通常是最能分散股票市場風險且流動性最高的工具。

不過，還有更宏觀的問題必須考慮。20世紀下半葉爆發的大通膨乃至隨後各國央行與政府成功駕馭了高通貨膨脹等發展，顯示斷言「長天期政府公債的預期收益率必定高於現金」是很危險的（見第7章）。

有人建議採用另一種解釋：以不同債券的殖利率受總體經濟風險因子衝擊的程度，來解釋長、短期政府公債利率之間的可能關係。這些人認為，通貨膨脹與通貨膨脹風險（也就是和未來通貨膨脹率有關的不確定性）是決定長期債券殖利率的主要因子。當中央銀行與政府較有信心控制通貨膨脹，不確定性會相對低一些，在這個情況下，存款利率與政府公債殖利率將相去不遠；換言之，此時殖利率曲線或許會比較平坦。

除此之外，他們認為還有其他因素會影響到長、短期公債利率之間的可能關係，例如各國央行為管理商業周期的衝擊而採取的作為（通常是指在經濟剛開始衰退時降低短期利率，並在經濟體系接近全產能時提高短期利率）所產生的影響。但從2007年後的全球金融危機以來，整個局面變得更令人摸不著頭緒。中央銀行為了幫市場供應額外流動性而大量購買政府債券以及公司債的行為——也就是一般所熟知的量化寬鬆（quantitative easing）——偶爾也對這個利率關係產生壓倒性的影響力。

通貨膨脹連動政府公債的殖利率低於傳統的政府公債，這兩者之間的利差通常被形容為**損益平衡通貨膨脹率**（break-even rate of inflation），這就是指未來的通貨膨脹率——當一檔通貨膨脹連動債券是採用通膨率作為指數化的連動基準，通貨膨脹率將等同於補償了通貨膨脹連動債券低於**傳統債券**（conventional bond）的殖利率。損益平衡通貨膨脹率經常被視為市場對未來通貨膨脹率的期望值。

在實務上，各種不同議題導致這個利率關係變得混沌不清，這包括和未來通貨膨脹率有關的不確定性程度。為了抵銷這個不確定性的影響，通膨連動公債殖利率可能隱含某種溢酬，以補償這種公債相對流動性不足的缺陷，但這項溢酬有可能隨著時間而有所不同。另外還有其他重要的細節，其中之一是，官方對免稅退休基金與保險公司實施的監理規定，有可能會導致這些機構法人投資者只願意投入特定一部分的傳統與通膨連動市場，這將衍生評價異常的問題，而評價一旦異常，投資人將需要特別長的投資時間範圍才能從中獲益。在英國，指數連動型公債所使用的通貨膨脹衡量指標更是隱含了多項偏差，這是長久以來格外引人矚目的議題。[5]

基於這些因素，我們不宜理所當然地將損益平衡通膨率解讀為通貨膨脹的預測值。儘管如此，損益平衡通膨率終究是市場預測通貨膨脹率的現成實用經驗法則。如果一位長線投資人對市場通膨率的看法明顯有別於表面上的市場通膨率，那麼他在執行策略時，就可能會受這些看法的影響——他可能會考慮把通膨連動公債列入投資組合（當然也可能基於那些看法而只投資傳統公債）。另一方面，假定一位投資人的避風港型投資標的是一檔通膨連動公債，而他又預期傳統公債能為預期通貨膨脹提供足夠的報酬（包含為不確定性保留的餘地），那麼，他就應該建立一些傳統政府公債的策略性部位。

總而言之，信譽良好的政府的舉債條件（譯註：即傳統政府公債的利率等）依舊是為投資策略建立模型時的堅實基準。在此總結如下：

- 通貨膨脹連動政府公債可作為長線投資人的對照基準，因為長期下來，這些投資人的財務目標會隨著通貨膨脹而改變。

- 國庫券可作為短線投資人的對照基準，因為這些投資人的目標和此時此刻比較接近，而且那些目標是以當前的價格來衡量。
- 就中期而言，假設「通膨連動公債將提供略高於國庫券的低流動性溢酬報酬」是合理的。
- 最謹慎的長線投資人或許會把通膨連動公債當成最軸心的持有部位，但普遍來說，一般長線投資人還是會以優質傳統公債取代通膨連動公債，來作為核心持有部位，尤其是在通貨膨脹不確定性較低的時期。這麼做既是考量到優質傳統公債擁有較高的流動性，可能提供些許**通貨膨脹風險溢酬**（inflation risk premium），也考慮到傳統公債定期收益分配較高的便利性。

股票風險溢酬

迪姆森（Elroy Dimson）、馬許（Paul Marsh）與史丹頓（Mike Staunton）透過《投資收益百年史》（*The Triumph of the Optimists*）一書，以獨創方式檢視了17個國家自西元1900年以來的股票、債券與現金等標的的報酬率。他們透過這本書傳達的訊息是：20世紀初以來，股票投資人獲得了優於他們理性期待的績效，只不過，進入21世紀後，長線股票投資人應該降低對股票投資報酬率的期望。

那本書出版後，他們又進一步延伸這份原始研究，把研究範圍擴大到21個擁有連續股票市場歷史的國家（以及14個只擁有較短歷史紀錄的國家），而且還每年更新，最新的研究成果發表在2022年的《瑞士信貸全球投資報酬年鑑》（*Credit Suisse Global Investment Returns Yearbook*）上。從最近幾十年至2022年為止，政府公債的報酬率非常強勁，但這個強勁的走勢似乎已漸漸露出敗象，而股票市場（與其他資產）的報酬率則只是跟著日益昂貴的債券市場被拉高。所以，儘管股票市場在一波波引領網路創新的優異企業支持下被抬高，較長天期政府公債的績效還是一度長期領先股票市場。

整體而言，在這個世紀的頭20年裡，儘管股票市場曾遭遇到前述的三大挫折，股票的表現還是持續相對優於現金。但未充分分散投資的投資人（由於他們把這幾次市場崩盤之前幾年的漫長好光景視為常態，所以未能做到充分分散投資風險）可能都曾因前述任何一場大型股票市場危機而陷入措手不及的窘境。

那麼，股票市場投資人應該期待獲得什麼樣的績效？這樣的期望績效和債券與現金的可能績效又有何關係？這個領域的爭議從不曾間斷，因此也充斥明顯的不確定性，在設計所有投資策略時，都必須把這項不確定性放在心上。

追溯歷史是探討上述幾個問題的好起點，而我們要感謝迪姆森、馬許與史丹頓與他們的研究，實質上這些研究已延伸並涵蓋所有國家的股票市場歷史。最長的歷史數據明確顯示，長期下來，股票績效超前是一種常態，尤其是相對現金而言，換言之，風險承擔行為最終都會獲得回報。

不過，金融市場的歷史也顯示，有時候，要花很長的時間才能證明股票的績效確實超前。在歷史上的幾個漫長期間，股票的績效都未能超越現金——尤其是債券。不僅是個別小型市場（這種市場的投資風險未充分分散）存在這個現象，美國與世界上其他國家的市場也一樣。

但那些畢竟都是歷史，往事已矣，來者可追，在設定投資策略時，最重要的還是我們對未來的期望。直到今天，絕大多數人仍認為20世紀的金融市場歷史相當善待投資股票的人，讓他們獲得比合理期望報酬更好的回報。儘管未來的平均報酬率絕對值很有可能無法達到往日的水準，多數分析師應該還是預期未來幾十年的股票績效相對將超越債券。只不過，鑑於一般人對市場正常或均衡水準（例如相對企業盈餘或利率而言的均衡水準）的看法莫衷一是，現在就斷言未來幾十年股票績效將超越債券，可能還嫌太早。

關於對未來的期望，相關的討論通常聚焦在民眾對市場報酬率與經濟風險因子的期望。股票市場是由個別企業與產業組成，通常在技術快速變遷時期展開前，市場人士心目中最能利用那些新技術獲益的企業股票就會先行上漲。相關的例子包括20世紀初開創了汽車大量生產模式的福特汽車公司

（Ford Motor Company），以及開發出早期無線電的美國無線電公司（Radio Corporation of America ，RCA）。到了1960年代末期，所謂「漂亮50」（nifty-fifty）的高成長股票——包括可口可樂（Coca-Cola）、伊士曼柯達（Eastman Kodak）、麥當勞（McDonalds）以及菲利普莫理斯（Philip Morris）等——也是領先飆漲。而到1990年代末期，網路泡沫概念同樣在網路爆發性成長實現前就先領漲。

以近幾年來說，美國乃至其他股票市場（其他市場在程度上較不明顯）是受奠基於網路的工業轉型浪潮所驅動。在這股浪潮中，只有幾家具代表性的企業也正好是網路時代的代表性企業，其他多數的代表性企業則是目前已家喻戶曉的企業，包括微軟（Microsoft）與特斯拉（Tesla），以及所謂尖牙股（FAANG）裡的Facebook（股票掛牌交易的是它的母公司Meta平台公司〔Meta Platforms Inc.〕）、亞馬遜（Amazon）、蘋果（Apple）、網飛（Netflix）以及谷歌（股票掛牌交易的是它的母公司Alphabet），還有台灣積體電路製造公司（TSMC）。事後回顧，即使是阿貓阿狗也能輕易看出哪些企業是企業界的贏家，不過對私人投資者來說，上述種種「江山代有才人出」的現象顯示，最好不要以投機押注的心態去賭哪幾支個股將成為股票市場的明日寵兒，而是應該從善如流地採納分散投資風險的策略。

一般公認股票風險溢酬是可能改變的，舉個例子，如果經濟體系經歷了全面性的技術變遷，或甚至可用在投資用途的財富發生變化，股票風險溢酬也可能會改變。不過，「股票風險溢酬將如何隨著經濟情勢變化而改變」，則到目前為止都尚無共識可言。

其中一種看法是，股票市場價格是隨機波動的，以術語來說，股票市場價格是依循隨機漫步（random walk）的型態在波動，所以，隨著高報酬而來的，有可能還是高報酬，但也有可能是低報酬，總之，這個派別的看法是：未來完全無法預測。另一派的觀點則是，我們可以預期股票市場評價遲早會被拉回到過去的平均水準（見第5章）。如果這個觀點正確無誤，那麼一旦過去一段時間的投資報酬率高於平均值，後續的報酬率就很可能會降低，而若過去一段時間的投資報酬率低於平均值，後續的報酬率就很可能會上升。這個過度反應的過程，也就是優異的市場績效發生後，預期隨之而來的將是較差的績效，也稱為**均值回歸**（mean reversion）。

還有其他人預期21世紀的股票市場定價應該會高於過去的平均水準，這些人的理由是：充分分散投資的基金——尤其是低手續費指數型基金與充分分散投資風險的**股票指數型基金**（exchange traded funds，ETF）——的盛行，已使目前的投資人能輕易取得較低風險且較低手續費的投資管道。隨著投資人能以較便宜的方式進出市場，市場自然成了更具吸引力的投資管道，畢竟水（即資金）漲了船也會高。

在2022年以前，一般人的普遍共識是：債券不可能延續近幾十年的優異報酬率。本質上來說，隨著殖利率被壓抑到歷史新低水準，任誰都很難相信未來殖利率還能繼續出現和過去不相上下的降幅，也因如此，當時一般認為未來債券的績效很可能會令人失望（見第5章），可能原因包括債券殖利率回升，即價格下跌（一如2022年的狀況），另一個可能原因是，由於未來的利率水準將穩定低於2008年之前的正常水準，故即使未來的殖利率還是會因商業周期有所起伏，卻會沿著較低的正常水準而起伏。時至今日，這依舊是一大不確定性來源。

在21世紀剛展開時，財務專家對於股票投資的預期溢酬報酬高低的看法早已莫衷一是。時至今日，這些看法上的差異還是沒有消除的跡象，但已有愈來愈多人認同（但尚未成為共識），在討論中期展望時，必須將一開始的市場水準（高或低）列入考慮。這個觀點還衍生了一個略有差異的版本：由於市場風險起伏不定，當市場的波動性較高時，投資人應該會想要得到較高的風險溢酬，也會預期風險溢酬上升。這樣的狀況可能發生在市場評價較不昂貴的時期，但也可能不是如此。

這聽起來很像常識，但一般人也公認，鮮少人能輕易利用各種評價指標來獲取較高的報酬。有一個觀點應該能得到相當廣泛的支持：除非股票市場看起來異常昂貴或便宜，否則調整長期規畫中所使用的預期股票風險溢酬，都只是白忙一場。

當一名研究人員相信目前股票市場流於昂貴，他提出的未來報酬率估計值自然較低。有愈來愈多人同意，風險溢酬可能因不同時期而有所差異，換言之，某些時期的風險溢酬有可能高於其他時期。2011年時，銳聯資產管理公司（Research Affiliates）董事長暨投資銀行家阿諾特（Rob Arnott）寫道：

> 這個簡短的歷史教誨清楚顯示，號稱股票風險溢酬介於4%至5%的說法言過其實，這是不可靠且危險的假設，因此不宜根據這個假設來制定未來的計畫。我們認為，在相對正常的經濟環境下，這項溢酬應該介於2%至3%，這是過去30年評價倍數（valuation multiples，譯註：例如本益比、淨值比等）未上升的情況下的歷史風險溢酬。

迪姆森、馬許和史丹頓在他們2022年的報告中使用了不同的研究方法，並說明投資人在考慮進行全球股票投資與為全球股票投資建立模型時，應該將年化股票溢酬（相對現金的溢酬）設定在大約3.5%的水準。進入千禧年後，他們三人一直抱持這個觀點。到2021年時，他們又補充（但沒有調整期望溢酬報酬），由70%股票與30%債券組成的平衡型投資組合，將使投資人獲得大約比通貨膨脹高出2%的報酬。換言之，雖然他們預期股票的報酬率將明顯超過通貨膨脹，但針對平衡型基金提出的預期報酬水準，卻「大約只有過去三代前輩投資人實質報酬率的1/3。很多儲蓄者、投資人、退休金計畫與法人機構，都因這個低報酬的世界而遭遇嚴峻挑戰」。在此同時，交易成本大幅降低，則可能導致投機風潮加劇，並使波動性進一步上升。

目前各方對股票市場未來平均績效的看法各有不同且爭辯不休，諸如此類的辯論雖不太可能導致明年的股票市場績效變得令人失望，卻會顯著影響長期透過股票累積財富的展望。在這個愈來愈嚴峻的微利環境，投資人提高期望報酬率的唯一可行方案，就是對他們支付的手續費保持警惕，因為手續費水準肯定會對長期的財富累積成果造成巨大的影響。

股票風險：別指望時間能分散風險

如果股票對長線投資人的風險性真的比短線投資人低，那麼，股票風險溢酬的高低就沒那麼令人擔心了。這又是另一個爭議領域，而且投資人對這個爭議領域有著極為強烈的分歧，孰是孰非也更令人感到混淆。

投資的時間範圍愈長，股票市場指數績效超越債券或現金的可能性就愈高，原因很簡單——平均來說，股票的期望績效比較高。此外，投資的期間愈長，將前述累積超前績效換算成增值的金額後，這個增值金額相對初期投資金額的比重一定會變得愈來愈高。平均來說，長線股票投資人的預期績效理應會優於債券或現金的投資人。換言之，平均來說，股票投資人的投資期間愈長，預期將獲得的貨幣績效愈高。只要股票投資人能獲得的正風險溢酬比付出的額外投資管理費更高，以上觀點應該就沒有任何爭議可言。

真正必須正視的議題是：歷經漫長的時間後，最終成果卻令人失望的風險。令人失望的成果會導致績效缺口日益擴大到什麼程度？投資人又應該多積極地設法規避那種績效缺口所帶來的痛苦（如果有的話）？這些問題一向是財務學的核心焦點議題，而且，瞭解行為財務學的虧損趨避傾向後（見第2章），這個議題更是不得不去關注。

誠如我們已經討論過的，以10年以上的期間來說，股票績效低於長期債券與現金的風險非常低。不過，儘管平均來說，股票的預期累積績效顯著高於債券與現金，但股票績效落後的風險始終存在。

儘管這麼說，近幾年有愈來愈多人認同，財富規畫作業中經常採用的標準統計基本假設有低估短期風險之嫌（因為股市崩盤的實際發生頻率高於統計模型的假設），但又可能高估了長期的股票風險。這是因為有大量學術研究證明以下廣受認同的觀點是正確的：某種程度來說，市場確實會有反應過度的情況，而一旦市場反應過度，事後往往會回歸均值。因此長期來說，股票市場的變化其實比傳統模型所推估的更小。

如果這個觀點真實無誤，以幾十年或20年期間為準所衡量出來的股票市場波動性將低於單純根據短期波動性來推斷的長期波動性。但究竟低多少，則頗有爭議，不同學術界研究人員的看法更是尤為分歧。

一直以來，很多儲蓄規畫作業所採用的基本模型（這種模型單純且容易上手）遭受到廣泛的批評。不過，一般人迄今還是繼續使用這些研究方法，部分原因是，直到今日，民眾還是未能就這些模型的替代方案達成共識。然而，在規畫投資策略時，還是必須把這些模型的缺點列入考量。

當你預期一個風險性投資策略有可能、但不一定能達成某個目標，往往就足以令人感到放心。如果投資人想要實現更大的確定性（見第2章），就必須調整基本的投資策略，盡可能向保險公司購買固定年金或通貨膨脹連動年金，或是利用量身訂做的通貨膨脹連動公債或傳統政府公債，來賺取能和預期支出相抵的收入（即收支對沖）。無奈事實往往是殘忍的：那類保險的代價過高，所以到最後，很多投資人幾乎別無選擇，只能繼續忍受顯著的不確定性。

此時此刻，要瞭解股票績效落後於現金或債券的風險，最好的指引就是檢視歷史數據。誠如先前討論的，財務學術界普遍認為，21世紀的大環境對股票市場來說可能不像20世紀那麼友善，所以，此時此刻的合理的假設之一將是，進入21世紀後，股票市場表現令人失望的發生率將高於20世紀。

的確，股票市場在21世紀頭20年裡的實際表現和上述假設是一致的。換言之，最近的經驗告訴我們，從今而後，有必要嚴肅看待「股票策略績效將長時間低於避風港型投資策略」的風險，不該將不久之前發生的那些不利於股票市場的事件貶抑為例外的厄運，而是應該把那類事件當成必然發生的狀況。

最後，誠如先前已提到過的，「股票市場風險溢酬是一個固定不變的常數（不管是3%或6%）」的概念有待商榷。股票市場存在均值回歸的現象，而這個現象的發生，顯示市場的期望報酬率可能隨時會改變。只不過，一般人雖無疑認同這個獨到見解，卻不見得會善用它來獲益。

投資經理人的績效

明星經理人不是萬能的。

杜克大學（Duke University）的保羅．史提契財務學教授（Paul Sticht Professor of Finance）哈維（Campbell Harvey）在2021年的一篇文章裡，呼籲投資人要「對資產管理公司的研究報告抱持懷疑的態度。」理由是，資產管理公司的投資研究人員會因為提出「正向的」研究結果而獲得各式各樣的獎酬，而哈維的這篇文章對這些醜陋的現象多有著墨。令人掃興或模稜兩可的評估結論無助於研究員的職涯升遷，也對投資商品的銷售量沒有幫助，而這個現實導致投資研究人員的報告內容流於偏差，他們鮮少在研究報告中提出較不可能產生「正向」成果的投資構想。

每一個人都難免受人類特有的一廂情願思維與確認偏誤等缺陷所影響，而這種偏誤確實會對結果造成衝擊，即使是資產管理公司的研究人員也不例外；不過，那樣的偏差研究結果雖不盡然導因於不光采的作為，卻可能是不良作業所致。哈維在報告中指出，他在主要金融期刊找到了一些號稱能以特定策略打敗市場的文章，而且這些文章還提出證據作為佐證，總計提出了400種號稱能打敗市場的策略。接著，透過那些文章所公開發表的研究結果，又進一步被業界用來作為一系列新投資策略的基礎，當然，他們也積極將這些新策略推銷給投資人。只不過事後觀察，這些新投資策略的成果經常令人失望。

我是否為你找到了必勝的策略？或許並沒有。

不管是對散戶投資人或機構法人投資者來說，「選擇投資經理人」通常都是至關重要的事。投資人最艱巨的工作之一，就是在投資經理人提出他的超群歷史績效紀錄時，設法分辨那個優異紀錄究竟是來自運氣、**雜訊**（noise），或是投資經理人貨真價實的高超技藝。

技藝拙劣的投資經理人經常會對投資人的投資組合績效造成雜訊，如果這項雜訊是正數，它經常會被（錯誤）形容為「alpha值」，但對此抱持懷疑態度的人則是將alpha值形容為「平均誤差項」（average error term）。在市場上，技藝拙劣但績效紀錄「賣相」偶爾還不錯的雜訊型投資經理人可能永遠佔多數，真正技藝高超且無時無刻都有優異績效紀錄的投資經理人，則向來是鳳毛麟角。雜訊通常會帶來額外的波動性，也必然會衍生手續費，並使投資人分心，最終白白浪費投資人寶貴的時間甚至金錢。

即使是備受讚譽的明星基金經理人，也難免會發生績效與聲望江河日下甚至意外迅速消滅的狀況。諸如此類的事件似乎可能會導致民眾對專家產生懷疑，並助長投資人憑著一己之力自行管理投資帳戶的風氣。而自助管理投資帳戶的風氣之所以盛行，又和認為自行操作很有趣的人的偏好（但其他人對此感到困惑）有很大的關係。畢竟如果自行管理投資帳戶的成本較低、更有樂趣，還能享受線上社交生活，那又何必把這件事委託給基金經理人？

有時候，投資經理人的績效和市場績效可能相去不遠，在那樣的情況下，直接購買複製市場指數的股票指數型基金或指數型基金（通常是低成本），或許是比較合理的決策，因為即使你費心精選出一群投資經理人，他們共同為你創造的綜合績效，到頭來很可能只和市場指數的績效相近，既然如此，何苦費時費力做這件無謂的事？當市場非常有效率，又缺乏**主動管理型**（active management）投資機會時，便適用這種做法，而且，實際上適用投資指數型基金的情境相當多，只不過主動管理型投資經理人並不樂意承認這個事實罷了。

幾十年來，很多超然客觀的專家斷言，要找到必然能在未來創造超群績效的投資經理人，如同大海撈針，而由於那些專家的立場的確相當超然且顯然和這個議題沒有「利害關係」，因此他們的見解應該堪稱客觀。在此套用已故諾貝爾經濟學獎得主薩繆爾森（Paul A. Samuelson）的說法：「或許確實有某些投資經理人能持續穩定地創造超越市場的績效——邏輯上這樣的經理人可能存在——但他們卻隱匿得非常好，好到沒有人找得到。」

投資人總是會因為得到較高的報酬而感到開心，沒有人會計較那些超群的報酬是怎麼來的。然而，熟稔財經知識的投資人還是有必要設法釐清他們投資的基金究竟拿他們的錢承擔了多少風險，舉個例子，投資人應該計算基金的超額報酬，也就是將基金的風險溢酬除以基金的風險（風險通常是以**標準差**來衡量）。

諸如此類的比率有很多名稱和形式，包括**夏普比率**（Sharpe ratio）、資訊比率（information ratio）以及索丁諾比率（Sortino ratio）。採用這類比率來考量調整風險後的績效應該是明智的做法（前提是一個重要的但書：標的投資產品需具備良好的流動性，見第7章）。這類比率還有一個額外的好處：只需要知道基金的報酬歷史以及計算數量的基準，便可算出這些比率。算出這些比率後，投資人或他們的外部顧問有責任進一步研判基金的報酬歷史是否充分反映了基金本身隱含的風險特質。

據我們所知，歷來沒有任何一種投資策略的調整風險後報酬，比馬多夫騙局裡假造的績效紀錄更具吸引性。對應來說，百分之百正直的策略也可能包含一些預期應能在大多數情況下持續穩定獲得超額績效的選擇性要素，不過這些穩定的超額績效還是有可能因偶發性的價值劇烈折損事件，而被抵銷殆盡。

某些類型的避險基金就具有這項特徵，而且我們能輕易把它們歸為一類。第9章也將討論，在不景氣時期，信用投資組合的績效想當然爾會出奇地糟糕，所以在評估這類基金時，極不宜以歷史報酬型態來推估它們的未來報酬概況，當然，除非那些基金成立之後也經歷過那樣的不景氣時期。新上市的基金不大可能經歷過那種時期——至少投資人應該先查核一下。等到時候到了，我們就會知道為何極其不適合用過去來推斷未來。

投資經理人創造績效與管理風險（相對於他們的比較基準而言）的能力只是財富管理作業的其中一面，如今對很多投資人來說，財富管理的其他方面——包括確保投資標的符合持有人本身的道德、社會與公司治理觀等——已變得愈來愈重要，我們將在第8章進一步討論這些議題。另外，從財務規畫建議較廣泛的角色（第2章）以及提供退休金收入（第3章）等角度來看，還有更深入的議題必須考量。

財富管理的目的當然不僅僅是打敗指數，這項工作可沒那麼膚淺。但令人擔憂的是，隨著投資人尋求遷就更廣泛的目標與偏好，「為績效結果承擔起責任」的議題竟然被草草帶過。我們將在後續章節討論投資人應該如何結合不同來源的投資報酬，並設法在「期待」（獲得優異報酬）」與「容忍」（令人失望的報酬）之間找到平衡點。

第5章

通貨膨脹、利率、榮景與蕭條：世界上有真正安全的投資嗎？

為長遠目標而投資時，寧可當烏龜也不要當野兔。

我們認為沒有人知道15年後的利率與通貨膨脹水準將是多少，這一點非常重要。

投資顧問會聆聽客戶的意見並給予適當建議，但有時候，投資顧問在聽過客戶的意見後，有可能無法真正理解那些意見對投資人本身的意義究竟是多麼重大。本書作者之一在他的牆上懸掛了一張裱框起來的面額50萬元舊德國馬克，它正是攸關這個議題的好例證。那是德國央行在1923年發行的鈔票，當時德國正為超級通貨膨脹期所苦，所有德國家庭的私人財富，幾乎都被超級通貨膨脹摧毀殆盡。那張鈔票是一位投資人送給這位作者的禮物，當時對方正為他的家族剛成立的基金會擬定投資策略，而這位作者強烈建議該基金會採用以固定收益型資產為主軸的投資策略，不過對方最後卻決定落實股票導向的策略。那位投資人在這份贈禮隨附的便條上寫道：「你根本不瞭解通貨膨脹的危害有多麼可怕。」

本書是在2020年代初期世界各地通貨膨脹率全面飆升的背景下完成，在那之前大約40年間，通貨膨脹率大致上維持持續降低的趨勢。具體來說，近幾年通貨膨脹的飆升和本世紀頭20年的趨勢大相徑庭，在那20年裡，通貨膨脹是穩步降低的（見表5.1）。如今各地通貨膨脹率全面飆升的狀況，不僅意味著通貨膨脹再次抬頭，更顯示其對投資成果構成的威脅，已成了當今投資人不得不正視的大患。

表5.1　20年平均消費者物價通貨膨脹

每年%

	1960－1980	1980－2000	2000－2020
德國	3.8	2.4	1.4
英國	8.8	4.8	2.7
美國	5.3	3.8	2.1

資料來源：彭博社（Bloomberg）；德國聯邦統計局（German Federal Statistical Office）；英國國家統計局（UK Office for National Statistics）；美國勞動統計局（US Bureau of Labor Statistics）

我們在第3章討論到，即使是看似溫和的通貨膨脹，都足以顯著侵蝕固定的退休收入，舉個例子，如果連續20年裡，每年的通貨膨脹率都維持在3%，那麼到了期末時，同一筆固定收入的購買力，將只剩下期初的一半。萬一未來的通貨膨脹率繼續維持在2020年至2022年的偏高水準，就有可能對固定的退休收入造成更嚴重的損害。

本書建議的投資方法的特質之一是，風險承擔行為應該圍繞現金及國庫債券等零風險資產配置來進行，換言之，在承擔風險之餘，還是應以現金及國庫債券等零風險資產配置為軸心。這是投資組合理論與傳統財務學的核心信條之一（見第4章），金融市場平日為公司債與大量其他投資標的定價等實務運作也是這項特質的某種體現：金融市場向來是以利差來為這些不同的金融工具定價，而所謂利差是指特定金融工具相對於零風險政府資產的殖利率（或利率）溢酬。不過，這些零風險資產非常容易因通貨膨脹而受害，因此通貨膨脹帶來的侵蝕性衝擊，是很多投資人必須應對的最重要投資風險之一。

在COVID-19疫情爆發之前的那15年，利率大幅走低，因而使投資人持有之資產的資本價值上升，很多人當然也獲得優渥的報酬。但投資人在利率降低那幾年所享受到的優異報酬，實質上代表在投資績效上寅吃卯糧，而這個現實已對2020年代的謹慎型投資人造成嚴峻的挑戰，因為他們已不像過去幾十年的謹慎型投資人那樣能輕易獲得正投資報酬。

2006年時，美國與英國的短期利率大約落在5%，德國大約是3%，日本的短期利率則早已是零。3年後，也就是2007年至2009年金融危機最嚴重之際，美國和歐洲的短期利率也陸續降至零左右。有一段時間，每個地區的債券市場都認為零利率現象只是投資人對嚴重經濟衰退的暫時性反應，並認為利率將在幾年後回歸至相對正常的水準。

然而事後利率並沒有回到較正常的水準。儘管通貨膨脹上升（利率也有上升，但程度較輕），但到2022年中為止，美國、德國和英國金融市場的表現還是暗示利率主要將落在大約1%至4%的區間。換言之，那時一般人好像還是把疫情大流行之後的通貨膨脹大幅飆升視為暫時現象，並依舊認為到這個世紀中葉，通貨膨脹將一直維持在大約2%至3.5%的慣例水準。事實上，各國央行設定的通膨目標也大致和這個預期區間一致，不過，這個區間卻遠低於2022年的實際通貨膨脹。總之，目前金融市場的預期心理暗示，當前較高的通貨膨脹率與其他現象，都是因糧食與能源供給遭打斷而起，屬於較短暫的現象。

但如果從更長期的歷史視角來檢視這些議題，就會有不同的解讀。

想透過歷史來瞭解何謂正常的利率與通貨膨脹水準，充其量只能得到某種模糊的指引。圖5.1是美國從1871年起與英國從1700年起的國庫債券殖利率，從這張圖表明顯可見，在歷史上，通貨膨脹高漲且變化不定的20世紀下半葉，確實是歷史上較反常的時期。近幾十年，經濟學家（與金融市場）一直努力試圖衡量未來的正常通貨膨脹率與利率通常將落在什麼水準。憑藉後見之明，我們現在瞭解到，一般人在預估通貨膨脹率時，太過關注可輕易取得的短期歷史（不管是哪一段歷史）資料，包括本書的三位作者——我們過去也都曾以為國庫債券殖利率的合理正常水準似乎落在4%。

總之，沒有人知道未來多年後的政府公債殖利率與通貨

圖5.1　美國與英國國庫債券殖利率（1700年至2022年）

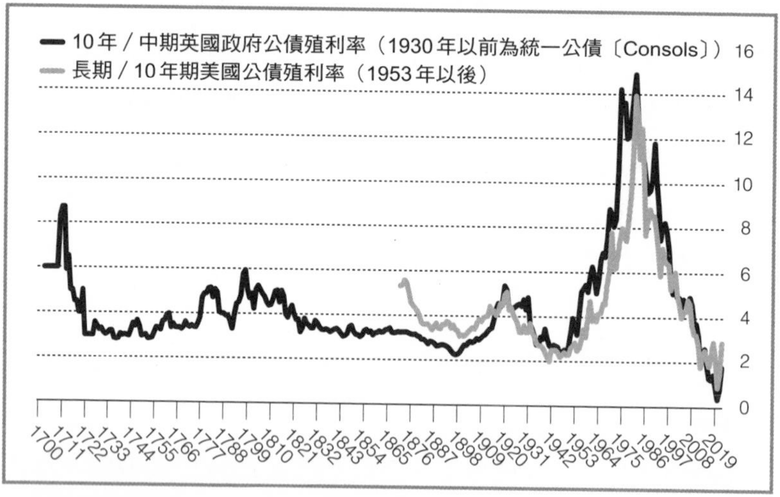

資料來源：英格蘭銀行，《千禧總體經濟數據》（*A millennium of macroeconomic data*），更新後；席勒（Robert Shiller）《非理性繁榮》，更新後，www.econ.yale.edu；彭博社。更新至2022年7月。

膨脹將落在什麼水準，而這正是投資人必須應對的最大挑戰之一，有鑒於此，也沒有人真正知道此時此刻與未來國庫債券的公允價格應該是多少。圖5.1清楚告訴我們，如果更多外部顧問能承認自己有多無知，將是投資人之幸。

當零風險投資標的保證虧本

2008年過後那幾年的低利率，導致向來現金持有比例較高的私人客戶面臨收入降低的窘境，因為他們的收入主要是來自財富中的現金部位（見第6章）。到了我們撰寫本書之際，金融市場雖預測利息收入將稍微回升，但幅度不大。

利息收入的降低使謹慎型投資組合失去了可靠的績效緩衝，並導致較低風險的投資策略變得更容易產生負報酬。對投資人而言，負報酬特別重要，這個事實主要可歸因於第2章所討論的行為偏誤和虧損趨避傾向，而非第6章將討論到的簡化版金融經濟學模型（這些模型雖簡化卻不失條理）。

當國庫券能提供4%的殖利率，那麼，只能實現2%報酬率的謹慎型投資組合，就可能是令人失望的投資組合，因為它的績效太過微薄。而當國庫券的殖利率為零，如果這個相同的謹慎投資組合出現了2%的價值折損，它更跨越了一個不可動搖的基準：績效一樣是落後2%，但這時落後的績效成了2%的資本損失。在建構投資組合的組成要素時，最主要的考量（見

第6章）在於，如何藉由投資信用良好的政府公債來降低甚至消除可衡量的風險。而在政府公債利率為零的情況下，這個做法便和投資人虧損趨避行為特徵（已有大量明文記載這類行為特徵）互相衝突——趨避虧損的傾向使我們對虧損的感受比獲利更激烈。

2009年過後那幾年，歐元區與日本的利率都降至負數。到2019年8月時，更大約有一半全球政府公債指數的殖利率降為負數。但到2022年初，這個反常現象已經幾乎完全消失。

避風港型投資標的會讓人產生安全感，因為一般認為這種投資標的具有保護財富或收入的效果。所以，如果有人說持有避風港型的政府公債至到期後保證會發生虧損，你一定會覺得非常奇怪。更奇怪的是，照理說，這類投資標的理應被用來作為審慎投資策略的基石。

最後的事實或許會證明投資人對「零風險投資標的保證發生虧損」一事的焦慮感，只是某些非常時期才會出現的暫時症狀。不過，它確實也凸顯了幾個對投資人非常重要的教誨，其中最值得一提的是：近幾十年的低利率已使「獲得穩定收入」的代價變得更高。當長期與短期利率從4%降至零（且確實維持在零很多年），「保證30年都能取得穩定收入」的代價會增加幾乎75%。在這些情境之下，難怪2008年以後儲備退休金的成本會大幅上升。

未來我們是否能限制利率水準？如果能，利率將被限制在什麼水準？

大多數學術界人士認為，全球人口結構與儲蓄的變遷，是導致實質利率出現過去那個發展型態的根本原因，而這些變遷也促成了極低的通貨膨脹。[1]其中任何單一解釋似乎都未必能充分說明過去40年（至2020年）間，實質利率與通貨膨脹率如何雙雙大幅走低，所以這兩者必須一併考量。儘管通貨膨脹在2020年代初期急遽上升，卻還是有某些經濟學家認為未來的通貨膨脹與利率，仍將大抵維持在低水準區間（通常低於3%）內波動，因此，這個話題也在經濟學界引發激烈的爭辯，主要聚焦在以下兩個議題。

第一個議題和過去40年利率的均衡水準——即自然利率（natural rate of interest，譯註：指整個經濟體系的均衡實質利率）——明顯降低有關。自然利率是指經濟體系以充分永續的水準運轉時，預期將盛行的利率水準（**扣除通貨膨脹後**）。經濟學家對這項利率的最新估計值是：扣除通貨膨脹後，自然利率將落在大約0.5%的水準，這個估計值明顯低於21世紀初的估計值。世界各地實質利率的降低，通常可歸因於全球儲蓄增加，而全球儲蓄的增加則通常和重大人口結構變化有關。

（少數）其他經濟學家則針對低利率提出了另一種解釋，他們主張，各國央行努力不懈地追求低利率的行為，讓「若利率不夠低就會倒閉的企業」獲得支持，而央行此舉形同對信用提供補貼，並鼓勵低效率。[2]那些經濟學家主張，這樣的政策已導致生產力成長減弱，這也是經濟體系潛在成長率估計值低迷不振的重要原因之一。

值得注意的是，即使有這些解釋，如今人口結構因素對通貨膨脹造成的下降壓力似乎正逐漸瓦解。全球各地原本明顯充斥著大量有意願、積極進取又有生產力的年輕勞動力，但如今，那樣的盛況已不復存在，取而代之的是全球性的勞動力短缺。套用經濟學家古德哈特（Charles Goodhart）與普拉丹（Manoj Pradhan）的說法：「人口結構大逆轉」的戲碼正在上演，而以下兩股趨勢的綜合影響，更加速了人口結構的逆轉：第一個趨勢是中國長達幾十年的一胎化政策（目前已取消）的累積影響，已導致中國缺乏年輕的員工；第二個趨勢是，中國老年人口相對就業人口（也就是撫養比率）的比重正日益上升，先進國家也有這樣的現象。總之，整個世界正面臨半個世紀以來首見的全球勞動市場趨緊局面，長期下來，這可能會扭轉使多數員工實質所得持續穩定降低的那股壓力。古德哈特與普拉丹主張，這個問題也可能進而在全球各地重新點燃通貨膨脹，並驅使利率上升。

投資人必須知道的是，各重量級經濟學家對這個議題分別抱持不同的觀點，但無論如何，最後的結果極度重要，尤其對謹慎型長線投資人的生活水準而言，因為他們必須決定要如何、以多少成本，以及在多大程度上針對「通貨膨脹將高於一般預期水準」的可能性，展開自我保護的行動。

舉個例子，2022年時，一位謹慎的退休人士領到了那一年的收入後，決定以現金的形式持有這筆錢，但這筆退休積蓄在那一年的購買力卻足足降低了5%以上，無論他身在何處都一樣。但以更長的期間來說，只要通貨膨脹不要再次超過預期，利率和通貨膨脹率之間的平衡點看起來還是比較均衡一些。無論如何，各項必需品在20年後的合理價格範圍——更廣義來說，即生活成本——是退休人士必須解決的最大不確定性（見第3章）。

很多外部顧問預期利率將不會偏離歷史低水準太多，並因此斷定投資人需要承擔更多風險，才較有機會實現他們對生活風格的合理期望，舉個例子，「利率通常將維持4%低檔」的必然結果，意味股票市場將繼續維持在就很多衡量指標而言異常的昂貴水準。不過，我們的環境隨時可能急速變化，導致利率無法維持在特定水準。唯有事過境遷，我們才能知道此時的通貨膨脹與利率周期性波動是否被限制在歷史低檔水準。

另類的避風港型投資標的

多年的寬鬆貨幣政策、通貨膨脹相關的不確定性與低利率等因素，促使業界紛紛建議採納另類的風險承擔方法及投資策略建構方法。這些另類的方法通常建議以另類投資標的來替代對政府公債的投資，既然這些另類標的旨在替代政府公債，就理應屬於投資策略中的避風港型組成要素。而在各方推薦的另類標的當中，黃金向來不乏忠誠支持者，數位貨幣則是備受青睞的新秀。

黃金：對多數人來說是風險性資產，但對某些人則是非比尋常的避風港型投資標的

自古以來，不管是個人或國家，都將黃金當成儲值工具與儲存財富的手段之一，並對它極盡追求。杜克大學財務學教授厄伯（Claude Erb）與哈維曾計算，若將兩千年前羅馬軍團士兵和百夫長的年薪換算成黃金（以盎司計），他們的收入大致分別相當於當今美國陸軍士兵與上尉的年薪。儘管如此，退休人士還是不宜相信黃金具備完美避風港的作用，因為這種黃澄澄的金屬不見得能在他們的有生之年，提供真正足以抵擋風暴的保護效果。

黃金因它的稀缺性而備受推崇，打從最古老的時代開始，這種稀缺金屬就被製成各種光鮮亮麗的珠寶與藝術品。黃金的可塑性與可分割性很高、便於攜帶、不會變質，且易於儲存，自古以來全球各地都基於黃金的這些特性，將它打造為具有高價值的硬幣，並以這些硬幣來作為交易媒介（即貨幣）之一，而且直到如今，黃金條塊市場的流動性還是非常高。

黃金向來備受投資人愛戴，這個世紀到目前為止，黃金價格上漲以及金融創新等因素，促使更多人更加青睞作為投資標的用途的黃金。然而，儘管黃金在財富儲值方面擁有數千年實實在在的歷史紀錄，世界各主要國家的中央銀行政策也彷彿在為黃金背書，但黃金在投資策略裡的適當地位，迄今仍無定論可言。

經濟學家習慣利用他們的資產評價模型來評估特定投資標的的經濟價值，在此之後，他們還希望進一步拿這項經濟價值和該投資標的的市場價格作比較，看看兩者的差異有多大。問題是，經濟學家不可能以模型來評估黃金的經濟價值，遑論後續的比較。原因在於，那類資產評價模型採用的基本假設——受評價的資產能創造利潤或收入——並不適用於黃金，因為黃金無法創造利潤或收入。舉個例子，租金收入賦予房地產某種價值；同樣地，應歸屬於股東的盈餘，或是應支付給債券持有人的利息，則分別賦予股票與債券某種價值。諸如此類的計算方法是估算不同主流投資資產未來期望報酬的基礎之一。然而，誠如世界黃金協會（World Gold Council，行業遊說團體）所言：「多數常用的股票或債券評價框架，並不適合用來評估黃金的價值。」

黃金的價值甚至可能比藝術品更難評估（見第12章）。藝術收藏家之所以購買藝術品，是因為他們預期能透過這些收藏品得到某種樂趣。這種美學或心理上的紅利，是人們願意支付那些價格來購買藝術品的原因之一。黃金製成的飾品應該也和藝術品類似，不過，雖然希臘神話中神秘的麥達斯國王（King Midas）似乎因持有大量黃金而得到心理上的快樂，但黃金條塊卻是另一回事。黃金具工業用途，這項用途應該就有助於我們為黃金作出傳統的評價，但問題是，黃金的工業用途並不算多，每年用在工業用途的黃金還不到年開採量（3,500噸）的10%。

針對黃金建立經濟模型就更加困難了，因為黃金的工業需求和各國央行持有的35,000噸黃金——市價近2兆美元，是外匯存底的一部分——相比，更是小巫見大巫。根據世界黃金協會估計，現代央行儲存的黃金條塊，大約是有史以來黃金總開採量的20%。現代央行儲存黃金的行為和古代埃及法老王為了實現永生而將黃金封存在墓穴的做法，有著異曲同工之妙（只不過，那些法老王選擇持有製成美麗加工品的黃金，而不是直接持有黃金條塊）。原則上，一旦碰上匱乏時期，各國央行能對外求售它們持有的大量黃金條塊，但央行求售黃金的行為向來都會對市場造成嚴重威脅。

基於上述，經濟學家真的很難解釋為何黃金價格會落在目前的水準，而非其他任何水準。身為黃金懷疑論者的花旗銀行（Citibank）前首席經濟學家布伊特（Willem Buiter）在2014年寫道：「大致持平而論，黃金並不具內在價值（intrinsic value）。」[3]

但在其他人眼中，這個說法根本沒有抓到重點。哈佛大學（Harvard University）湯瑪斯・卡波特公共政策教授（Thomas D. Cabot Professor of Public Policy）羅格夫（Kenneth Rogoff）在2016年寫道：「黃金是有價值的，理由是，社會需要擁有某種通貨，而事實證明，長久以來，黃金都是吸引人的通貨選項之一。」[4]在歷史上的多數時刻，真正攸關的問題並非「黃金的價格是多少」，而是「以黃金計價的其他所有事物的價值是多少」。直至今日，世界上還是有某些地方可能是以黃金的重量來評估婚禮嫁妝和宗教節日禮的價值，更何況，在第二次世界大戰爆發前，金本位都還發揮著舉足輕重的錨定作用力，這項制度透過黃金／貨幣的固定兌換率，緊密維繫各項通貨與各經濟體之間的關係。[5]

自1971年黃金市場自由化以來，黃金價格就從原本受管制的每盎司35美元價格，大幅上漲到2020年8月的每盎司2,000美元；2022年3月，黃金再次觸及這個價格。幾十年來，黃金儲備多數掌握在美國和歐洲各國央行手中，而歷經前述的大漲行情，這少數幾個國家的中央銀行所持有的黃金自然大幅增值。到20世紀末，所有尚未持有黃金準備且希望能多元持有各種外國通貨準備的中央銀行，應該都極度羨慕那幾個國家的中央銀行，因為它們過去50年來透過黃金獲得的增值利益實在太可觀了。

這個世紀迄今，某些國家的中央銀行為達分散風險的目的，有意降低外匯存底中的美元和歐元部位，因此持續購買黃金。想當然爾，各國中央銀行買進與賣出黃金的行動，必然會增強或削弱將黃金視為儲值工具的投資人的信心。舉個例子，1980年以後的30年間，由於各國央行成了黃金條塊的淨賣方，黃金價格因而顯著疲軟。

但自上個世紀末以來，因各地的金礦產能受到多重限制，加上亞洲與中東生活水準及個人財富大幅成長，傳統金飾市場的買氣因而受到強勁帶動。各式各樣更新且更直接的黃金取得工具（包括黃金條塊和金幣）也使黃金的零售需求持續增強。不僅如此，這個世紀初以來，黃金相關股票指數型基金（ETF）的創新發展，更使流入這項商品的資金大幅波動。到2022年6月底時，這些ETF共持有3,800噸的黃金條塊，市值超過2,220億美元。

儘管如此，各國中央銀行在黃金儲備方面的盤算，依舊使黃金市場的構成極其不可測。國家以黃金條塊的形式持有準備金的做法，至少可回溯到1960年代，當時法國總統戴高樂（Charles de Gaulle）基於政治上的吸引力而將黃金列為準備金資產，原因之一是：黃金讓一個國家得以在政治上毋須依賴其他國家。不僅如此，黃金還能提供現成的流動性和匿名性。即使是美國和歐元區的國庫券或國庫債券，都無法賦予債券持有人這種「一切操之在我」的掌控力量與獨立自主感受。

羅格夫教授曾比較黃金、數位貨幣和大面額紙鈔等作為儲值工具的吸引力。[6]很多（甚至多數）個人持有黃金的動機並不是為了隱匿他們的財富，誠如他所言，合法經營的事業不需要超大面額的紙鈔，而數位貨幣則缺乏備受認同的歷史紀錄，所以，這兩者似乎都不可能成為公認的價值衡量單位。

他們可能是因為篤信未來黃金將會有價值，才大量囤積黃金，甚至可能是因為眼見世界各地富裕家庭數量增加並使金飾需求成長，而對黃金信心滿滿。綜觀歷史，很多人和麥達斯國王一樣，因直接持有黃金而獲得慰藉。而且，在過去幾次文明秩序崩潰的時期，實體黃金確實也都有效發揮最後避風港的作用力。不過，黃金永遠無法保證它能長久保有原始的價值，哪怕是最近似的保證都做不到。總之，黃金永遠都會是一種風險性資產。

無論如何，我們無法找到令人信服的論述來證明散戶投資人將黃金列為策略核心部位是合理的。

加密貨幣：對投資人來說是一條多采多姿的途徑，可惜它反覆無常且最終可能讓人徒勞無功

我們同樣不認為投資人應該將民間的數位貨幣（也就是加密貨幣）視為投資標的。儘管如此，我們並不打算貶低加密貨幣之一——比特幣（bitcoin）——那才智過人的原始運作規則設計。

比特幣是一種能安全取代中央結算所（在現代證券市場

上，中央結算所的職責是撮合買賣雙方的交易）安排的分散式點對點替代方案。進入現代才問世的數位貨幣（即加密貨幣）最早可追溯到2008年發表的一篇文章，表面上看，這篇高度原創的文章出自一位名為中本聰（Satoshi Nakamoto）的程式設計師之手。[7]那篇文章闡述了比特幣（數位貨幣的先鋒）的運作規則，包括區塊鏈（blockchain，一種數位總帳〔digital ledger〕技術）的使用。展望未來，區塊鏈（其起源比中本聰那篇文章更早）似乎有可能成為金融與其他領域的保管（custody）及紀錄登記簿（record keeping registers）等方面徹底變革的康莊大道。在此同時，長遠以後，中央銀行也可能一步步透過它們的數位貨幣，將區塊鏈技術導入日常使用的貨幣之中。

早期針對比特幣所做的一份學術分析形容它是一種由程式設計師打造的虛擬通貨，它的供給量是根據一個模擬有限資源的已知公式計算而來，故其供給數量將遞減。[8]總之，比特幣的價值源自使用者對它的信任，也源自它的加密方法，因為這個方法能為比特幣的使用提供保障與認證。

在比特幣持有人眼中，它備受吹捧的優點之一（只要編碼〔coding〕是健全的）是它的供給量有限。不同於中央銀行貨幣，比特幣不會因政府主管機關狂印鈔票而貶值。根據整個系統的設計，在比特幣達到供給量上限以前，這個系統會鼓勵「挖礦者」努力挖掘更多比特幣來核實現有的交易。然而，這個流程會耗用非常多能源，這戳破了「比特幣對環境友善」的謊言。

在此同時，儘管特定加密貨幣的供給量是有限的，但廣義的加密貨幣市場的總貨幣供給量就未必如此，畢竟當一種數位貨幣成功了，自然會吸引其他與之競爭的加密貨幣出現。每一種加密貨幣的數量或許是有限的，但所有加密貨幣的總供給量卻非有限。不管是在什麼市場，一定隨時都會有更好、更具競爭力且足以威脅到今日市場領導者的新產品出現，加密貨幣也不例外。

數位貨幣旨在成為一種交易媒介與新形式的電腦化貨幣，不過，目前市面上的數位貨幣都未能達到這兩個目的。儘管如此，根據數位貨幣網站硬幣市值（CoinMarketCap）統計，2022年3月底時，市場上已有超過11,000種不同的數位貨幣，這些數位貨幣的總市場價值更達到令人震驚的2.1兆美元，這個金額和各國中央銀行持有的黃金條塊價值不分軒輊。不過，在那一項統計數字公布後3個月，數位貨幣的總市值旋即下跌了超過一半，由此也印證了數位貨幣的波動性有多麼高。

何況就算某一項數位貨幣的供給可能受限，也不代表它的價值必然會上升，尤其如果它根本的用途受限，那就更不用談了。一如黃金，我們無法輕易用傳統的投資分析方法來評估數位貨幣的價值，原因是，數位貨幣並沒有明確的期望報酬來源，它不像企業有盈餘，不像房地產有租金，也不像債券有合約性利息收入，所以數位貨幣的價值並沒有一個「定錨點」可言。實質上來說，我們沒有任何指導原則可推敲出任何一種數位貨幣的價格，因此，自以為能透過數位貨幣的動能波來賺取優渥買賣價差的人，最好還是把它視為一種投機性標的就好。

然而，儘管加密貨幣多半不受監理法規所規範，卻還是有非常多的散戶投資人和投資公司熱衷於這類投資標的，因為他們自認為能利用加密貨幣的動能來獲取順勢操作的利益和快感。問題是，至少對投資加密貨幣的散戶投資人來說，當那些加密通貨因他們不全然相信或未曾考慮到的理由而下跌或崩盤，他們根本不可能得到任何後盾支持。

穩定幣

「穩定幣」是數位資產（或加密資產）中相當有趣的一個次族群。穩定幣旨在提供更容易與其他加密資產交易的門路，根據國際清算銀行（Bank for International Settlements，BIS，由世界各國的中央銀行組成）的說法：「穩定幣是旨在維持相對比傳統通貨（例如美元）更穩定之價值的加密貨幣。」

然而，穩定幣卻通常跟「穩定」八竿子打不著。[9]原則上，我們可以把穩定幣視為加密資產中的貨幣市場基金——一般認為貨幣市場基金是最安全的一種共同基金。不過，穩定幣並不受監理法規範，而作為穩定幣擔保品的資產也常缺乏透明度，甚至可能包含了其他加密資產，並使用了非常高的**槓桿**（leverage）。事實上，世界上最主要的穩定幣之一就在2022年5月崩潰了。

儘管投資加密貨幣的穩健理由少之又少，但加密貨幣的興起，確實在銀行與支付體系引發一波科技創新與業務破壞潮。

如果交易對手之間的收付款雙雙能以不昂貴的方式自動完成配對，那麼，未來幾十年銀行、信用卡支付公司與中央銀行的營運方式，可能會出現巨大轉型。然而，這個美好的願景似乎只有在中央銀行的保證與資助下才最可能發生，而不可能在加密貨幣領域發生。根據BIS研究部主管的說法：「能用加密貨幣搞定的事情，中央銀行貨幣也一樣能搞定，而且還能做得更好——或許只有洗錢和勒索軟體（ransomware）例外。」不過本質上來說，雖然不昂貴且有保障的支付系統確實能改變我們的個人財務管理方式，但這個系統本身卻不構成有意義的投資標的。

對投資人來說，隨著金融科技公司（這些公司正為銀行與金融業務引進許多加密貨幣相關的創新，包括區塊鏈）而出現的投資機會，比起直接投資加密資產有意思得多了。第10章將強調，這個領域是**創業投資**（venture capital）型投資人特別關注的領域之一，第12章則探討了區塊鏈技術在提供數位總帳方面的全新作用力——這些數位總帳記錄了藝術品的所有權歷史（即出處）。加密貨幣作為一種有趣且具挑戰性的新型金融工具，自然吸引到媒體大量關注與評論。有時候，甚至有人建議將加密貨幣視為另類的避風港型投資標的。但加密貨幣迄今為止的歷史紀錄仍太過短暫，這顯示這些貨幣連「可靠的風險性資產」都還稱不上，遑論以避風港型資產自居。所以，投資人更不該指望這些資產能在其他市場陷入危機之際，為他們創造優異的表現。到目前為止，一旦碰上危機時期，政府公債（政府公債的價值受到納稅人與信用卓著的中央銀行所擔保）還是最可靠且能輕易變現的價值保障工具。

榮景與蕭條

> 沒有人有能力規避未來意料之外的不景氣時期，所以你必須清楚知道自己將會如何應對，也要知道屆時你的積蓄能否應付得來。

市場上的氛圍總是瞬息萬變，危機也總是一再重演，而最能闡述這個概念的例證，莫過於股票市場長年以來的波動性起伏。圖5.2是1990年至2022年中，最能代表股票市場波動性的指標與衡量法—— VIX。這項指標能衡量整體股票市場的波動狀況：該指數愈高，股票投資組合發生大額虧損（或利得）的機率就愈高。

從1990年起的30年裡，VIX的平均值為20，這個數值和研究人員提報的美國或英國股票市場過去120年（最長的時間序列）的波動性數值（報酬率的年化標準差）大致相同。

從圖5.2明顯可看出，在2020年初全球疫情大流行來襲期間，以及2007年至2009年全球金融危機期間，股票市場的波動性都短暫異常上升。對虧本風險特別敏感的投資人可能會斷定應該在市場波動性上升時出售股票，並把售股所得的資金再投資到政府公債或現金等避風港型投資標的，可惜這件事知易行難。當波動性突然上升，股票價格可能也已經同步急遽下跌，在那種情況下，「出售股票並轉為投資政府公債或現金」之類的回應，其實只是對近期虧損後知後覺的反應，而且事實可能證明，近期虧損多半只是暫時的。

而且，圖5.2可能掩蓋了「股票市場經常會保持多年表面平靜」的事實。圖5.3一樣是描繪VIX數據，但它的涵蓋期間比圖5.2短。

在2020年之前那10年（甚至更早的一段期間—— 2008年之前幾年），股票市場大致處於平靜期，這段期間的報酬非常豐厚，且在多數時間，VIX都遠低於它的長期平均值（即20）。在那樣的時期，投資人很容易對發生鉅額虧損的風險掉以輕心，而政治人物也很可能會加入自滿的行列，導致這種

圖5.2 代表美國股票市場波動性的VIX指數

1990年1月至2022年6月

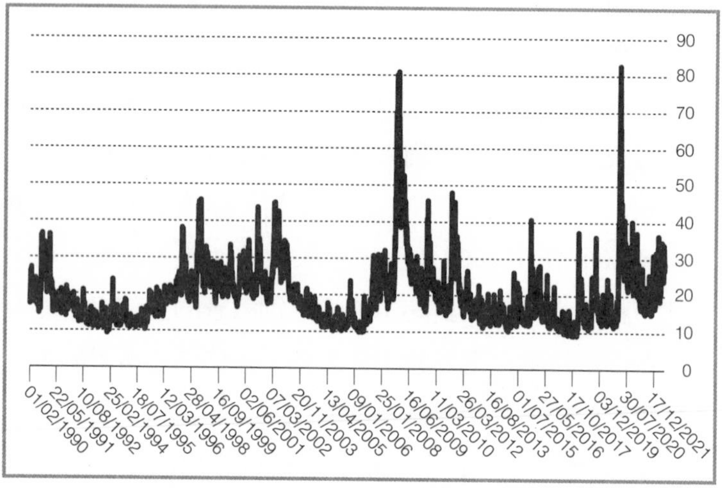

資料來源：www.cboe.com、彭博社

圖5.3 代表美國股票市場波動性的VIX指數

2012年12月至2022年6月

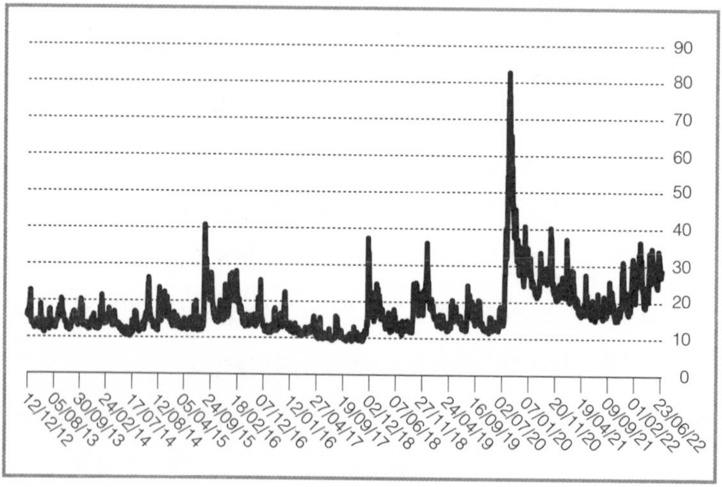

資料來源：www.cboe.com、彭博社

「小看虧損風險」的現象惡化——景氣良好時期的榮景總是會導致政治人物得意忘形，妄加談論「景氣已擺脫興衰周期的魔咒」之類的話題，彷彿政府真的已經用它的智慧打破商業周期的慣性。

對任何人的一生來說，這類市場偏安時期可能算是相對長的時光。一旦進入這樣的安逸時期，和歷史風險有關的現實看起來就好像漸漸變得遙不可及。的確，在那種時期，儘管偶爾會發生股票市場波動性「破表」的狀況，但在多數時候，波動性並不是特別高。但波動性「破表」的時期也是最危險的時刻，因為在這種時期，投資人很容易會在因為前一波繁榮行情留下的短期記憶（尤其是仰賴一己之見操作的投資人）、外部顧問賺取紅利的誘因，以及淡忘前一次危機的教訓等因素的影響下，而從事不適當的風險承擔行為。

狂熱、恐慌與崩盤

股票市場泡沫與狂熱時有所見，其中某些最值得一讀的金融市場紀事，更詳細訴說了異常不節制行為及接踵而來的個人破產等種種警世故事。藉著後見之明，我們常會自以為是地質疑：那些當事人怎麼可能沒有預見到災難的到來？畢竟如果某一檔股票上漲得那麼多、那麼急，事後它一旦下跌，必然會釀成災難，不是嗎？遺憾的是，未來的事鮮少像我們所想像的那麼理所當然，何況價格急速上漲之後，也未必會馬上崩盤。

兩百多年來的歷史使得民眾普遍將泡沫與危機視為市場上最頑強的長青樹，並公認市場上的不節制行為是「民眾瘋狂」的寫照。金德伯格（Charles Kindleberger）所著的《瘋狂、恐慌與崩盤》（*Manias, Panics and Crashes*），是現代文獻中最能翔實描繪這類世間百態的經典著作，這本書最初在1978年出版，後來由芝加哥大學（University of Chicago）國際經濟學與財務學榮譽教授艾利柏（Robert Aliber）與前中央銀行官員麥考利（Robert McCauley）補充的更新版，又納入了許多近期的不節制故事。[10]

> 基本上，事情是這樣的：某個事件改變了經濟展望，接著，急於把握那些新獲利機會的民眾，漸漸變得極度不理性與不節制，最終導致局面演變成一場狂熱。

不過，在新技術剛導入的時候，任誰都難以評估股價應該出現多大變化才算合理。2000年時，席勒用以下文字來形容投機泡沫：「在這種局面下，暫時的高價主要是拜投資人的熱情所賜，而非因為以一致的方法所估算出來的實質價值有所上升。」[11]

其他經濟學家則採用不同的途徑，而且一概不屑於談論任何有關投機泡沫的話題。他們的出發點是先為市場價格變化尋找合理的解釋，一項重大創新可能帶來巨大的盈餘增長，但也有可能雷聲大、雨點小，因此，所有可能因這項創新而受到巨大影響的個別企業的股價，將隨著那一項創新最終實現的盈餘成長幅度而高度起伏。期望愈高，失望就可能愈大，一旦寄予盈餘成長的厚望落空，相關企業的股價就有可能會崩盤。

典型的投資失誤之一是：儘管投資人正確看出下一次重大的轉型，卻認定那個產業的所有企業都一定能經由相關的新技術而獲得大量利潤。但歷史與事實告訴我們，真正能獲得那種戲劇化成就的企業終究是鳳毛麟角，多數企業終會失敗。在那樣的大環境下，犯下投資錯誤的可能性非常高。很多經濟學家會說，一味將價格急速上漲後接著劇烈下跌的情況描述為泡沫是沒有意義的，有一份針對股票市場上許突然急漲個案的學術研究發現：「市場價值上漲一倍後，回吐所有漲幅的機率大約只有10%。簡單說，泡沫是變餿的榮景，但並非所有榮景都會變餿。」[12]

貝爾法斯特（Belfast）皇后大學（Queen's University）的昆恩（William Quinn）與透納（John Turner）在研究近期的榮景與蕭條歷史時，將投機泡沫類比為大火。[13]點燃這場大火的**火花**有可能是一項具改造能力的技術創新，也可能是一項據信能保障民間利潤的政府政策。這點火花是點燃大火的必要元素，但光靠火花本身是不夠的，要讓火花變成熊熊大火，還需要燃料、氧氣和熱力等三項必要元素幫忙。

容易取得的寬鬆貨幣與信用就是促成金融泡沫的**燃料**。

昆恩和透納主張，當傳統安全資產的收益率降至異常低的水準時，發生泡沫的機率就會高很多，因為當安全資產的收益率很低，投資人就會為了實現他們心目中的合理收入目標，而不顧一切地「追逐收益率」。他們兩人引用十九世紀《經濟學人》（*The Economist*）雜誌編輯白芝浩（Walter Bagehot）的說法：「約翰．布爾（John Bull，譯註：英國人慣用的英國擬人化形象）能忍受很多事，就是不能忍受百分之二（譯註：指2%的收益率）。他們不願忍受那個令人厭惡的局面，寧可把謹慎攢下的積蓄投資到某些糟糕透頂的標的。」

暢通的銷路（marketability）則是助長泡沫的**氧氣**：一項資產愈容易買進與賣出，就愈可能助長泡沫形成。購買一股股份遠比購買一整家企業容易得多，何況現代人有線上交易軟體相助，遠比歷史上的任何人都更能輕易買進與賣出證券。

和構成大火的第三個必要元素——**熱力**——對應的是投機活動。市場上永遠都充斥期待急速獲得報酬而買進的投資人，而懷抱這種期待的投資人實際上就是投機客。

昆恩與透納將泡沫類比為大火，並進一步歸納出一個檢視金融泡沫的分析框架，有了這個框架後，他們再也毋須分心追究一波股價走勢是出於理性行為或不節制行為，只需要專注在那個框架上，就能條理分明地做出判讀。

舉個例子，技術創新會帶來火花，而燃料則是由寬鬆的貨幣提供，這兩者一旦同時出現，就會促使很多投資人陷入普遍貪婪與一廂情願的思維當中，他們會輕易相信自以為合理的投資題材，而近期的價格上漲正好也能印證那些題材是有憑有據的。諸如此類的外行人投機風潮經常在專業動能型操作者（momentum traders，這類投資人一心只想趁機順著價格變化的趨勢大撈一筆，根本不在乎價格變化的理由是什麼）的推波助瀾之下，變得更加猖狂。總之，當這幾項必要元素同時出現，價格又正好上漲，就會促使投機行為加速猛衝，導致泡沫愈吹愈大。

泡沫行情的結束與破滅總是轟動一時，因此，連少不更事的三歲孩童都可能都懂得問：「既然如此，為何沒人看出那是泡沫？」答案之一是，因為泡沫破得太快，畢竟如果高漲的價格水準沒有迅速破滅並下跌的話，那麼它顯然就不是泡沫。或者套句美國聯準會前主席葛林斯潘（Alan Greenspan）的說法，那是因為「除非是在事實發生之後——也就是泡沫行情的破滅確認了泡沫行情本身的存在時——否則非常難以辨識出那是泡沫。」

這麼說來，當投資人目睹市場上發生了貌似不節制的投機行為時，該如何回應？答案很簡單，投資人應該要：一、確認自己有多少財富可能會因這些明顯不節制的行為而折損；二、留意他們的分析有沒有可能錯誤？錯誤的可能性有多高？三、設法確保他們不會因那些曝險部位而出現無法達成最終目標的疑慮。但投資人眼前所見的熱絡局面真的是不節制投機行為導致的嗎？當政府公債殖利率異常低，市場自然會大漲並變得看似昂貴，但另一方面來說，過度樂觀的盈餘預估與投資人的陶醉心態，則會將市場推向真正昂貴的水準；投資人必須有能力分辨眼前的市場究竟是「看似昂貴」還是「真正昂貴」，這兩者的差異非常重要。如果市場只是看似昂貴，市場價格便可能繼續長期維持高檔，但若是過度樂觀與陶醉心態所造成的真正昂貴，市場價格則有可能在一瞬間遭到破壞。

不過，儘管明顯不節制風潮過後的修正行情可能會影響到各類市場，但如果投資人平日就有落實充分分散投資的原則，這些修正不大可能衝擊到他的全部財富，因為採用平衡的風險承擔法且不盲目相信自己能精準掌握市場時機的長線投資人，不可能無故大幅改變投資策略，因此也不會在不節制的風潮中，因為盲目孤注一擲而損失所有財富。

市場是否反應過度了？

有個論點主張，市場反應過度後，將反轉回到原本的趨勢，或甚至朝相反方向過度反應，這個論點和偏好價值型股票投資法（見第8章）的論點密切相關。簡單來說，這個論點建議在便宜時買進，並在昂貴時賣出。諸如此類的論點也適用於股票市場水準。但我們根據多年親身經驗所歸納出來的見解是，這件事真的是知易行難。

席勒在他的《非理性繁榮》一書（這本書是在2000年初出版，當時恰逢美國市場評價的高峰）裡頻繁使用他的指標——周期性調整後**本益比**（cyclically adjusted price/earnings ratio），也就是所謂的CAPE，或稱席勒本益比。[14]他的衡量指標顯示，股票市場明顯呈現一種過度反應與回歸平均值的型態。根據他的說明，一個世紀多以來，每當席勒本益比達到高檔，接下來的股票市場表現往往較差，而當席勒本益比降至較低水準，後續的股票市場就會出現優於平均的績效。

若從事過境遷的角度來看，應該鮮少人會質疑這些觀點在評價過於極端時，代表著多麼重要的訊息，另外，他的觀點也凸顯出有能力調整策略的好處。然而（總是會有然而），席勒後來也承認，只有天知道連續幾十年的偏低利率可能會把股票市場價值推升到多麼極端的水準。他更提出幾個調整來說明高CAPE比率與2012年後異常低的債券殖利率似乎並不矛盾。總而言之，如果政府公債的價格很貴，那麼就算股票價格很貴也應該不足為奇。

不是只有股票市場有「評價將回歸原本趨勢」的傾向。公司債殖利率是另一項有回歸均值傾向的評價指標，在某些時期，公司債殖利率似乎只能為風險承擔行為提供為數不多的報

酬（一如2008年前不久），不過在某些時期，公司債殖利率似乎又預期能提供豐厚的風險調整後報酬，我們將在第9章進一步討論這個議題。

每個人都知道應該避免從事投機性的不節制行為，但實際上，這件事真的是知易行難。在實務上，投機成功的機率並不高，即使是試圖掌握市場買賣時機的專業投資經理人也不例外。在2020年2月與3月之間，世界各地股票市場的突然急遽下跌（當時全球經濟體系因各國政府為應對COVID-19全球大流行的健康威脅而多半實施封鎖措施），就凸顯了投機行為的危險。

以美國來說，這個事件終結了標準普爾500指數（S&P 500，由美國重要企業組成）自1926年啟用以來最長的一個多頭市場。標準普爾500指數在33天內重挫了34%，比2008年時的情況更加險峻—— 2008年時，這項指數的累計跌幅雖更大，達到46%，但那是用了長達200天才累積而成。幸好聯準會（夥同其他國家的中央銀行）在2020年3月出手救援（見第7章），才迅速扭轉趨勢，最終使那個空頭市場成了1929年以來最短命（以當時而言最短命）的空頭市場（空頭市場的定義是股價較前一個高峰水準下跌20%以上）。

這場疫情除了是個一般風險（generic risk），它間接對金融市場造成的嚴重與突發衝擊，也是完全出乎意料之外。相較之下，全球市場先前幾次逆轉行情（例如日本1980年代的股票市場熱潮在1989年至1991年間破滅；2007年至2008年的全球金融危機；以及2000年至2002年的技術、媒體與電信股大跌）發生以前，或多或少都有專家曾出面警告。

這場疫情凸顯出一個事實：我們必須承認，我們不太有能力預見市場是否會逆轉，因此，最好的做法是堅守能滿足我們各種長、短期需要的投資策略——也就是即使市場環境突然發生巨變，也不會導致我們無法滿足那些需要的策略。某些人基於這種謙虛的意識而主張，長線投資人應該永遠謹守他們的策略性資產配置（見第6章），且無論時機好壞都應堅持「買進後長期持有」股票及債券的做法。

但仰賴一己之見來從事投資活動的投資人必須特別注意，即使他們所秉持的投資信念有充分的理由作後盾，這些信念卻還是可能要經過很長的時間才會被驗證是正確的。即使是諸如大學捐贈基金或**主權基金**（sovereign wealth funds）等長期投資基金（這些基金可能篤信它們能一代傳一代），都可能做不了真正的長線投資人。

機構法人投資者在落實長線投資時可能面臨某些特有的難處，這些難處對散戶投資人來說，卻是助益良多的教誨。機構法人必須在投資歷程中維護所有利害關係人對基金的信心，這個必要性看似世俗，卻非常重要。舉個例子，即使某項投資策略預期最終將獲得回報，但是如果這項策略近幾年績效持續落後，採用這項策略的機構就很容易因為禁不起短期績效落後的壓力而策略大轉向，而且事後來看，它們轉向的時機判斷有可能很糟。套用凱因斯（Keynes）的一句格言（據說是他所言）：市場陷入不理性的時間可能極為長久，久到連機構法人投資者都失去耐性，不願繼續容忍其投資委員會的績效長期落後。

如果散戶投資人採用外部顧問，雙方關係的成敗將取決於很多事宜（見第2章），其中，「運氣」的作用力經常被低估。有一些外部顧問可能會基於合情合理的原因而堅持一項既定的策略，但也有些顧問可能會純粹出於一些不理性的頑固堅持，拒絕承認市場已發生變化且應轉採不同的策略。但難就難在，這個世界上沒有任何規則手冊能幫助投資人區分他的外部顧問是屬於前者還是後者。

長期的經驗顯示，為了平安度過這些林林總總的不確定性與風險，最好是當隻烏龜，不要當野兔，而且要堅持繼續提高對既定健全計畫的定期撥款金額，這樣才是明智的策略。在漫長的投資過程裡，我們的感受勢必會隨著榮景與蕭條、景氣良好與不佳的時期等因素而起起落落，但無論如何，最好的對策還是應該假設我們將無法規避未來的市場危機與通貨膨脹，唯有如此，一旦那些逆境真的來襲，我們才能胸有成竹且冷靜地應對。下一章就是要討論投資模型能如何協助投資人應對這些挑戰。

第6章
標準資產配置有助於提升投資成果嗎？

簡單明瞭的標準資產配置易於解釋，且有助於每一位投資人保持紀律，這種配置得到廣泛的採用。

外部投資顧問常使用由不同比重的股票、債券和現金組成的標準資產配置（model allocation），來表彰不同等級的風險承擔行為。通常外部投資顧問還會將資產配置裡的投資標的，區分為避風港型投資標的與風險性資產，其中，謹慎型的策略對避風港型資產的政策性配置比重較高。不同投資組合的流動性也可能有所差異，外部顧問採納高流動性投資組合的目的，是為了讓投資人能更輕易在環境發生變化時調整策略。這種策略有一個重要的特質：不管市場上發生什麼狀況，**標準投資組合**（model portfolio）都會以一個標準的資產配置比重作為定錨點，來建構實際的投資內容。

投資人應該採用固定不變的現金／股票／債券／其他投資標的配置比例嗎？這個問題迄今仍沒有一致的答案。20年前，已故的伯恩斯坦（Peter Bernstein，他是非常有影響力的投資顧問）寫道：「在當今的環境下，投資活動宜採機會主義導向——即在投資時，應該多見機行事，不宜固守嚴格的策略配置。」他接著引用凱因斯在一百年前寫的一段話來印證這個見解：「眼光放得太遠反而會誤導我們應對當前事務的作為。畢竟長遠以後，我們早已一命嗚呼。經濟學家為自己設定的任務太過簡單、太過無用，就如同風暴季節來臨時，經濟學家只會空洞地對我們說『風暴平息很久以後，海水終將回歸平靜』之類幾乎沒有建設性的話，而沒有其他應對之策。」

究竟投資人能不能精準掌握股票市場的進出場時機並藉此獲取利潤？誠如我們先前討論的，這個問題的答案大致上是有爭議的。有一派人士認為，股票市場績效呈現某種統計學上的隨機漫步型態，因此績效不可預測；另一派人士則認為，股票市場績效是沿著「匱乏與豐足」的周期而起伏，所以是可預測的。想當然爾，在前者眼中，預測毫無意義可言，不過倒也認同這點：平均來說，風險承擔行為一定會得到回報；後者則認定市場報酬有均值回歸的傾向，榮景期——也就是報酬高於平均值的時期——過了之後，便可預見將進入蕭條期，即報酬令人失望的時期。姑且不論這兩派人士孰是孰非，他們之間的辯論都對投資人的股票／債券／現金／其他資產類別的配置具有重要寓意。

正式的標準投資組合（有時稱為政策性投資組合〔policy portfolios〕）非常普遍。為大量私人投資者提供投資建議的投資公司、企業退休金計畫、大學捐贈基金與主權基金（即世界上最大規模的投資基金）等，都會採用正式的標準投資組合。這些標準資產配置是扮演比較基準的角色，有助於錨定與監控投資管理作業（而且通常是在預先議定好的限制範圍內進行這些作業）。儘管我們都知道，隨著市場不時從相對平靜的良性時期轉變為狂躁的破壞時期（見第5章），市場的波動性與虧本風險總是起伏不定，但這些標準資產配置有助於定調我們的風險承擔態度。仰賴一己之見來從事投資活動且寧可追隨伯恩斯坦腳步（即採用見機行事的投資法）的私人投資者，應該審慎考慮採用諸如此類的標準資產配置，因為那種標準資產配置應該能產生某種錨定作用，為他們的投資活動提供更有條理的架構。本書三位作者和形形色色的投資人共事的經驗，加起來已長達90年，這些漫長的經歷讓我們瞭解到，漠視標準資產配置的人最後一定會身陷險境。總之，對所有投資人來說，標準資產配置都是一項有用的紀律。

現代投資組合理論可用來設計標準投資組合，這項理論蘊藏了非常多卓越獨到的見解，其中之一是已故諾貝爾獎得主托賓（James Tobin，美國經濟學家）提出的**投資組合分離定理**

（portfolio separation theorem）。托賓認為，投資人的風險趨避程度只會影響到一個投資策略在最高風險投資標的和最謹慎投資標的（也就是位於兩極的投資標的）之間的資產配置。誠如經濟學家布伊特在2023年讚揚托賓對經濟學的貢獻時所寫：

> 這是一項重要且出色的研究成果，但托賓本人的結論——「不要將所有雞蛋放在同一個籃子裡」——未能公允地闡述這個結果的真正價值。反之，用以下說法來總結托賓的非凡研究結果會更允當一些：「不管你的風險趨避及謹慎度如何，你都只需要兩個籃子來裝你的所有雞蛋。」

但眾多投資顧問卻一再對這個基本原則視而不見。他們常自以為找到了能更妥善分散投資組合風險，且看似能帶來較高報酬率與更多保障的新方法（但儘管他們推估這些方法將獲得較高的報酬率與保障，但事實上那樣的意見缺乏根據）。誠如我們在第5章討論的，21世紀迄今為止，投資人必須解決的兩難之一，就是要如何在透過托賓的獨到見解獲益的同時，退一步接受優質政府債券的偏低利率。

托賓在1958年首次提出投資組合分離定理，[1]解釋了投資人應該要如何根據自身的風險態度，將金融投資配置到各種不同比例的現金與高波動性資產。雖然托賓的定理看起來似乎過度簡化，卻仍是有用的參考標準，在實務上也廣泛受到投資人使用。不過，這個定理——也稱為共同基金分離定理（mutual fund separation theorem）——要靠幾個激進的基本假設才得以成立（見下述內容）。投資顧問圈實務上常見的做法是：無條件認同並採納這些假設，接著再根據投資人的風險趨避程度，將他們的資產分別配置到各種比例的零風險性資產及風險性資產，這樣就能為所有投資人量身訂做適合的策略。然而，這些基本假設本身就已經非常有爭議，相關的假設包括：掛牌交易的股票就百分之百代表了全球風險性投資市場（但其實並非如此）、風險性投資標的價格是在有效率的條件下決定的（但其實並非如此）、超出零風險報酬率的期望報酬率是固定不變的常數（但其實並非如此）、投資人的風險趨避程度跟教科書上描述的一樣（但實際上根本不可能是那樣，見第2章有關風險趨避的討論）。由於這些基本假設與事實不符，所以也成了投資道路上的巨大障礙。這麼說來，這些不切實際的假設乃至以這些假設為基礎的投資組合分離定理，究竟對投資人有何意義呢？

在實務上，唯有高收費的主動管理型策略才能解決這個高度簡化的投資法的缺點，然而，我們還是可以退而求其次，分別用低收費型的全球股票投資組合及現金（或政府公債）來代替托賓的雙投資組合方法。較複雜的版本——旨在解決托賓的模型過度簡化的批評——的收費確實過高，相對於低收費且單純的雙投資組合法而言，自然明顯屈居劣勢。所以對投資人來說，分散持有由「股票」與「現金或政府公債」等兩類資產所組成的簡單化資產配置，仍舊是非常實用的參考策略，而且，實際上也有很多理財顧問採用這種策略，不少機構法人投資者也將之列為標準投資組合基準之一。

「錨定」的作用力在標準投資組合裡尤其重要：舉個例子，假設在某個時間點，某位外部投資顧問認為平日作為避風港的政府公債實在已經漲得太多、變得太貴，並因此建議投資人大幅偏離基準資產配置所要求的配置內容和**存續期間**（duration），同時加重投資其他不同的資產。這些林林總總的其他新投資標的當然會導入新的風險，但如果那位投資顧問的預測是正確的，那些投資標的理應能降低因持有已經流於昂貴的債券而可能承擔的資本損失風險。

這時，標準投資組合就可作為比較基準，用它來衡量這位投資顧問的上述決策建議是否允當。延續上述例子，如果債券定價異常的狀況隨後獲得修正，標準投資組合還能發揮定錨點的功能，幫助投資人把投資組合內容漸漸牽引回標準的配置。有了政策性資產配置的大框架，投資人的實際投資組合內容就不致偏離早先議定的投資方法，它就像是一個對照框架，幫助我們判斷實際上的投資內容是否已偏離議定的方法，而且如果外部顧問偶爾為了掌握戰術性機會，而採取一些偏離策略配置的行動時，它還能對那些戰術性行動發揮錨定作用。無論如何，謹慎的外部顧問總是相當重視托賓的獨到見解，而且會緊密根據他的見解來為投資人建構策略。

政府公債或國庫券也能為業界針對各種不同風險承受度的投資人所設計的標準資產配置提供重要的錨定力量。投資人要配置多少權重到政府公債或國庫券，視乎他個人的風險偏好而定。最具代表性的風險性資產配置是對股票的配置，至於股票本身是否代表最能有效獲取溢酬報酬的方法，則必須根據特定時間點的市場評價以及市場在那個時間點對不同資產類別的期望績效、風險和分散投資程度等因素來評估。總之，投資一系列風險性資產（包括信用與不動產等）是很常見的做法。

我們將在稍後的章節討論上述各種不同的投資機會。不過，不管外部顧問認為市場報酬有多麼容易預測，也不管他認定哪一個資產類別便宜或昂貴，謹慎的投資人都會比積極的投資人更熱衷於持有避風港型資產。

風險承擔行為與投資組合再平衡作業

誠如我們在第5章說明過的，在市場動蕩時期，用來衡量波動性的指標便會上升，風險性資產的價值則會下降。在那種情況下，持有由風險性資產及保守型資產組成的資產配置的投資人，一定會發現他們現有的風險性資產的權重變低；換言之，隨著風險性資產的價值降低，這些投資人配置到風險性資產的權重，自然就可能低於原始資產配置裡的權重。對應來說，此時這些投資人形同加重投資了保守型（即安全）資產。

一旦碰上這類情境，投資顧問經常會建議客戶進行投資組合再平衡（rebalancing）作業（誠如我們所見，投資顧問可能比客戶更樂於承擔風險），以便使投資組合的內容重新趨近於標準資產配置。投資組合再平衡的作業可能牽涉到出售政府公債（因為此時政府公債的價格可能已上漲），並把出售公債的價金再投資到風險性資產，尤其是股票（因為此時股票的價格已下跌），但這種逆周期（counter-cyclical）型策略並不適合膽怯的投資人。這種策略形同為陷入困境的賣方提供流動性，並在風險溢酬可能異常高的壞時機提高風險承擔。不過，如果市場果真的有過度反應與回歸均值的傾向，這種加碼風險承擔的行為，將是獲得額外增值利益的管道之一。

長線投資人理所當然宜採用自動再平衡的策略（不管是根據固定時間表來進行再平衡，或是在投資組合的現況與原始資產配置之間的落差超過某個議定門檻時進行再平衡）。說穿了，自動再平衡就是趁著其他人因市場波動性上升而急著擺脫一部分風險時，選擇反向承擔較多風險的方法之一，這也是投資人將策略錨定在先前參照長期平均市場風險值而合理議定的策略的方法之一（長期平均市場風險值不可能等於必須進行投資組合再平衡時的市場風險值）。

要聚焦在短期還是長期？

有時候，從投資人的標準**資產配置**就可分辨出他是短線投資人還是長線投資人，而且我們認為標準資產配置應該隨時都能幫助我們分辨這個差異。

短線投資人明顯關注**完全報酬**（total return），並將之視為衡量投資策略成敗的指標。這種投資人是「絕對報酬」（absolute return，譯註：衡量一項資產或投資組合在一段特定期間內與任何比較基準無關的利得或損失）型投資人，對他們來說，所謂的避風港型投資策略必須百分之百投資到現金，因為他們很有可能必須在不久的將來動用到他們的財富。

很多看似有長期支出計畫的人（因為他們的財富必須用來支應長遠的支出）可能會基於「保持單純」的強烈欲望，而和短線投資人一樣聚焦於完全報酬這個衡量指標，但這麼做可能犯下代價不菲的錯誤。反之，長線投資人真正應該關注的，是他們的財富是否足夠支持對未來的自己的許諾與義務，例如退休金。

我們先前已經討論過，一旦投資人的短期績效令人失望，要他們繼續堅持長期策略，絕對是難上加難。其中特別危險的一點是，老是聚焦在絕對報酬的長線投資人，一定會忽略短期投資和長期投資之間的兩個重要差異：第一個差異是，長線投資人必須特別重視物價水準與通貨膨脹的不確定性；第二個差異是未能區分「取得未來保障的代價降低」（即政府公債價格下跌、公債殖利率上升）跟「市場對某投資標的之品質評價降低」之間的微妙差異，以致未能趁政府公債價格下跌時把握機會買進，用較低的代價取得未來保障，反而因市場對它的評價降低而陷入恐慌，甚至賣出。

有時候，價格下跌對你反而是好事一樁

有時候，某些財務虧損是確定可挽回的。假定一名退休人士是靠精心打造的優質政府公債投資組合衍生的收益維生，但不巧這些投資的市場價值縮水，這時他該怎麼辦？其實他依然可能從容應對。當債券的市場價值降低，公債殖利率便會上升，但**如果殖利率的上升是導因於經濟強勢成長，而非通貨膨脹而走高**，那麼這個發展就不足為慮，因為這位退休人士肯定還能保有他習慣的生活水準。

當利率走高（以及政府公債價格下跌），投資人賺取未來收益的成本就會降低。這對所有為了獲得未來收益而儲蓄的人來說，都是顯而易見的好消息。利率走高既意味債券價格下跌，也意味著投資人每一筆定期性的新投資（譯註：例如後續的每一筆定時定額投資）能買到更多單位的債券，從而得以滿足更多的未來需求。

然而，如果散戶投資人的投資價值縮水是出於某企業或某

基金的信用評等遭到調降（譯註：信用評等遭調降時，債券價格也會下跌），就不能掉以輕心了。一旦碰上這種狀況，投資人理應擔心得徹夜難眠，因為他們未來的收益保障很可能因此遭到威脅。

有些人可能會說，投資人不該為了信用評等降低的問題而庸人自擾，因為除非債務真的違約了，否則投資人的收益並不會折損。這樣的說法看似有理，卻是錯估風險威脅的典型案例。舉個例子，一旦公司債的信用評等被降低，就算這些公司債還沒有真的違約，投資人就會開始擔心自己可能無力維護未來的長期生活水準，並因此徹夜難眠。

而且，對打算在不久的將來出售這些公司債的短線投資人來說，任何反轉性發展更可能導致他們發生永久性的虧損。

但身為長線投資人，只要能認同這種良性與惡性價格下跌之間的差異，並根據這個差異來應對各種金融情勢的逆轉，就有機會實現真正的投資成就。對很多容易把暫時性帳面虧損當成壞消息（儘管利率走高反而可能代表投資人有機會獲取更高的未來收益）的投資人來說，這是非常重要的忠告。

現金真的百分之百安全嗎？

短線投資人的投資是以現金為軸心，想要更多安全感的謹慎型投資人應該持有較多現金，而且，確實也有很多投資人持有大量的現金。國際投資者（例如暫時住在海外的外籍人士，或成員散布在不同國家的家族）需要判斷哪些資產可視為現金、應持有哪種幣別的通貨，或應持有什麼幣別的通貨組合。投資人持有的通貨組合（這個組合可能是根據投資人本身的支出與居留計畫而設定）可能會隨著時間而改變，而這也使得價值、投資績效與風險承擔等方面的衡量變得更加複雜。

標準投資策略（即範例投資策略）通常是以零風險國庫券來代表它對現金的配置，就好像現金永遠都是投資到零風險的國庫券似的。不過在現實生活中，情況鮮少如此。這種直接持有現金而不持有零風險國庫券的做法，在2007年至2008年踢到了大鐵板，當時正值信用緊縮的早期階段，民眾對以銀行存款與**貨幣市場基金**（money market funds，廣泛被視為投資現金的最簡便與最佳管道）等形式持有的現金投資標的頓時失去信心。[2]不僅如此，當時各國政府對銀行倒閉以及政府存款保險額度的態度曖昧不明，更平添許多不確定性。總而言之，那時的種種狀況構成了一個容易導致儲蓄者產生恐慌羊群行為的成熟環境，很多民眾的確也不斷隨著各種與銀行倒閉有關的謠言起舞。

幸好後來當局清楚闡述存款保險計畫，加上民眾在2008年9月過後不久，漸漸得知大型銀行的存款將得到保障，且相關實體也明快採取行動來強化銀行業資本，於是，外界對銀行存款安全性的憂慮很快就得到緩解。不過，即使到遠離風暴的今日，投資人在投入銀行業的無擔保型現金投資標的以前，還是必須謹慎進行實質審查，為回應這個問題，基金管理公司已經藉由提供流動性與貨幣市場基金來協助投資人管理這些風險。不過，由於目前利率水準偏低，加上投資人還必須付費給基金管理公司，所以這類基金對投資人而言的收益率通常很微薄，如果投資人幸運找到收益率不低的這類基金，務必要設法釐清當中是否有任何陷阱。

債券是否能為投資人提供保障？

這個問題的答案有時是肯定的，有時卻是否定的。正常的型態是：當股票表現優異，債券通常也會有不錯的表現。換言之，在正常狀態下，股票市場和債券市場是彼此正相關的。然而，一旦危機來襲，資金將大量湧向優質投資標的，屆時，隨著投資人奔向政府公債，「股票與債券正相關」的關係經常就會逆轉。

在2020年COVID-19大流行危機爆發的初期階段，全球股票市場全面急遽下跌，公司債相對政府公債的超額殖利率（**信用利差**〔credit spread〕）因而明顯擴大，信用產品的績效也令人非常失望。所以，當股票市場下跌，信用產品的表現通常很差。相反，當時長期政府公債雖短暫表現不佳，事後卻隨即迅速回升，並為投資人提供了令人欣喜的分散風險利益。

在美國、德國和英國等信用評等較高的國家，政府公債能在投資人最需要分散投資與流動性之際（也就是不景氣時期）達到最好的分散風險效果。數十年的投資經驗告訴我們，這是金融市場史上最可靠的教誨之一。

不過，這項保障性收益的多寡，主要還是取決於投資人配置到政府公債的資金規模、債券的最初殖利率水準，以及那些國庫債券的存續期間。在過去其他較久遠以前的時期，由於通貨膨脹緩慢上升，股票的績效一直相當好，債券的績效則乏善可陳，在那些時期，債券的績效不僅因通貨膨脹而遭到侵蝕，還因殖利率漸漸上升而受害。

總之，在危機時期，政府公債通常會漲價，但不盡然會漲很多（即使是到期期限較長的債券也一樣），而且此時債券的漲幅不會像股票的跌幅那麼大，不足以抵銷股票的損失。因此，將債券視為保險的做法，有時確實管用，但並非每次都能奏效。

另一個教誨是，通常不同到期期限的債券之間的關係是可預測的，其中，在股票市場爆發危機的時期，最長天期（波動性也最高）美國國庫債券的漲幅最大。不過並非每次爆發危機都會出現這樣的狀況，如果這個狀況沒有出現，代表債券殖利率曲線（見第4章）的形狀可能已出現顯著變化。有鑑於此，在投資債券時，最好是投資一系列到期期限的債券。對短線投資人來說，長天期債券無疑比短期債券更不符合他們的安全考量，換言之，對短線投資人而言，長天期債券的風險遠高於短期債券。不過，在高風險時期（此時固定收益市場能為投資人提供保障），投資人透過短期債券而獲得的收益遠低於長期債券。

所以短線投資人的投資流程應該是：先判斷自己想要承擔多少風險，接著務必透過分散投資到不同資產類別的方式，落實這項風險承擔計畫。以這個個案來說，應該用至少一些固定收益曝險部位來抵銷股票曝險部位，這麼做並不是為了追求收入，而是要取得保障。不過，在這麼做的同時也必須瞭解到，這個做法跟隱含陷阱的保險契約一樣，都是有漏洞的。

「單純至上」（Keep-it-simple）的長期資產配置模型

資產配置專家經常高喊「分散投資、分散投資」的口號。然而，在設計低風險策略（低風險策略理應是資產配置永遠不變的起點）時，第一步應該是先設計最能抵銷（即對沖）「無法達成目標」的風險的謹慎策略。

托賓的投資組合分離定理顯示，某些投資人就算只單純持有某一檔信用良好的政府公債，就理當能實現「抵銷無法達成目標之風險」的目標。而一旦投資人開始偏離這個最佳的風險規避方法，分散投資風險的議題就會變得無可閃躲。任何偏離最佳風險規避方法的作為都必須以高效率來進行，換言之，必須設法分散各種可避免的風險。

那麼，長期投資計畫應該是什麼模樣？應該要如何建構長期投資計畫？長期投資計畫並不是致富計畫，而是關乎長期收入或購買力的計畫，而在擬定收入計畫時，必須將你的金融資產與其他資產、你的可能所得、你的財務義務，以及你的支出願望等列入考慮。舉個例子，誠如第3章討論的，對正規畫退休生活的人來說，第一步應該是先檢視你能透過保險公司「買到」的收入（譯註：例如年金保險）有多少——不管是與通貨膨脹連動的收入或是固定金額的年度收入。這個金額很可能低得令人失望，但它至少可建立一個基本參考數值，你可以從這個數值出發，找找看是否有足以保障你的退休計畫（即規避退休計畫之風險）且只承擔最低風險的年金可選擇。

即使是謹慎管理的長期策略也難免會有「未能達成財務目標」的巨大風險。儘管如此，多數私人投資者也沒有必要因此執著於追求固定的現金流量型態，畢竟投資人的需求或渴望總是不斷改變，而能妥善應對個人需求與渴望變化的財務計畫（但這種計畫也有投資風險），應該相對還是比昂貴、沒有彈性的擔保型政府或保險公司退休給付（例如年金所提供的給付金）更有優勢。

長線投資人應該持有更多股票嗎？

我們在第5章討論了股票泡沫，還討論了學術界人士和投資人對於「股票市場風險是否會因投資股市的時間拉長而被消除」的辯論。

即使投資人對自己掌握進出場時機的能力存疑，但若股票市場真的一如預期地出現榮景與蕭條接踵而至的型態，投資人還是可能透過這個型態獲利。普遍的觀點認為，股票市場報酬具備可預測的周期性本質，這使得「長線投資人應將較多資金配置到股票」的論述顯得更具說服力。

各種不同的研究——其中最值得一提的是賓州大學華頓學院（Wharton School of the University of Pennsylvania）的羅素·帕爾莫財務學教授（Russell E. Palmer Professor of Finance）席格爾（Jeremy Siegel）的研究——說明，投資人透過長期持有（例如30年以上）股票而獲得的扣除通膨後績效，應能超過傳統政府公債的報酬。[3]席格爾的證據主要來自美國市場，但國際上的數據幾乎也無一例外地證明了他的結論是正確的。整體而言，這些證據顯示，不管是謹慎或積極的投資人，長線投資人在投資策略配置中加重股票（而非債券）的做法是明智的。

通貨膨脹：必然會侵蝕生活水準

現金在長期模型中沒有任何立足空間可言，因為現金雖穩定，卻相對比政府公債更容易出狀況，所以對長線投資人來說，政府公債是比現金更好的避風港型投資標的。現金通常也無法提供績效優勢。儘管如此，每個人都知道，世界各地的私人投資者還是把相當高的配置留給現金（見本章稍後內容）。

關於通貨膨脹，投資人至少應該不時檢討預期的通貨膨脹，也要檢視這些預期的誤差幅度（margins of error），針對未來不同日期的價格水準進行簡單的「若……會如何」的舉例分析（而不要單純計算平均通貨膨脹率）應該會有所幫助。如果你的未來名目收入將是固定的，就能輕易利用這類分析來推估未來幾十年生活水準的不確定性。應對未來通貨膨脹的關鍵決策之一是：你應該先決定通貨膨脹連動公債與傳統公債投資將分別佔你的政府公債持有部位的比重，接下來，再決定你要持有多少比重的民間信用曝險部位。

出現壞結果的機率可能高於你的想像

謹慎的短線投資人一定比積極型投資人更無法容忍短期的虧損，但究竟什麼是壞結果或最低可接受報酬率（minimum acceptable return，MAR）？

舉個例子，外部顧問可能會建議謹慎的短線散戶投資人採用「1年內虧損不超過5%的風險」的投資策略。而根據外部顧問的評估，那樣的策略發生比負5%年度報酬率更差結果的風險，有可能不超過1/20。這就是目標MAR，也是指特定年度內的投資成果遜於指定參數的感知機率（perceived chance）。

中庸風險型投資人的MAR可假設為負10%，而積極型短線投資人的MAR可以假設為負15%。原則上你可以選擇任何數字，但不管選擇了哪個數字，投資人的實際投資績效遜於這個建議容忍上限的可能性，都有可能遠比投資人合理預期的機率高。

原因在於，首先，投資人合理預期的機率很可能是只針對某個單一曆年計算的機率。然而，以5年期間為例，這5年當中至少1年的虧損超過這個指導原則的機率，將高於1/5。如果你監控投資組合的頻率超過1年一次（這是最可能發生的狀況），例如每個月底都檢討一次，那麼，根據連續12個月滾動（rolling）衡量的結果，5年中虧損超過這個指導原則至少一次的機率，更將接近50%。所以，即使你或你的外部顧問認為1/20的風險很低，這些狀況確實還是時有所見，不足為奇。

理論上來說，既然選擇了適當的虧損容忍度，外部顧問（有可能是智能投資顧問，見第1章）就可以利用這些指導原則來考量最有利於未來財富創造的標準策略。這些標準策略是每一個指定風險承擔水準（投資人所表達的風險承擔水準）下的最適效率投資組合——也就是能在期望風險與期望報酬之間達到最佳可能取捨的投資組合。理論上來說，每一個特定風險承擔水準都只會有一個最佳投資組合；換言之，在不提高風險的情況下，沒有人可能實現更高的期望報酬，而相對來說，在較高風險水準下追求相同的報酬率，也是無效率的行為。在實務上，由於我們無法為不確定性建立模型，所以儘管我們可能會預期某個特定結果不可能發生，卻通常無法確知那個結果不可能發生的機率會是多少。

這個邏輯的必然結果之一是：外部顧問能夠根據投資人指定的MAR風險數字，研擬出一系列截然不同的策略，其目的通常是要將策略本身的風險承擔水準控制在低於MAR所示的水準。

且讓我們考量表6.1所列的三個短期策略示例（只採用股票、債券與現金），這些示例的資產配置分別為：全球股票配置由20%提高到50%，再提高到75%；非股票投資標的之配置則分別投入美國國庫債券與現金。

舉個例子，支持採納中庸策略的數據可能會顯示，在任何一個特定年度，預期出現負8.3%以下報酬率的機率不會超過1/20。但利用25年期間的每月數據進行回測（back-testing）的結果卻顯示，若採用那種中庸策略，過去理應發生過比負8.3%嚴重非常多的負報酬，其中在2009年2月前那12個月——也就是金融危機的市場底部區——報酬率更應該高達負22%。

表6.1 標準短期投資策略，只包含股票、債券與現金

相當於總資產的百分比

資產配置	非積極型策略	中庸型策略	積極型策略
股票	20	50	75
政府公債	20	50	25
現金	60	0	0
合計	100	100	100

資料來源：作者的示例

這證明實際上的經驗有時可能比用過往整體報酬率與波動性的平均統計數據所推演出來的結果糟糕很多。以顯而易見的風險承擔行為來說，利用常規模型建立作業所推演的數據，的確較令人感到欣慰，問題是，它們也同樣嚴重受平均值相關的難題所困擾，舉個例子，這類模型建立作業總是假設股票市場波動性會維持在某個平均的水準，但實際上並非如此，而且（一如2008年與2020年3月的情況所示）當股票市場波動性偏離其平均值愈多，實際的報酬率也愈糟。

總之，發生極端報酬率的頻率高得令人訝異，這也使風險數字顯得缺乏意義（極端報酬率是市場趨勢或動能所造成，不僅如此，在壓力高漲時期，不同市場之間可能無法有效維持過去的平均關係，這個事實也會導致極端報酬率頻繁發生）。

舉個例子，且讓我們看看殖利率曲線（見第4章）。殖利率曲線的斜率通常是向上的，10年期公債殖利率往往高於3年期公債。而當短期與長期利率朝相反方向波動（以術語來說，就是殖利率曲線倒掛〔inverted〕），情勢通常特別脆弱。

舉例來說，如果聯準會或其他國家的中央銀行為了藉由提高短期利率來應對外界對通貨膨脹的憂慮，從而促使中期通貨膨脹憂慮得到緩解，就有可能會發生這樣的狀況。此時短期利率將上升，但較長期的利率可能會降低。不過，萬一此時避險基金和其他投資人有借短支長（也就是舉借短期債務來從事長期放款或長期投資）的情事，金融市場就有可能陷入混亂。不過這些情勢終究比較罕見，市場環境通常多半還是和善的——也就是說，報酬雖為正數，卻不過度樂觀，投資人周遭瀰漫著自滿的欣慰氛圍，而這一切都鼓勵投資人多承擔一些風險。

你的低風險策略能為其他人提供保險嗎？

還有一個更具體的理由能說明為何看似低風險（通常低波動性）的策略，可能無法在不景氣時期提供原先所預期的保護程度。很多能間接為其他人提供保險的低波動性投資標的，其實是出售選擇權的策略，這種策略能（讓出售端）收取穩定的保障性權利金（premium），但偶爾卻會發生意外的鉅額虧損，並使提供保險的人受創。

不是只有某些避險基金策略（見第4章與第10章）會受這

個問題影響，公司債也屬於這個類別（見第9章），只不過相對沒有那麼顯而易見。當股票的波動性上升，提供這項保險的投資人的負擔就會加重，所以當股票市場波動性上升，公司債族群表現就會特別差。

在正常時期，謹慎型投資策略（不僅投資政府公債，還會投資較高殖利率的公司債）的績效大致都能符合預期，即合宜的收益率與低波動性。然而一旦碰上不景氣時期，例如2007年至2009年金融危機與2020年3月的狀況，這種投資策略的績效就有可能會變得特別糟糕。很多投資管理公司對外行銷這類平日看起來相安無事，但碰上不景氣時期就容易產生不良績效的謹慎投資策略時，只採用它們在市場平靜期的績效紀錄和風險統計數據，這使得一般投資人通常無法明確體察到這種策略的內在曝險程度其實相當高。

家族與財富

散戶投資人的支出習性通常缺乏彈性。近幾十年來，由於投資人持有的投資標的大幅增值，所以，散戶投資人可能會基於那樣的有利經驗而沾沾自喜，並志得意滿地以為自己一定熬得過短期的虧損，散戶投資人很容易因為這些看似令人欣慰的財富水準而更加認定自己是長線投資人。促使投資人產生這類財富幻覺的獨特源頭之一是，投資人並不明白當利率走低，他們其實需要遠比原本更多的累積財富，才足夠維持特定的生活模式。如果投資人（或外部顧問）把過去40年那種高投資報酬視為常態（但那不是常態，那樣的高報酬率不可能是永續的），這種財富幻覺就會惡化。那類投資人（與外部顧問）可能很容易會誤以為他們擁有充足的資產可支持輕率的高水準生活。儘管這些人有僥倖逃過一劫的可能，但未能避免的風險其實很高。

個別家庭成員的支出計畫通常不容易預測。有時候，家族成員會希望在明確的日期達成特定財務目標，這時，只要將預定要耗用於那些目標的資金，投入以政府公債（公債到期日需與那些目標的日期相互對應）為主的資產即可。除此之外，還應該另外儲備適當額度的財富，以便利用在短期內隨時可能出現的機會獲取利益（或是應付短期內的突發事件）。

這衍生了與其他投資人無關的財務規畫問題。每一個家庭的策略性目標與實際財富支出都有可能在非常短暫的時間內發生變化，而且有時候是朝令人意外的方向變化。正因如此，私人財富管理的投資時間範圍，常牽涉到相當高的不確定性，機構法人投資者則鮮少需要為這個問題傷腦筋。這也有助於解釋為何私人客戶總是持有那麼多隨時可動用的現金，因為唯有這麼做，他們才能較輕鬆地應對突然出現的支出需求或機會。

改變策略：無法規避的風險

不管投資人依循什麼策略，外在情勢總是瞬息萬變，因此投資人隨時可能基於情勢變化，而認定他們有必要改變原本的投資方向，問題是，改變投資策略的過程可能牽涉到很多風險。改變策略的決策是怎麼制定的？何時應該改變策略？這類疑問通常沒有太多建議可依循。不過，這個議題對所有投資人來說，都可能茲事體大。

在落實改變策略的相關作為時，不可避免會需要判斷進出市場的時機。這時請切記，你的投資風險概況一定已經跟你原本想要的風險概況不同，畢竟這理當是一開始促使你改變策略的理由。

你需要改變策略嗎？關於這個問題，可依循的簡單法則之一是，如果投資人判斷自己的風險概況已過於激進，就應該隨即改採較謹慎的新策略，不該以自己對短期市場預測的信心（那只是表象的信心）來應對長期的狀況，因為短期的風險概況並不適合應用到更長的期間。然而，一旦時間拉長到4至5年，任何投資人都很有可能因環境所迫而不得不改變方向。另外，如果投資人把較大的資產配置到流動性不足的投資標的，改變策略的流程一定會比他人更加複雜。總的來說，投資人必然是基於對市場和成本的某些看法，才會進行策略上的調整，但這些調整通常也涉及非常高的後悔風險（見第2章）。

真正的問題並非投資人無法在高流動性的市場中，藉由巧妙掌握進出場時機來獲取利潤——這其實是有可能做到的。經年累月下來，確實有某些投資經理人逐漸展現出他們掌握進出場時機的高超技能，但他們並不是靠著一次次「精準掌握時機去修正不適當的風險概況」來取得那樣的過人紀錄，而是藉由「謹慎管理資產且在限制範圍內盡可能分散投資」來實現的。改變策略就不同了，投資人因為感知到市場異常而改變策略，這通常無法分散投資決策，也因此無法給予資產足夠的時間產生收益。

一般常見的建議是，如果投資人想要改變策略，並決定從投資A資產類別徹底改變為投資B資產類別，那麼最好是分階段執行這些調整。大型投資人經常用這個方式來變更投資策略，目的是為了降低他們改變策略的行動對市場價格的影響。其他投資人也可能會覺得使用這個方法更令人安心，不過在某些狀況下，投資人有必要更果斷地改變策略，當投資人斷定當前投資策略的風險已經過高，且若延遲執行策略的變更會造成不必要的風險承擔，那麼一旦決定要改變策略，就應該劍及履及地加以落實。因為每每在需要果斷做出決策時，投資人總是能找到千萬個拖延的理由，但千萬別給自己推託的藉口。

其他投資人是如何投資的？

每一個投資人都想知道自己的投資策略和其他人比較起來孰優孰劣，這讓我們回想到第2章以及錨定的作用力，包括它對我們的決策制定方式以及我們能否自在接受自身決策之合理性等方面的作用力。每個人的環境各有差異，但是每個人卻又都喜歡交叉比對自己的資產配置和投資建議與其他投資人有何不同。

我們可以透過一些現成的調查，瞭解世界上不同地區的散戶與機構法人投資者族群的平均資產配置狀況。散戶投資人通常不會把家人自用的住宅納入投資標的（但會納入第二間房子），儘管如此，調查顯示，散戶投資人對不動產投資標的的資產配置，高於諸如退休基金等機構法人投資者。

為何私人投資者持有那麼多現金？

表6.2的特色之一是（一如其他調查），它說明了私人客戶對現金與流動性的配置通常非常高——有些人認為這樣的資產配置是沒有效率的。諮詢師可能會認為私人客戶持有過高現金的做法，與他們為那些私人投資人設定的投資模型互相抵觸，並斷定那樣的投資人是「暴殄天物」，也就是說，他們未能善用可貴的資金資源。不過，較合理的解釋可能是：這些外部顧問採用的模型很可能是錯誤的。

表6.2 全球高淨值私人投資者的資產配置型態

相當於總資產的百分比

	股票	固定收益	不動產*	另類投資標的†	現金與約當現金
18年1月	31	16	17	9	27
22年1月	29	18	15	14	24

* 不動產不含主要居所

† 另類投資標的包括大宗原物料商品、外匯、私募股權基金、避險基金、結構性商品與數位資產

資料來源：2022凱捷世界財富報告（*Capgemini World Wealth Report 2022*）。「高淨值」是指金融財富至少100萬美元的個人，所謂金融財富不含主要居所、收藏品、日常消耗品與消費性耐久財。

私人投資人之所以樂意將顯著比重的財富投入低收益率但高流動性的投資標的，確實有可能是因為他們採用的管理方法沒有紀律、流於鬆散。不過，那些投資人更有可能是基於投資目標與支出計畫靈活性等考量，而刻意選擇持有那麼多高流動性的投資標的。這種現金緩衝讓投資人得以選擇要如何回應支出計畫和機會上的變化（計畫與機會的變化經常是在猝不及防的極短時間內發生），而一旦遭逢那類巨變，這就會是種彌足珍貴的選擇能力。

套句艾爾曼倫的說法，在不景氣時期，手邊的一美元現金會讓人感覺特別珍貴，如果此時投資人擁有隨時可取用現金準備的能力，就會感到安心且欣慰。

在實務上，資產配置的型態雖已出現廣泛的演進，但從2007年以來，儘管通貨膨脹和政府公債殖利率都發生了顯著的變化，不同族群投資人的資產配置型態卻還是沒有大幅轉變。目前較顯而易見的資產配置變遷通常都只是延續全球金融危機爆發前就已存在的趨勢罷了。金融危機過後，股票市場持續上漲，債券殖利率也出現有史以來的最大降幅，種種跡象都顯示，目前市場已經流於昂貴。儘管如此，從多數機構法人與私人投資者回應股票與債券市場的方式看來，他們似乎不確定要如何解讀那些跡象，不管是有意或無意。

未來多數投資人勢必將花費遠比以前更多的時間聚焦在執行面的細節，例如尖牙股、微軟和特斯拉的評價確實已經過高了嗎？為什麼我持有那麼多台積電？舊經濟的價值型股票有機會翻身嗎？新興市場的評價是否不算過高？高殖利率是否代表風險過高？為什麼我持有那麼多國際股票？我是否投資了最適合的不動產投資信託？但在執著於細節的同時，難免會犯下「見樹不見林」的毛病，最終偏離「單純至上」的方法。

雖然多數投資人花很多時間在這些議題上，但最重要的議題還是：投資人採用的投資策略是否足以為投資人的支出計畫構成保障？保障程度又有多高？那項策略看起來是否適合投資人的不確定性與風險偏好？而只要投資人採用這個「單純至上」的框架，絕對能夠明確聚焦在這些議題上。

本書後續章節將討論一般人心目中較有趣的題材，也就是各種資產類別。在檢視這些更吸引人且較複雜的機會時，必須隨時謹記幾個關鍵的疑問：這項投資標的績效如何？我將來是否會需要賣掉它？有朝一日，我是否能在不景氣時期（在這種階段，可靠的分散投資對我來說最為珍貴，且此時我對現金的需求可能最高）以合理的價格賣掉這項投資標的？

第7章
流動性風險：在不景氣時期，現金才是王道

務必維持現金緩衝，因為沒有人知道不景氣時期將在何時到來。

大多數投資人可能自認有成為**逆勢操作**（contrarian）型投資人的能力與性情，換言之，他們自認能在市場狀況惡化之際保持冷靜，並堅持既定的明智策略。但通常那只是自我欺騙，儘管很多私人投資者手上的大量現金部位應該能讓他們鎮定地應對突然惡化的市場狀況，但一旦碰上那樣的情境，他們卻常會慌了手腳。

COVID-19大流行疫情在2020年初爆發後，世界各地的政府針對他們的國家與經濟體系實施封鎖措施。股票市場隨即因這些封鎖措施而急遽下跌，企業信用市場也因此凍結。但在短

短幾個星期後，隨著各國央行為股票市場與信用市場提供前所未見的支援，各地股票市場紛紛反彈，信用市場也漸漸解凍（只不過速度較緩慢）。

在那幾個星期裡，投資人承擔了發生永久損害的風險，很多人也確實遭受到永久損害，其中有些人是因為過於倉促的決定而出現永久損害，有些人則是因為缺乏現成的現金準備，而不得不以極度不利的條件拋售手上的投資標的，以求變現。當時的情況是，需要出售投資部位的投資人不得不以任何賣得出去的價格拋售，只要能脫手，什麼價格都好談。2020年初那幾個月的狀況以及2007年至2009年間更漫長的全球金融危機等案例赤裸裸地提醒我們，流動性——也就是順利以接近當前價格賣掉投資部位並取回現金的能力——是從事風險承擔行為之前的關鍵考量因素之一。

近幾次危機爆發後，各國央行在債券市場上的果斷干預，可能已使得投資人假設「主管機關通常會在發生信用緊縮之際，適時出面阻止情況惡化」，但這個假設有可能是危險的，自知需要定期出售資產或是需要在不景氣時期籌集更多現金的投資人，尤不宜作出這個危險的假設。

充沛的流動性緩衝——指擁有高比率的流動資產的投資組合——是防禦證券市場流動性危機的最佳第一道防線。有了這道防線，投資人才有時間在危機來襲時全面評估與反思。受突發流動性危機傷害最大的投資人，一定是最缺乏現成流動性的投資人，尤其是透過舉債（也就是融資）來購買投資部位的投資人。

誠如我們所見，以持有優質信用的政府債券為軸心的「單純至上」策略，既擁有高流動性又單純。散戶投資人可將這類策略用作比較基準，實際上的投資則必然有所不同。舉個例子，投資人可能必須以公司債或民間信用來取代大部分的政府公債（見第9與第10章）。一旦如此，投資策略將不可避免地變得複雜，而且通常也會開始承擔較高的流動性風險。

某些人宣稱，缺乏頻繁評價的私募市場資產雖有流動性不足的問題，卻比較有吸引力，因為表面上看來，這些資產的波動性好像比較低（那是定價不夠頻繁所致，見第10章）。但這是危險且容易令人誤入歧途的結論，這種錯誤觀點的形成，似乎應歸咎於各國央行，它們應對2007年至2009年以及2020年流動性危機的舉措，或許無意間助長了這個錯誤的觀點。在那兩場危機爆發後，很多高負債企業——包括私營企業（因為是私營企業，所以並沒有定期的市場評價可言）以及股票交易所的掛牌企業——皆因全球經濟體系的多數環節中可輕易取得的寬鬆廉價流動性而免於滅頂的命運。

一個世紀以前，凱因斯在談論**私募投資標的**（private investments，這種標的的評價充其量都只是估計值）的風險時，就提到了這一點：

> 財務主管會毫不猶豫地購買沒有公開報價且無法在市場上銷售的不動產投資標的；但如果這種投資標的在每一次查帳時都有立即可變現的出售報價，財務主管一定會擔心到滿頭白髮。問題是，即使你不知道這項投資標的的當下貨幣報價起伏有多大，也不代表它就是安全的投資標的，儘管一般人經常如此預設。[1]

不過，誠如英國開放式房地產基金——也稱為房地產單位信託（property unit trusts，見下文）——的定價案例所示，即使經過了100年，很多人還是把這類缺乏即時更新市場報價的情況，視為低流動性投資標的特別吸引人的特質之一。避險基金經理人艾斯尼斯（Clifford Asness）曾呼應凱因斯的警告：「很多投資人最後可能會對他們熱衷於（私募投資標的績效的）虛假平穩性而感到後悔。」凱因斯另外還提到「當投機客比當投資人安全」，因為「投機客對自己冒什麼險心知肚明，而投資人則對他冒了什麼險渾然不覺」。[2]

英國特有的流動性危機：2008年、2016年與2020年的開放式房地產基金暫停贖回危機

有些人可能是罹患了某種罕見的瘋病才會周而復始地犯下相同的錯誤。市場在2020年初突然陷入危機的那段期間，少數投資基金不得不暫停接受投資人贖回他們持有的基金，其中最引人注目的當屬英國的開放式房地產基金，這些基金原本每天或每週接受投資人以估價師的評價來買進或賣出基金，從而為投資人提供流動性。

早在2008年至2010年的全球金融危機期間，這些基金也曾因市場價值的嚴重不確定性而暫停投資人贖回，不僅如此，2016年英國脫歐公投出現意料之外的結果後，那些基金也暫停接受贖回。

相較之下，同樣在全球金融危機期間，德國監理機關則是實施了「2年最短持有期間與12個月的通知期」等措施，來應對這場危機對德國房地產基金的衝擊。不過，他們另外為只想少量出售基金的傳統散戶投資人設了一項例外條款。在其他國家（尤其是美國、澳洲與加拿大），散戶投資人平日則是藉由不動產投資信託（REITs）的管道，投資託管型房地產投資標的（而非直接持有）。REITs是一種在證券交易所掛牌交易的工具，在交易所，買盤和賣盤之間的任何潛在失衡，都能經由

即時的價格變動而恢復平衡。相較之下，英國現存的開放式房地產基金的定價機制就顯得很不靈活。REITs的價格波動通常比英國這類房地產基金大，因為REITs會自動對「投資人的流動性需求」設定一個價格，而在不景氣時期，這個價格總是非常高。

2021年，英國監理機關終於開始檢討英國開放式房地產基金的定價問題，當時回應這項檢討作業的評論之一是：由於REITs價格波動性（譯註：較大）的緣故，所以它們並非開放式房地產基金的適當替代品。但這樣的論點似是而非，在爆發流動性危機期間，開放式房地產基金和REITs之間的管理價值（administered values）差異，可以用來衡量不動產投資人願意為了即刻取得流動性而付出多少代價。英國房地產基金經理人對這些檢討作業的回應是，他們之所以再次暫停基金的買賣交易，是因為封城危機使基金的價值受到巨大的不確定性籠罩所致。

但對照之下，透過市價來促使供給與需求趨於平衡的REITs，則始終維持交易。[3]

流動性不足的投資標的並不適合短線投資人。此外，持有流動性不佳的標的會導致投資人的靈活度受限，所以除非你有信心能藉由這類投資標的獲得超群的報酬率，或達到更高程度

的分散投資，否則這種投資並不值得鼓勵。私募市場的績效強烈受經理人的技能、使用的槓桿程度（使用槓桿的目的是要放大報酬率，但也可能導致虧損擴大），以及收取的費用水準等因素影響。

這類私募市場基金的業務人員當然會不斷吹噓自家基金過往的優越績效，但投資這類市場的投資人卻必須知道，這種資產和股票與債券投資標的絕對不同，所以不能假設自己一定能獲得比平均水準還要好的績效，甚至不能指望自己的績效能達到平均水準。在高流動性的股票與債券市場上，每一位投資人都有把握藉由指數型基金（複製整個市場績效的基金）獲得市場報酬率（無論是正數或負數），而且只需要花適度的成本就能得到這樣的成果。但這樣的信念並不適用於私募市場。

「解鎖」私募市場報酬的關鍵是資訊，而要取得資訊，就得支付非常高的費用。投資人必須相信他們的資產管理人擁有能讓他們實現不亞於市場報酬的技能。若你投資缺乏這種優勢的策略或產品，一定會產生額外的成本，變得更不靈活，投資策略的績效也會因此劣化。

流動性是風險的一環，但一般常被用於投資標的管理的現成風險模型，都未體現到風險的這一面。那倒不是因為這項風險不重要，而是因為流動性風險極難建立模型。當市場長期保持良性運作，流動性風險看起來可能並不重要，但其實它茲事體大。

流動性的問題之一是它很難定義，其中一個定義或許是：你必須放棄當前價格的多少百分比才能順利立即賣掉資產；另一個定義或許是：當你要出售一項資產，在不導致價格降低的情況下，要花多少時間才能賣掉它。除了時間與價格，流動性風險還有第三個特點，即打算出售的數量。

想想看，如果你想要賣掉某企業極高百分比的股份時，會對該公司股價造成什麼影響？一旦你思考這個問題，就會發現「數量」真的很重要。散戶投資人可能會認為這個問題只關乎大型基金，對他們而言並不重要，但事實並非如此。很多散戶投資人會小額投資一檔大型基金，而這檔大型基金很有可能持有某一家流動性不足的小型企業極高百分比的股份。萬一這檔基金無法在不嚴重折價的情況下賣掉這家小型企業的股份，持有該基金的所有散戶投資人，就會受害於這檔股票的流動性不足問題。

當你投資流動性不足的市場

大致上來說，市場上有兩個鼓勵投資低流動性投資標的的異端邪說：第一是莫名其妙地認為，低流動性投資標的偶爾才有一次定價的現象，在某種程度上能使這類投資標的的風險降低；第二則是認為，流動性不足的投資標的必然能為投資人帶來溢酬報酬（譯註：以彌補其流動性不足的風險），但這種觀點可能成為代價昂貴的錯誤，因為世界上並沒有得來全不費功夫的流動性不足溢酬。

要評估一個低流動性投資機會的價值，最適當的方法，就是釐清它是否有機會衍生溢酬報酬。如果它能為投資人帶來溢酬報酬，那麼這項報酬必須能充分補貼投資人因放棄流動性而失去的靈活性，才值得投資。可惜的是，當市場最不願意供應流動性時，投資人本身對流動性的需求有可能達到最高。所以審慎評估投資人的情況，並計入相關的費用後，流動性不足的投資標的通常無法通過適合性的考驗，而這產生了兩個相關的疑問：

- 投資人應該如何判斷他們對流動性不足的偏好程度（換言之，即權衡是否要為了獲取潛在的超額報酬，而接受幾乎肯定會因流動性不足而變得更不靈活）？
- 投資人應該如何評估他預期能從特定流動性不足的投資標的獲得報酬？

投資人也需要把較高的費用列入考慮，因為高費用正是投資流動性不足的市場的極普遍特徵之一。

以上是判斷低流動性投資標的的最佳配置時常出現的問題，安格針對上述議題與其他議題做過一番分析。立即可見的問題之一是，一向被用來為投資人推導資產配置建議的傳統

「均值變異數」（mean variance）最適化工具模型，假設投資人能在任何時間點進行投資組合再平衡作業。問題是，這個假設並不適用於流動性不足的投資標的。

當投資人因流動性不足而無法進行投資標的配置再平衡作業，就會產生無可規避的機會成本，而且形同承擔了不必要的風險。要知道，從證券市場獲取流動性溢酬的手段之一，就是要擁有將投資組合再平衡到長期策略性配置的能力，但一般人很容易忽略這一點。當投資人持有非常多流動性不足的市場曝險部位，他一定難以受益於上述的投資組合再平衡作業。

安格的結論是，投資時間範圍較長的投資人在投資流動性不足的投資標的時，確實擁有某種優勢。然而，這並不意味所有長線投資人都能因持有這類投資標的而獲得最佳結果。

流動性預算

2007年至2010年的信用緊縮以及2020年初股票市場因COVID-19大流行而反轉等事件的教誨之一是：所有投資人都有必要擬定流動性管理政策。每當這類事件發生時，原本流動性很高的市場的交易成本，就會突然高得嚇人，而投資人也常為了應付這樣的局面而疲於奔命。諸如此類的狀況在這兩次事件爆發時格外清晰。

在2020年那次危機中，這種狀況對投資人流動性與現金流量的影響尤其嚴重，因為原本可靠的股票股息與不動產租金等收入，因疫情的影響而迅速減少或甚至暫停支付。在這個背景之下，「投資人必須在高流動性與流動性不足的資產之間取得良好平衡」的好處就一覽無遺。所有投資人都必須針對高流動性與流動性不足的投資標的設定明確的資產配置策略，如果投資人高度依賴獲配的收益維生，更要瞭解他們有多少收入是來自風險資產的收益分配。

當通常具高流動性的市場變得流動性不足

具高流動性的市場能讓投資人自由選擇在想要的時間點，以現行的市場價格買進或賣出一項投資標的，而且只需要付出適中的成本。相較之下，流動性不足的市場就無法賦予投資人這種選擇自由，而它跟其他所有選擇自由一樣彌足珍貴。投資人賦予這個選擇自由的價值，會隨著不同的時間點而有極大差異，而且，不同投資人對這種選擇自由的重視程度也有所不同。特別重視流動性的投資人在投資流動性不足的資產以前，一定會要求取得較高的報酬率，因此，就相同的資產來說，投資人為取得流動性不足的投資標的而付出的代價，必須低於其他相同但具高流動性的投資標的。

高流動性投資標的堪稱短線投資人或積極型短線投資人的**天然歸宿**（natural habitat）。原因是，這類投資人可能需要在很短的時間內將投資標的變現為流動性（所以他們才會被稱為短線投資人）。長線投資人可能相對能輕易應付流動性不足的局面，而且還可能具備利用這種狀況來獲取利益的技能（或運氣）。然而，2007年至2009年全球金融危機與2020年（較短暫）疫情大流行衝擊等情況顯示，即使是通常具高流動性的市場，也可能瞬間變得缺乏流動性。如果流動性通常很高的市場突然變得流動性不足，意味投資人有時可能不得不接受虧本價格。

私人投資者通常持有非常高的現金配置，而高現金配置能讓投資人較容易保持耐性。然而，如果長線投資人（無論大小）能在其他人最需要現金的時刻以及市場價格備受壓抑的時期，技巧性地降低他們的現金準備，便可透過市場流動性的起伏獲取利潤。不過，誠如我們在第5章說明的，這種做法形同是在其他人希望降低風險的時刻承擔較高的風險，因此不適合膽小的投資人。

第8章
風險性資產：全球股票市場

投資全球股票指數型基金堪稱非常明智的股票投資方法。

如果你為了呼應你在環境、社會與公司治理等方面的優先考量而調整投資標的，切記還是要貫徹充分分散投資的原則。

我們在第5章建議，投資人在擬定投資策略時，可能只需要納入兩種類型的投資標的：

- 其中一種代表謹慎型投資標的，包括信譽良好的本國國庫券，或是到期期限與付款時程等能和投資人本身支出計畫的時間範圍契合的政府公債。
- 另一種則是充分分散投資的一籃子風險性資產，這些資產的期望績效較高，可惜獲得報酬的不確定性也較高。

誠如第6章討論過的，幾個簡化版的標準投資組合理論的共同點之一，是建議投資人應該根據自身忍受惡劣結果的能力，來決定這兩種投資標的（謹慎型投資標的和風險性投資標的）的持有比重。

股票指數型基金

一般認為，複製全球整體掛牌交易之股票市場的指數型基金，相當近似於上述的整體風險性投資標的。如今即使是只擁有小額積蓄的散戶投資人，也可以用實惠的成本（應該會比大型基金公司較複雜的投資策略的管理費更低）投資那類基金，不僅如此，這種指數型基金的績效目標，很可能和那些較複雜的大型基金相似到令人訝異。即使是世界上最大型的機構法人投資者，都鮮少自認能持續不斷地創造出超越這類小投資人比較基準的績效，而且事實上，非常多機構法人投資者甚至根本就無法達到等量齊觀的績效。

指數型共同基金最初是在1970年代中期開始對外發售，這種基金會自動依據每一檔股票在股票市場指數的權重，購買該指數的所有成分股，完全不考慮那些成分的品質與價格。[1]近幾十年來，這種旨在複製市場報酬的指數型基金投資活動出現了驚人了成長。

指數型基金堪稱一項重大創新，它為投資人省下了數十億甚至數百億的手續費與成本。在先前幾個世代，投資人付了數十億甚至數百億美元的高額費用供主動管理型股票基金（這類基金的收費很高）經理人進行研究，但平均來說，那些研究並未能實現明顯的成就，所以說穿了，投資人付給他們的高額費用，只是被用來贊助某些看似大有可為的企業罷了。

指數型基金讓投資人能夠獲取他們所選擇的市場指數的績效，不過，指數化投資法的成功崛起，卻讓很多人開始擔心那些指數型基金可能無法切實擔當起公司治理的重責大任，未能盡職監督它們集體持有的企業。

但對散戶投資人來說，這似乎沒什麼好擔憂的，而且行使選舉權（所謂**盡職治理**〔stewardship〕的企業監督作業的一環）對他們來說可能只是無關緊要的煩心事務而已。儘管如此，和指數型基金行使所有權責任有關的議題，已是愈來愈受重視。

在美國，區區三家基金公司就支配了整個指數型基金市場，這三家公司是貝萊德（Blackrock）、道富（State Street）與先鋒（Vanguard）。根據學術界人士的計算，這三家基金管理公司在2019年所掌握的總票數，大約等於標準普爾500指數所有成分企業25%的股份，某些人推估，這個比率將在2040年上升到40%，但他們表示，基金管理公司的商業誘因導致它們在盡職治理方面投資不足，而且儘管這些基金有責任監督它們投資的企業，它們卻難免偶爾遷就某些企業經理人的願望。

所以，最終來說，這個問題對散戶投資人來說還是很重要的，幸好股票型基金的散戶投資人未來似乎可以在間接持有股份（透過他們投資的基金）的企業的股東大會上投票。

在過去，大型機構法人投資者偶爾會因為漠視或推卸股東責任（只是照章行事，未能積極當責）而被批評是缺席的房東（absentee landlords，譯註：指不住在租賃房產所在地的房東）。每一檔指數型基金的經理人都強調，他們一定會致力於促進基金持有的企業（也就是基金的投資人所間接持有的企業）的優質治理，但這只是低干涉程度的治理。指數型基金經理人所謂的優質治理和**私募股權基金**（private equity）經理人（見第5章），通常必須承擔的重責大任與業務參與度呈現鮮明的對比。目前隨著投資人、各方利害關係人和監理機關愈來愈廣泛關注**環境、社會與公司治理**議題，上述種種公司治理議題更是成了許多人關注的焦點。

指數型基金「每一票都很重要」，誰是企業的所有權人？

2020年時，有47%的美國家庭持有共同基金，[2]而且通常是持有指數型基金。眾多指數型基金經理人在企業年度股東大會上代表數百萬甚至數千萬名美國投資人進行的委託代理投票行為，遂成了引導美國掛牌企業公司治理的力量。不過，這些基金經理人在投票前，並沒有先行徵詢基金的最終所有權人（譯註：指基金的投資人）的意見，而且，絕大多數的指數型基金是三大基金管理公司（貝萊德、道富與先鋒）所成立，因此，這個現象已引來監理機關的密切關注。

2021年3月時，時任證券交易委員會代理主席的李（Allison Herren Lee）發表了一席演說，談到了股東民主權（shareholder democracy）以及投資人賦權——以便責成他們持有的企業切實承擔應有責任——等議題。

這三家基金管理公司當中的貝萊德在2021年底宣布，它計畫讓某些投資人代表他們透過持有貝萊德的基金而間接擁有的企業股份，行使他們的隱性投票權。貝萊德公司的執行長芬克（Larry Fink）表示，該公司「致力於讓每一位投資人（甚至包括散戶投資人）未來都能自由選擇是否要參與這個代理委託投票流程」。不過，共同基金的投資人可能要很多年以後才能真正享受到這種彈性。

當然，要實現這個遠大的目標，先決條件之一是基金管理公司幾乎必須大手筆投資它們的後台技術。這些變革究竟能對企業經營與企業績效產生多大影響，目前仍不得而知。2022年時，英國媒體工作者韋伯（Merryn Somerset Webb）發表了《權力分享》（*Share Power*）一書，這本書的副標題為「一般民眾如何一邊改變資本主義的運作方式，一邊賺大錢」。其中一項行動是鼓勵所有投資人取得他們持有之股份的投票權（包括直接投票權，或是間接指揮他們投資的基金的經理人投票）。[3]一旦投資人普遍順應這項訴求，不管屆時有多少人選擇直接參與，或是透過所使用的平台的政策間接參與（「間接參與」是這類平台的預設模式），他們都會成為重要的未知影響因素。

投資的環境、社會與公司治理考量

近年來，科學家、各國政府與投資人愈來愈關注企業對氣候變遷的影響。投資人通常把這些考量和看似無關的公司治理事務（包括衡量員工多元性的措施與董事會成員組成等）歸類為環境、社會與公司治理（ESG）考量——也就是責任投資（responsible investing）——這個大範疇裡的評估項目。

經濟學家最重要的憂慮之一是：一旦將企業對環境乃至後代子孫所造成的衝擊成本適當列入考量，某些原本看似有生存能力的企業，就有可能變得沒有獲利能力。事實上，經濟體系存在許多經濟學家所謂的「外部性」（externalities），這些外部性雖會對社會造成代價或帶來利益，卻沒有反映在平日的市場價格上，而若要有效分配資源，就必須將外部性反映在市場價格。

關於外部性，且讓我們舉一個沒有爭議的案例：工廠排放會危及魚類資源的廢水到河川後，導致釣客（與其他人）承受的成本。如果向這些工廠徵收清理污染物的成本，造成污染的企業就必須付出代價，而那些公司的價值應該會因這項成本而降低。事實上，諸如此類的成本已在某程度上透過監理規定與租稅發生，也透過股東及其他利害關係人的施壓等而發生。

這個河川污染的例子就像個寓言，它有助於闡述目前整個地球所面臨的困境。當前投資人必須應對的挑戰是：投資人除了根據既定的投資政策賣掉他們認為有害的企業，否則根本無法輕易估算出那些會危及地球未來的外部性究竟代表著多少成本。撤資（disinvestment）雖是鼓勵企業改變行為的手段之一，卻是非常粗糙的手段。所以，某些大型投資人是把撤資當作最後的手段，換言之，在採取撤資這種激烈手段以前，他們會先試著用商量的方式，傳達他們對企業經營管理變革的期待，若這條路行不通，才會使出撤資這個殺手鐧。不過，這對散戶投資人來說並不是可行的選項，因為單一散戶投資人的力量太過薄弱，難以對企業構成像樣的壓力。

某些投資人也採取對碳排放產業投資設限的策略。政府的支持促進了潔淨能源的規模經濟，並使潔淨能源的使用率大幅增加，例如風力發電與太陽能，在此同時，化石燃料則漸漸被取代。同樣地，歐盟已率先開創一個專為各行各業的碳排放定價的市場，從而為各個行業排放碳對後代子孫所造成的社會成本定價。投資人和投資經理人對ESG投資法的普遍關注，顯示投資人作為企業部分所有權人，經常希望以他們的量能來影響他們較重視的ESG議題，以補強政府政策的不足。以歐洲來說，目前的監理規定要求機構法人投資者在制定投資決策時，必須將ESG要素納入考量。

某些學術界人士主張，傳統上聚焦在投資標的總報酬績效的做法，忽略了投資人可能賦予以下兩種情況的**效用**（utility）或價值：一、投資組合是否遵循「為善」的訴求；二、投資組合是否避開了從事讓投資人反感的商業運作的企業。如果投資組合內容能結合「為善」與「經營良好」的雙重特質，應該會讓期許投資組合能更重視ESG主題的某些投資人，獲得更大的滿足感（或效用）。

另外也有一些人或許是在基金業務人員的慫恿下，將責任投資視為獲取卓越績效的可行管道之一。投資人可能預期擱置資產（stranded assets，例如石油公司永遠不會動用的石油儲備）的價值將低於市場預期。如果真是如此，避免投資那類公司的投資人最終可能預期將獲得回報，美國散戶投資人調查顯示，很多投資人懷抱這樣的期望。

然而，如果事後證明ESG投資策略的績效落後，那麼這類投資人對這種策略的熱情可能很快就會消退。目前已有證據顯示，某些避險基金不僅買進了某些擱置資產的部位，還放空了一些受到偏愛的ESG股票，因為它們認為這些ESG股票的價格相對它們的基本估計價值而言已經有偏高之嫌。事實上，也有一些ESG投資人可能會認為光是避免投資化石燃料相關的標的，就已經是做了某種程度的善事了。

上述種種情況又因ESG投資與責任投資活動包羅萬象而變得更複雜。投資人應該會想要投資治理良好的企業，這是常識，畢竟研究顯示，治理較良好的企業績效往往勝過治理不善的企業。不過，很多股票掛牌交易企業雖然專注於提升環境與社會作業標準，但是到目前為止，這些作為對財務的影響尚不明確。

希望依據ESG考量來調整自身投資方向的投資人，應該選擇在ESG考量上與自身立場較一致的投資經理人。不過，一旦投資人選擇這麼做，就有可能不得不接受比大盤指數型基金更高的投資費用。

雖然主要的指數彙編機構為了迎合ESG考量，而為幾個主要市場量身訂做了ESG相關的指數，但一如既往，魔鬼還是藏在細節裡。目前市面上對公開掛牌企業發行ESG證書的組織非常多，且這些組織之間彼此競爭，它們的評判結果明顯不一致：某個來源可能判定一家大型企業是ESG友善企業，但另一個來源卻可能判定這家企業是ESG不友善企業。這種不一致的現象至關重要，因為投資人經常（誤）認為不同ESG指數之間是可彼此替代的。

迪姆森、馬許與史丹頓分別斷定，企業的公司社會責任分數與財務績效之間存在某種相關性，不過這種相關性並不強，因果關係也不清楚：「我們不能說為善的企業一定會有良好的經營表現，也不能說經營表現良好的企業就一定有為善。」

美國非營利投資組合管理公司共有基金（Common Fund）的安森（Mark Anson）以及他的同事也曾就類似的主題發表過看法，他們特別強調了採用ESG投資標準的投資基金常見的偏誤。

這些基金通常減持（underweight）能源、公用事業和工業公司的投資，但加碼（overweight）對科技業與醫療保健企業的投資。換言之，這些基金側重對成長型企業的投資。如此看來，ESG投資組合側重成長型企業的做法，似乎才是ESG概念基金的績效勝過大盤的主要原因，而不是因為ESG概念本身能可靠地創造更優異的績效。

安森和他同事也看不出ESG概念基金有績效超越大盤的根本趨勢，只不過，近年來ESG概念基金的績效確實是明顯領先，但那是因為那類基金側重某些尖牙股（如亞馬遜）所致。此外，ESG概念相關投資策略大受歡迎，可能也促使市場對ESG概念股票的需求增加，從而推高了廣泛受認同的ESG概念股的股價。因此，ESG投資策略的大受歡迎對績效的影響很可能是短暫的。那樣的績效和企業本身的盈餘無關，而且有點類似企業被納入股票市場指數（或被那些指數剔除）時所表現出的短暫波動。

ESG會導致我偏離原來的投資風格嗎？

我們可以用很多不同的方法來微調我們的全球股票曝險部位，以取得優勢並改善績效或分散投資程度。通常投資人在掌握這些不同風格的股票投資機會時，會一併納入他們在ESG方面的優先考量。但不管這類納入ESG考量的調整行動的績效成果令人失望或是意外優異，這麼做卻可能導致投資決策的責任歸屬變得難以釐清。

要達到分散投資股票的目標，典型的起步點應該是建立一個被動的全球市場曝險部位，具體來說，就是買進一檔全球股票市場指數型基金，而這檔基金必須持有全球所有股票市場上的每一家企業的代表性曝險部位。買進這種指數型基金的成本不高，而且市面上隨時能買到這樣的基金。

不過，有些投資人並不想投資他們認為正從事有害商業運作的企業，對於這種投資人來說，涵蓋全球所有股票的那類全球指數型基金就不符合他們的期待。不過，其中還是有某些人會選擇投資這種低成本的全球指數型基金，因為他們認為指數型基金的經理人理應能夠代表作為實際股東的他們，和企業的經營階層周旋，最終達到投資人本身在ESG方面的訴求。但也有某些人對ESG概念抱持懷疑的態度，並將這些概念視為曇花一現。也有些人認定，唯有仰賴政府與國際監理規定，才能導正危害氣候的企業活動。

無論如何，儘管企業的帳冊可能不會適當反映其業務活動對社會所造成的成本（這顯示全球指數型基金不是完美的比較基準），但全球指數型基金的績效與風險特性，還是能幫助投資人釐清他們選擇偏離市場後，會得到什麼樣的績效後果。

全球股票市場形態的變遷永遠不會止息

20世紀初時，鐵路股佔美國股票的權重達63%，歷經120年後，這個百分比已降到1%以下。[4]另外，1989年初時，日本企業佔全球股票市場的比重高達45%，但到2020年，這項比重已降至7%。1988年時，新興市場佔全球股票市場的比重只有1%，但當時這些市場的全球國民生產毛額（GNP）佔比已達到20%，到2021年，新興市場佔全球股票市場的比重已上升到11%，而其經濟規模也達到全球經濟體系的44%。

有些人建議投資人應該被動接受股票市場上發生的所有可能變化，對這些人來說，上述種種巨大變化應該已對他們造成非常強烈的挑戰。因此，偶爾停下腳步，主動思考某個或某些市場或產業的價值是否嚴重被低估或高估，絕對是值得的。

儘管全球股票市場的形態常出現不尋常的變化，但若過去120年（見第4章）能採用每年進行再平衡的被動投資方法（如果有這樣的管道可用的話）來投資美國、英國或全球股票，應該能獲得極端優異的績效。展望未來，投資人更可以輕易透過低成本的全球指數型基金來複製這樣的績效。

然而，有一些明文證據顯示，某些族群的股票確實存在廣泛且持續性的報酬異常狀況，這似乎證明「投資人有可能創造超越股票市場報酬率的績效」的信念是正確的。儘管這麼說，簡單的算術告訴我們，全體股票市場投資人的總和績效，是絕對不可能超過市場報酬率的。關於這場辯論，重要的爭議點之一是，我們是否應把將長期下來幫投資人實現較高調整風險後績效的股票市場明顯異常狀況，視為投資人因承擔了不同類型的額外風險而得到的回報，而非單純的定價異常？

多年來，人們針對這些行之有年的股票市場績效型態進行了深入且廣泛的分析，因為這些績效型態並不符合人稱**資本資產定價模型**（capital asset pricing model，CAPM）的原始簡化理論所做出的預測。最原始形式的CAPM主張，任何一檔股票的表現都反映兩件事：

- 其股價傾向於隨著市場上漲或下跌的程度（也就是是**貝他值**〔beta〕）。
- 相當大的特定公司專屬波動性。

第一件事代表一檔股票暴露在**系統性風險**（systematic risk）下的程度，投資人預期將因承擔系統性風險而獲得補償，因為這種風險無法透過股票投資組合分散投資的方式來消除。舉個例子，當股票基金經理人的手續費收入（根據資產管理規模而定）隨著股票市場的漲跌而增加或減少，且基金經理人本身的獲利能力也隨著這股影響力而起伏，那麼，他持有的股票就是所謂「槓桿概念股」，即高貝他值股票。

第二件事是**雜訊**，也就是特殊風險（idiosyncratic risk），或稱可分散風險（diversifiable risk）。充分分散的投資組合能消除這種風險，但這項風險反映了某一檔個別股票或某一個股票投資組合的績效和市場有所差異的程度（更精確來說，即偏離調整貝他值後的市場報酬率的程度）。

研究顯示，各種不同的風險來源有助於解釋股票**價格績效**（price performance）相對整體市場為何不同，而民眾也根據這些研究來改良CAPM。這些風險來源包括利率與外匯曝險，也包括企業資產負債表上的數據，如市值、收益與股利歷史、產業以及地理位置等。若投資人能瞭解這些風險來源，就能夠建立能讓他們獲得豐厚預期回報的股票投資組合曝險部位。

CAPM的基本獨到見解就是把投資組合的風險，劃分為不可分散的系統性市場風險和可分散的特殊風險。這個理論已通過了時間的考驗，它提供了一個非常寶貴的框架，供人瞭解投資經理人能如何改變投資組合的風險與績效。理解這項獨到見解並學會欣賞它的優點與缺點後，就能更妥善將金融理論應用到實務上的投資了。

股票分散投資不足

如果投資人實際的股票投資內容和全球股票市場的組成結構不同，學術界人士就會把這當中的差異稱為分散投資不足（underdiversification）。除非投資人預期能從那些差異中獲益，否則分散投資不足的投資人就形同無謂承擔了可避免的風險，而且，它也是無效率的根源。

就個人投資來說，分散投資不足經常是個人行為偏差的表現，但它也可能是經過深思熟後蓄意選擇的投資決策。相關的作為包括加重持有具有樂透彩性質的熱門成長型股票，以及受社群媒體粉絲俱樂部吹捧的迷因股、科技基金，甚至雇主公司的股票。但還記得第4章的內容嗎？我們透過那一章向投資人傳達的重要訊息之一是：集中投資到特定族群的股票投資組合的績效，通常會落後整體股票市場：即使在扣除交易成本和經理人的手續費以前，這種投資決策打敗市場報酬率的機率都不到50%。

分散投資不足的狀況遠比上述廣泛得多。[5]世界各地的投資活動（包括機構型投資和私募型投資）都存在本國股票偏好傾向（home equity bias），換言之，投資人配置到本國投資標的的資金比重，高於其本國市場在全球市場上的權重，這個傾向也是分散投資不足的寫照之一。雖然目前這個情況已經比一個世代前稍微改善，卻還是相當盛行。然而，某種程度上側重國內股票投資可能是必要的。

本國偏好：應該投資多少國際部位？

近幾年來，世界各地的投資人對國際市場股票的投資配置比重愈來愈高，但投資人處理這些海外投資時通常缺乏效率。當投資人分散投資到海外市場，通常是先從地理位置較接近他們本國的市場開始著手，而不是從沒有關連——以行話來說，就是從最不相關的（least correlated）——市場先著手。事實上，以個別企業來說，兩家企業的關聯性或相關性愈低，同時持有它們股份的投資人就會獲得愈好的成果，因為如果同時持有這兩家企業，它們的波動性就會彼此抵銷，彼此的風險也會因此得到分散。

本國股票偏好的成因究竟是什麼？這個問題的答案莫衷一是，且引起非常廣泛的爭辯。幾十年來，金融理論秉持的信條之一是：全球分散投資有助於在降低風險的同時，又不對期望報酬造成顯著衝擊。問題是，投資人的實際投資組合往往偏離這個簡化的理論性建議，因此，有非常多研究報告試圖解釋為何會有這個差異。其中，可能的原因包括投資人是否較瞭解諸如匯率風險等風險，以及海外投資可能不利於現金流入與流出的配對安排等，畢竟這個簡單的模型漠視了前述的種種可能狀況。其他解釋還包括導致投資人效率低下與承擔超額風險的諸多行為偏差。

國際投資與匯率避險

對持有本國貨幣的投資人來說，投資海外股票與債券就會牽涉到匯率曝險。其實只要正確評估匯率風險，且在必要時加以管理，匯率風險並不是什麼問題。就某些低波動性的投資標的來說，一旦牽涉到匯率風險，原本看起來行得通的投資理由就有可能變得不再具說服力，除非能以**避險**的方式來消除匯率風險（見下述內容）。相較之下，就諸如股票等高波動性投資標的來說，不管是否進行匯率避險，這些投資標的的波動性還是相當高，所以避險與否的影響就不是那麼大了。不過，對在海外工作的人以及他們的家人來說，這個議題就比較複雜，另外，對收入與支出計畫不只牽涉到一種貨幣的人來說，這個議題也比平常人複雜一些。

有關匯率避險的直觀解釋

匯率風險是一種可管理的風險，但如果處置不當，它也可能成為會在12個月期間內衍生20%以上意外虧損（或利得）的大風險，匯率避險就是管理這項國際投資風險的方法。

要瞭解什麼是匯率避險，直觀的方法就是記住一件事：匯率避險相當於以投資人的本國貨幣（例如美元）存入現金，再借出等值的外幣（例如歐元）。美國人可以經由匯率避險來規避（譯註：即對沖）在歐洲大陸的投資的部分風險。因為如此一來，匯率的波動就會彼此抵銷，對海外投資與海外債務造成相等但相反的影響。在有匯率避險的情況下，投資人的投資報酬就會等於以外國貨幣（歐元）計算的外國投資績效，加上本國貨幣存款（美元）的利率，再減去外國貨幣債務（歐元）的貸款利率。

關於匯率避險，較傳統的描述方式是：外匯風險可以透過外匯避險的方式來加以中和，所謂外匯避險是指投資人簽訂一份在未來特定日期（也就是「遠期」〔forward〕）以特定匯率出售外匯的合約，而這項合約會考慮到兩國的利率差異。通常這種合約的有效期間為1個月或3個月，合約到期後，會參考標的投資物的價值變動（如果有變動的話），視需要展期與調整，這樣就能確保資本增值（或跌價）的充分避險。

匯率避險能達到什麼目的？

匯率避險能用來管理匯率風險，而且對很多投資標的來說，匯率避險能顯著降低國際投資換算回本國幣別之價值的波動性。當投資人投資的是優質或**投資等級**（investment grade）債券（見第7章），匯率避險的成效最顯而易見。當投資人針對優質外幣債券部位進行匯率避險，該項投資的波動性就會顯著降低。

反之，國際股票的匯率曝險並不會對股票投資的波動性造成明顯影響。因此，常見的共通經驗法則之一是，國際債券投資應該進行匯率避險，但國際股票投資則毋須進行匯率避險。事後觀察，針對海外股票投資進行匯率避險有時可能獲利，有時則否，但無論是否進行匯率避險，股票型投資標的的波動性本來就比較高。

有一份研究顯示，上一段有關國際股票投資避險的概述可能需要稍做修飾，將「避風港型貨幣往往會在股票市場表現弱勢的時期轉強（或在股票市場表現強勢的時期轉弱）」的傾向列入考慮。[6]這份原始研究是在2010年發表，涵蓋了全球金融危機以前的期間。這份研究顯示，如果避風港型國家（主要是美國）的投資人在危機時期針對他們的國際股票投資部位進行避險，成果會好非常多。我們可由此推論，如果一項**基礎貨幣**（base currency，譯註：匯率報價中作為基礎的貨幣，例如歐元兌美元是採一歐元可兌換幾美元來報價，此時歐元為基礎貨幣，而美元兌日圓是以一美元可兌換幾日圓來報價，這時美元才是基礎貨幣）在危機時期貶值，且持有這項貨幣的投資人**未**為其國際投資進行**避險**，他們反而將蒙受較小的損失。

在危機時期，股票市場虧損以及外匯合約虧損之間的現金流量是不對稱的。外匯合約的虧損必須即刻以現金來彌補；相較之下，當投資人的股票市場部位發生虧損，他們可以相對以逸待勞地思考要怎麼應對股票市場的下跌（說不定此時市場的命運已經扭轉），毋須馬上拿出現金來應對。問題是，在不景氣時期，現金可能會突然變得彌足珍貴，這時必須立刻以現金來彌補的外匯合約虧損有可能會讓人感到非常痛苦。何況美元不盡然會在股票市場危機爆發時升值（美元升值會讓有進行美元避險的國際股票型基金獲益），英鎊也未必會在股市危機爆發時貶值（英鎊貶值則會讓未進行避險的英國國際股票基金得利）。

因此，發生在不景氣時期的這種現金利得／損失之間的不對稱，讓「毋須針對國際股票部位進行避險」的論述顯得更有說服力，除非投資人堅信他們的本國貨幣會在不景氣時期成為可靠的避風港。如果你的本國貨幣貶值，偏偏你持有的基金又「針對匯率風險進行避險」，那對你或你投資的基金經理人來說，絕對堪稱人生中最糟糕的時刻，尤其是如果你的本國貨幣在全球股票市場也遭逢蕭條之際貶值，你的基金經理人就必須努力搜羅鉅額現金來應付那個局面，而偏偏此時現金最是奇貨可居。

匯率避險（至少在過去）讓美元的投資人享受到寶貴（且廉價）的保險效果，它讓這些投資人得以在不景氣時期獲得某種「理賠」。對投資人來說，這種可能在不景氣時期對你「理賠」的保單特別吸引人。不過，投資人還是必須時時警惕匯率意外朝不利方向大幅波動所可能衍生的流動性成本，並時刻謹記，過去曾經發生的狀況未來並未必一定會發生。

國內股票部位是否比國際股票部位更適合用來支應國內的開銷？

主張宜將較高策略權重配置到國內股票部位（也就是指國內股票的實際投資配置比例高於國內股票在全球股票指數裡的權重，並降低對全球股票指數的權重）的論點之一是，國內股票比國際股票更適合用來支應本國貨幣計價的債務。如果國內股票部位確實是更能有效應付國內開銷的投資標的，那麼，一定程度上偏好本國股票並無不妥。

舉個例子，外國股票的價格起伏不定，匯率也起伏不定，因此對需要履行付款義務的投資人來說，本國貨幣計價的股利收入當然較有幫助。然而，企業股票掛牌交易的國家通常不見得是它的營收來源國，所以，理論上來說，為了支應負債相關開銷的考量而在投資配置上稍微朝本國傾斜，雖是個吸引人的選項，研究人員卻也發現，我們很難在實務上確認或量化這個做法的效益究竟有多少。[7]換言之，大致上來說，這做法是否絕對有效，尚未有定論。有鑑於此，對散戶投資人來說，全面性的全球分散投資法，似乎才是較合理且適當的，因為這個方法的利益更顯而易見。

第2章討論到的某些行為偏差，可能也對股票配置的本國偏好產生了一些影響。舉個例子，投資人可能因為基金經理人自認更瞭解較接近本國的市場，而偏好那些市場，何況基金經理人可能本來就不希望他們推薦的策略偏離同儕團體乃至慣性太多，並根據這樣的想法來調整他們推薦的策略。關於本土偏好，還有一個更尋常的可能理由，舉個例子，當外國投資牽涉到諸如交易稅等較高的成本時，就容易令人打消投資海外的念頭。不過，儘管相關的研究很多，卻沒有任何理由能充分解釋為何股票投資活動會存在這麼普遍的本國偏好現象。

投資人也有朝本國產業傾斜的本國偏好，但這種本國偏好較少被討論到。加重投資本國股票的非美國投資人持有科技與網路企業的比重，一定低於那類企業在全球股市所佔的權重，就算過去25年來，科技與網路企業徹底改造了商業環境，並成為全球股票市場的根本驅動力量，那類投資人對這些企業的投資配置還是偏低。2022年6月底時，科技公司佔金融時報全球全體資本指數（FTSE Global All Cap index）的權重為20%，但科技公司在金融時報英國全體股票指數（All Share Index）的權重卻只有1.3%，佔金融時報歐元區300指數（FTSE Eurozone 300 index）的權重也只有12%，相較之下，科技公司佔金融時報美國指數（FTSE US index）的權重則達到28%。

因此，在股票配置上具本國偏好的英國投資人的績效很可能會相對落後於全球指數。這個現象生動地闡述了分散投資不足的潛在成本。有鑑於此，對個人投資者來說，以抄捷徑的方式投資未避險的全球指數型基金，似乎就能達成全球股票分散投資。如果小型投資人過去能夠採用這種做法，應該已獲得不錯的成果，而未來這個做法應該也能讓他們獲得相當的利益。

美元作為避風港的角色意味美元投資人不應該漏掉每一個能規避國際股票匯率風險的機會。不過，這個決策不保證有利可圖，因為未來一旦美元走弱，這個決定還是可能會導致投資人面臨流動性枯竭的窘境。

分散投資不足與投資風格

外部顧問與諮詢師推薦的投資風格有可能會導致投資人分散投資不足（見第2章）。很多外部顧問或許認為某些特定的主題（theme）有可能在未來幾年獲得優渥的報酬，並推薦加重這些主題的投資。我們對此的建議是，請謹慎看待那樣的意見，且要釐清外部顧問的意見和市場所展現的機會之間，是否有很大的落差。顯然過去某些投資策略雖經過深思熟慮，卻還是導致很多國際投資人錯過了和近幾十年全球商業轉型有關的機會，並因此未能獲得鉅額的財富增長利益。

「小型股」與「大型股」

過去40多年來，小型企業的績效長期超越大型企業，幾乎是眾所周知。這個結果在美國、英國和眾多國家的很多時刻都獲得證實，大致的型態是：最小型的企業（即微型企業〔micro-companies〕）的績效超越小型企業，而小型企業的績效則超越大型企業。這就是所謂的「**小型股**效應」（small cap effect），也稱為「小型股異常現象」（small cap anomaly），我們之所以稱之為異常現象，是因為原始簡化版的CAPM模型並無法解釋小型企業為何會出現如此龐大的歷史超前績效，畢竟小型企業確實傾向於比大型企業更不穩定。

我們可用美國與英國小型與**大型**（large cap）企業的歷史績效來衡量小型股效應。只要比較美國最大型企業與最小型企業的績效，便可看出端倪。[8]從1925年有數據以來，小型股累積績效超前的情況令人印象深刻，到2022年6月為止，最初投資的1美元（採某一個定義的小型股，且是扣除通貨膨脹或費用與稅金之前）成長為27,500美元，相較之下，若投資1美元到最大型企業所構成的族群，這1美元最後僅增長為5,650美元（在同一時期，消費者物價成長15倍）。若換算為年化績效，上述數字代表小型股每年的績效為11.2%，大型股則是9.4%（通貨膨脹則為每年2.9%）。根據研究，英國與其他國家也明顯呈現類似的型態。

但小型股如此誘人的歷史紀錄並不全然是免費的午餐。以美國和英國來說，從小型股指數開始彙編後至今的滾動10年期間，小型股的表現落後大型股的期間超過1/4。小型股績效曾連續多年落後的現實，足以告誡多數投資人應謹慎應對小型股的部位，整體股票投資分配給小型股的策略性持股比重不宜太高。

首先，投資人在決定資產配置比重之前，必須先瞭解小型股的含義。不同小型股基金經理人可投資的股票範圍並不相同，很多基金經理人會把市場價值低於50億美元的美國或歐洲股票視為小型股，將市場價值介於50億至100億美元的股票視為中型股，並將市場價值超過100億美元的股票視為大型股。市場主要只受到少數超大市值的股票支配，而2022年6月底時，金融時報全球全體資本指數裡市值最高的企業有5家（蘋果、微軟、亞馬遜、特斯拉與字母公司〔也就是谷歌的母公司〕），其中3家的市場價值超過1兆美元。這5家企業的總市值將近全球股票總市場價值的11%，這大約已相當於第二大與第三大國的市場在全球指數的權重（日本佔6%，英國佔4%）總和。目前美國市場佔全球指數的權重還是高達59%。

其次，必須密切監控小型股票的曝險部位。主動型投資經理人傾向於加重小型企業持股部位的局部原因是：研究小型企業的人可能比較少，所以這些基金經理人會感覺競爭者也相對較少。主動型投資經理人對可投資範圍的定義可能相當鬆散，而且可能經常大幅調整他們的部位，而被動型投資經理人則可能是根據無法反映市場狀況的指數比較基準來管理資金。所以，應竭盡所能地找出（或向你的投資顧問索取）個別企業基本曝險部位的彙總資訊，接著拿這些資訊和最廣義的市場衡量指標進行比較，以便釐清你是否有分散投資不足的狀況。

特殊目的購併公司

特殊目的購併公司（special purpose acquisition companies，SPACs）是指以集資型公司（funded companies）的

形式設立的空白支票掛牌企業（blank-cheque listed companies），由私募股權基金公司發起（見第10章）。SPACs一般只有2年的存活期限，這些企業必須在2年內找到可供它們收購的現成私營企業，否則就必須將投資人當初投入的資金返還，當然，得先扣除SPACs發起人收取的昂貴費用。SPACs是私營企業朝掛牌交易邁進的捷徑之一，在2020年至2021年COVID-19疫情肆虐期間，這條捷徑尤其受歡迎。但從投資人的視角來說，SPACs是特別高風險的投資標的，而且還收取非常高額的費用。

別被你的風格牽著鼻子走

誠如我們在第2章討論的，不同的股票投資經理人所採用的投資方法與哲學——即投資信念——通常大相徑庭，而不同的方法與哲學則會造就迥異的投資風格。這些投資特性通常跟個人的信仰一樣根深柢固，投資人有必要知曉並進而瞭解這些差異。投資人一定經常感覺自己特別受到某些方法吸引，只因為他們碰巧和那樣的方法很合得來，不過，請小心別徹底被那種偏好牽著鼻子走，因為它們最終可能導致你的投資策略出現無謂的風險偏差。

就投資哲學來說，價值型與成長型基金經理人相當不同。

價值型基金經理人

價值型基金經理人認定投資人的樂觀或悲觀情緒會導致市場反覆不斷產生過度反應。這種經理人屬於逆勢操作者，他們可能會因勢利導地採行不符合潮流的投資決策。價值型基金經理人的投資方法是假設市場價格會沿著它們的公允價值上下擺盪，且沒有人有能力預測股票的評價會在何時達到不節制的程度——也就是轉捩點。所以，他們會試著說服客戶保持耐性，讓客戶相信這項策略最終會獲得回報。

價值型基金經理人往往會在成熟企業（通常是指擁有穩固的營收與盈餘型態的企業）的股價達到就歷史水準而言非常吸引人的價位時，投資這些企業的股票。然而，在2021年之前那10年裡，價值型股票的績效其實是落後大盤的，因為那段期間，美國股市主要受科技企業支配。事實上，很多投資人似乎只有在價值型基金經理人近期績效特別過人時，才會受價值型投資法吸引。

價值型基金經理人的最主要弱點之一是他們較無力靈活應對經濟與企業結構變化。雖然有一句老掉牙的格言說：「就投資來說，最危險的幾個字是：『這一次不同。』」但近幾十年來，全球商業界確實在網路相關創新者的策動下，發生了巨大轉型，種種現象都提醒我們，有時候，個別產業的展望和新企業的快速興起，真的會讓大局變得非常不同。

成長型基金經理人

成長型基金經理人可能會批評價值型基金經理人只懂得緬懷企業過去的豐功偉業，不試著搜尋具潛力的機會。對成長型基金經理人來說，分析科技與商業上的變化以及這些變化會如何改造個別企業、產業乃至經濟體系的盈餘前景，才是積極掌握新投資機會的基本要旨。

成長型基金經理人投資具有快速成長前景的企業，但這類企業可能並不見得能實現那些基金經理人所期待的成長性。那種企業通常並沒有歷史悠久的營運績效紀錄，所以投資這類企業的合理性，有可能只取決於它們透過特定市場的破壞性變遷來獲取利益的潛力。

成長型基金經理人特別期待能透過盈餘成長與股價表現之間的關係來獲取利益，而近年來的大環境讓這類基金經理人得以有非常多的股票可選擇。企業鮮少能夠年復一年地創造異常強勁的盈餘成長成果，不過，隨著市場開始將那類快速成長型企業的強勁盈餘表現折算為股價的可能表現，那些企業的股票價格就有可能強勢上漲。這種投資方法特別重視可能在未來創造意外快速盈餘成長性的企業，也會加強對於這類企業的基本研究。

價值型基金經理人則和成長型基金經理人相反，價值型基金經理人的主要角色是要從既定的資料庫中篩選出具備誘人特徵的企業。很多成長型基金經理人雖也會使用資料庫來統計篩選投資標的，但在他們眼中，這項工具的效力遠遠比不上鉅細靡遺且能最終順利使他們淘到寶的企業、產業或主題研究。問題是，大家都心知肚明，我們很難用一致的方式持續進行那類研究，也不容易透過這類研究找到真正的珍寶。

事實證明，就大多數衡量標準與最長的時期而言，價值型股票的績效通常還是超越成長型股票的。不過，價值型股票績效落後的時期也不在少數，尤其是近幾十年。某些研究人員將價值型股票（至2021年為止）績效落後一事，歸因於傳統的價值衡量指標未能考慮到無形資產（例如智慧財產權）在現代經濟體系裡愈來愈高的重要性。價值型投資人可能會強調，不能因價值型股票績效長期落後而在此時對價值型投資失去信心。但相反，批評者則可能認為價值型投資法從來都未能先發制人地採取轉型式變革，這也成了這種投資法永遠不變的弱點。

很多投資經理人強烈認定自己偏好的投資方法更有優勢，然而，他們強烈堅持且明顯有事實根據的觀點，最終創造的績效還是可能長期落後，一旦出現這樣的狀況，多數投資人當然不會願意繼續忍受那些經理人的堅持。我們在第4章提到了哈維的警告，他的警語顯示，當投資人見到一些明顯經過充分研究又號稱能打敗市場的策略時，應該要抱持懷疑的態度，唯有保持平衡才能時時刻刻高枕無憂。市面上彼此競爭的投資風格可說是無奇不有，而我們根本無從得知究竟哪一種真的會勝出，因此，較保險的做法就是力求投資布局的單純化。

究竟要投資多少資金到新興市場？

從20世紀末開始，已開發市場（整體）佔全球股票市場的權重就已開始降低，在此同時，新興市場——尤其是亞洲——的重要性則與日俱增。1988年時，明晟新興市場指數（MSCI Emerging Markets Index）表彰的市場佔全球市場的權重還不到1%，但到了2022年6月，這個數字已成長到大約11%，其中，中國佔這項新興市場指數的比重約達33%。

不過，千萬不要把新興**市場**和新興**經濟體**混為一談。根據明晟公司的分類，新興市場當中還包括了諸如捷克共和國、以色列、南韓以及阿拉伯聯合大公國等相對已開發的經濟體。

全球投資組合裡應該包含多少新興市場部位？各方對這個問題的意見莫衷一是，有些人因看好新興市場在全球經濟體系的重要性將與日俱增、新興市場的分散風險利益，以及較高期望報酬的前景等因素而偏好新興市場。由於這些市場的GDP成長速度較快，投資人因此經常預期它們將創造更優異的報酬，但這個推理其實頗有爭議。

歷史顯示，一國經濟成長與其國內股票市場之間的連動關係，可能比很多人猜想的更為薄弱，箇中原因有幾個：首先，一國的GDP成長可能在很大程度上來自政府部門、**未公開掛**

牌交易（unlisted）的私營部門，或甚至在其他國家掛牌交易的本國企業等來源的貢獻。此外，即使是在新興市場，國內公開掛牌交易企業的盈餘也可能是來自它們的海外營運活動。迪姆森、馬許與史丹頓發現，「沒有證據可證明經濟成長是預測股票市場績效的準確因子」。

新興股票市場的波動性比已開發市場大。由此可假設新興市場的分散投資程度較低（這樣的假設相當安全），而這並不是一種能使期望報酬率上升的風險。

一直以來，從新興市場的表現可發現，對全球市場投資來說，這些市場似乎成了某種槓桿（也就是增大的）曝險部位，而這種曝險部位可能使期望報酬率上升。不過，近幾年的經驗已經變得較為複雜——當已開發市場表現良好，新興市場也會表現良好，但不是每次都比已開發市場更強。同理，當已開發市場突然下跌，新興市場通常也會下跌，但也不見得會一如預測般跌得比已開發市場多。如果新興股票市場的績效真的顯示這些市場已成了全球市場上的某種槓桿（即高貝他值）曝險部位，那麼或許我們就有理由期待從新興市場獲得溢酬報酬，可惜根據我們的觀察，這個溢酬報酬並不存在。

就滾動10年的期間來說，從明晟新興市場指數自1988年彙編以來，新興市場的績效（至2022年6月為止）超越已開發市場的時間只有38%。這顯示如果投資人要提高全球股票曝險部位中對新興市場曝險部位的配置，那麼他們就必須擁有足夠的風險偏好與風險承擔能力，才能夠消化新興市場曝險部位的特有風險，如流動性較差，以及那些市場爆發潛在破壞性金融環境變遷等風險。

長線投資人在決定新興市場的配置比重時，可能不只是考慮這些市場佔全球指數的權重有多高，還會考量這些市場佔全球GNP的比重。關於這項數據，最好的參考指南應該是世界銀行（World Bank）的2017年國際比較（International Comparison）研究，這項研究估計，高所得與低所得經濟體大約各佔全球經濟體系（以購買力平價〔purchasing power parities〕衡量，而不是以市場匯率衡量）一半比重。截至目前為止，中國是最大的低所得經濟體，它的經濟規模幾乎跟美國一樣大，第二大低所得經濟體是印度，以國家經濟規模來說，印度也是世界第三大經濟體。

中國在全球經濟體系佔有極為吃重的地位，不過中國對全球股票指數的影響力雖大，卻比不上它在經濟上的影響力，因此在決定對中國的投資比重時，最好能夠做到停、看、聽。不管你投資到哪一個國家，你的投資標的都有可能因政府政策而受到負面影響，但中國企業受政府指揮的程度似乎確實遠比其他大型經濟體系的企業更高。所以，儘管中國在全球經濟體系的重要性可能會愈來愈舉足輕重，我們還是強烈建議投資人在根據這個趨勢將資金配置到中國掛牌交易的股票時，宜加倍謹慎。

某些產業專家主張，中國股票的盈餘成長率因股權的稀釋（因企業為了取得更多資金來支應未來的成長而發行更多股份）而縮水。每股盈餘是驅動股價表現的根本因子，然而儘管中國企業的盈餘成長非常強勁，每股盈餘的成長性卻令人失望，這可能某程度上是中國企業在資本的配置上缺乏效率所致。如果投資人希望受惠於中國較高的經濟成長率，鎖定生產中國消費者趨之若鶩的外國產品的企業，說不定比直接投資中國的成長型企業更好。

這個世界瞬息萬變，投資人必須知道自己的投資配置狀況和全球經濟體系各個環節的佔比，乃至全球股票市場上的不同區域與產業的佔比有何差異，也必須瞭解為何那樣的差異會發生。我們在這一章主張，完整涵蓋全球股票市場的全球股票指數型基金，明顯具分散投資的利益，因此是投資股票的明智管道之一。如果你想側重特定主題或區域的投資，必須能夠提出經過審慎評估的合理理由，因為側重特定族群的做法會導致你分散投資的程度降低。

想要將ESG考量融入投資活動的投資人應該要瞭解到，這麼做確實會使績效有所不同（相較於不考量ESG的策略），不過，這些投資人不應該假設將自身ESG概念融入投資活動的做法，一定會獲得更好的績效。學術界將投資組合風險區分為「不可分散的系統性市場風險」以及「可分散的獨特風險」，雖然這個二分法流於簡化，卻是一個有用的框架，它有助於瞭解融入ESG議題的策略調整，會對投資人的投資策略績效與風險造成什麼樣的影響。而釐清這項影響的最好方法，就是比較投資人的個人股票曝險部位和全球股票指數之間的績效與持股內容。

第9章
風險性資產：全球信用市場

在不景氣時期，公司債和股票市場波動性之間的有害固有連動性必然會顯露無遺。

誠如我們所見，2020年初以及2007年至2009年全球金融危機爆發時的信用市場動蕩，讓投資人領略到很多教誨。其中關於債券投資的最重要教誨之一是，信用投資組合不盡然需要很複雜，只不過，通常投資人的信用投資組合都很複雜。這一章將概觀信用與信用評等，並說明為何投資人可能無法獲得像信用產品（例如公司債）的優異殖利率所表彰的那種溢酬報酬率。這一章也會介紹證券化（securitisation）的概念，所謂證券化是指將一系列貸款（例如房屋抵押貸款）轉化為有價證券的流程；另外，我們還會簡單介紹信用衍生性商品的世界，因為信用產品的衍生性金融商品是管理信用投資組合時常會使用到的工具。

有時候，外部顧問會將投資人持有的公司債曝險部位，歸類為投資人資產配置中的審慎型投資部位，甚至將之列為避風港型資產，但我們認為那種做法會造成嚴重誤導。充分分散的信用投資組合波動性較低，所以其風險低於股票，但我們最好將投資人配置到信用產品的資產，視為對風險性資產的一部分配置，這樣才是最安全的假設。

原因是，在不景氣時期，公司債和其他形式的信用風險性資產的績效，多數會比政府公債更差。這個觀點很容易理解：當投資人購買某企業的公司債，就等於同意為了取得比安全的政府公債更高的殖利率溢酬（即信用利差），而為這家企業的價值（這個擔保價值最高不超過該公司已發行的債券的價值）提供擔保。萬一這家公司倒閉了，公司債投資人可能損失的資金，最多只相當於那些債券的價值，而當這家公司（一如往常地）倖存下來，投資人就能獲得政府公債殖利率再加上一個適度溢酬的報酬率。以金融市場的術語來說，公司債投資人其實等於發行（即出售）了這家公司的某種選擇權（賣權）。[1]

由此可導出幾個對投資人相當重要的訊息：首先，在股票市場波動性上升的時期，所有公司債基金的績效都理應會落後。同樣地，如果股票市場波動性異常低，那麼投資公司債相對投資安全的政府公債所能獲得的利差也可能異常小。誠如我們在2020年初以及2007年至2009年間可見到的，在股票市場動蕩時期，投資人不該指望公司債能保持穩定的資本價值。雖然信用產品的波動性通常低於股票，且儘管公司債價格的波動性有時相當大，分散投資的公司債基金的收益卻較能迅速復原，但它終究是一種風險性資產。

早在人們更進一步理解各種金融選項的定價機制以前，凱因斯就已檢視過一份研究美國股票與債券的長期報酬率的報告，這份研究報告涵蓋了1866年至1922年的狀況，研究結果顯示，不管是在通貨緊縮或通貨膨脹時期，股票的績效都大幅超越債券。

凱因斯認為這個研究結果和他的預期相反，原本他預期在通貨緊縮時期，債券的表現應該會優於股票。不過，儘管凱因斯並未在那份早期研究中找到他內心所預想的型態，但迪姆森和他同事卻在2021年的《全球投資報酬率年鑑》中找到了。他們發現，當通貨膨脹很低時，債券和股票的報酬率會雙雙高於平均值，所以說，低通貨膨脹會伴隨著優良的投資報酬；但他們也發現，在那種低通貨膨脹或通貨緊縮年度（也就是通貨膨脹率最低的那5%的年度），債券報酬率每年比股票報酬率高幾乎6%。相反，當通貨膨脹較高，平均來說，股票的績效就顯著超越債券。

凱因斯提出了預期債券績效將較差的幾個可能理由：

■ 其一是，物價水準變動的威脅是不對稱的。債券受通貨膨脹侵蝕的程度可能無上限，不過，負通貨膨脹率的範圍則相對有限（當通貨膨脹為負，對債券持有人是有幫助的，當然，前提是債券的發行者必須有能力償還這筆債款，畢竟在通貨膨脹為負的情況下，這筆債券的實質價值已上升）。

- 雖然債券可能違約，但債券能發給持有人的收益，最多卻不會超過它的票息（票息是指已預先設定發放時程的利息付款）。
- 企業經營階層傾向於和股票投資人站在同一陣線，而較不會支持債券持有人，「尤其經營階層通常可能會選擇在『對股東最有利但對債券持有人最不利』的日期償還債券的本金。」
- 再投資的利潤——也就是保留盈餘——是創造股息收益率（dividend yield）以外的複合成長性的驅動因子之一，這些成長性最終都會以較高股價的形式，讓股東享受到好處，債券持有人則無法享受到這個好處（不過，企業的成長性也會讓現有的債券持有人的固定收益應得權益變得更有保障）。

正因如此，很多外部顧問與不少學術界人士主張「對真正的長線投資人來說，股票市場才是他們的天然歸宿」。儘管如此，誠如我們所見，幾乎所有投資人都會（且應該）尋求藉由分散投資來降低股票風險。不過，在考慮要將哪一類型的信用產品納入投資組合時，一定要考量兩個基本要素：信用品質和績效之間的取捨，以及流動性不足的問題。

信用品質與信用評等機關的角色

信用評等機關起源於20世紀初，它們的宗旨是要評估各種證券的信用度，並針對這些證券發表信用評等。在實務上，有兩種彼此息息相關的信用產品風險對投資人而言格外重要：第一種風險是債務人違約不償債的風險；第二種風險是債務人雖繼續履行合約義務，但債務人經評估的信用度持續惡化（以致令人惴惴不安）。

投資經理人通常使用主要評等機關的信用評等來衡量投資組合的信用品質，並利用那些信用評等來設定具體的最低可投資信用品質門檻，符合這些門檻的信用產品才能被納入特定投資組合。投資經理人的這種做法賦予了信用評等機關舉足輕重的作用力，以下是伯恩斯坦對此的說法：

> 信用評等機關對……市場流動性貢獻良多，因為它們讓投資人省去自行進行信用研究的麻煩事。

信用評等機關提供了寶貴的統計數據，讓人得以清楚見到企業過去履行其債務義務的紀錄。這些紀錄顯示，債務違約的發生是有周期性的，而且集中在經濟衰退期。當企業真的債務違約，信用產品的投資人通常不會徹底血本無歸。所以，若想要估計投資人透過公司債獲得的利差是否能合理補償投資人所承擔的違約風險，需要長時間的觀察。在信用評等機關評等範圍內的企業當中，絕大多數的債務違約企業是早在違約之前就已被評為高風險的企業。

信用評等機關近幾十年所報導的型態也和過去極長期的型態雷同。四位金融經濟學家在2011年發表的文章裡提到，債務違約的經驗高度「群聚」，而以美國來說，1866年至2008年間，平均有1.8%的公司債違約。[2]

諸如延遲支付息票等特定違反契約的行為，是觸發債務違約的導火線。在實務上，一旦債務人被公開宣告違約，投資人平均可回收大約40%至50%的資金。這顯示各類公司債投資人每年的年度損失率大約是0.75%。根據信用評等機關穆迪公司（Moody's）提供的數據，在1983年至2020年間，經該公司評等的公司債的平均信用損失率為1.0%，這個數據和上述數據一致。1866年至2008年那份研究的幾位作者發現，長期下來，「信用利差大約是債務違約損失率的2倍，因此平均信用風險溢酬大約是80個**基本點**（basis points）」。

另一個個別議題是，公司債投資人實際上獲得的殖利率溢酬（相對國庫債券而言的溢酬）常低於公司債和國庫債券之間的平均殖利率差異，這當中的部分績效缺口理應是偶發性的公司債違約的影響所致。不過，被報導出來的債務違約影響實在太小，不足以解釋謹慎分析相關數據後所顯示的績效缺口為何會發生。其實會出現這個績效缺口，主要是投資組合或基金本身的信用品質指導原則（credit-quality guideline）所造成——舉個例子，當投資等級債券的比較基準指數將某一檔債券從該指數剔除時（當投資等級債券被降至高收益或投機評等，且將在一年內到期，通常就會被比較基準指數剔除），投資等級債券投資組合的經理人就可能要被迫賣掉那一檔債券。

有幾位作者強調了債券在兩種情況下的績效不對稱現象：一檔債券從投資等級被降評為非投資等級之前，它的績效傾向於落後；而當一檔債券（有可能是同一檔債券）從高收益等級被升評為投資等級之前，它的績效則傾向於超前。[3]這種不對稱現象導致遵守信用品質指導原則（這種指導原則規定必須賣掉所有**投機等級**〔speculative grade〕的債券）的投資人必輸無疑，因為他不僅將受害於債券被降評前的績效落後，還會錯過即將被升評的債券的領先績效。

當投資人急著出售被降評的債券時，也必須付出遠高於正常的交易成本。不僅是複製某一檔投資等級債券指數的低費用指數型基金將因諸如此類的績效懲罰而受害，試圖利用這種現象獲益的積極管理型債券基金，更會因高費用而遭受嚴重的績效懲罰。違約的風險——這項風險會隨著一檔債券的期限拉長而上升——凸顯出所有買進且長期持有公司債的方法，都務必做到充分分散投資。總之，以上引用的長期學術研究發現，「債務違約的可能性上升」並非導致**信用利差**增加（乃至公司債投資組合績效落後）的主要原因。

這些研究結果顯示，利差的擴大比較可能導因於市場流動性的不利變化，而長線投資人應該承受得了那樣的負面變化。2008年以及2020年3月COVID-19疫情還處於初期階段（乃至後續復原期）時，信用利差都因市場流動性的不利變化而嚴重擴大，而且長線投資人也確實都挺過了那些磨難。那兩次危機都是在各國央行提供的鉅額流動性挹注支持下漸漸復原（但未來不盡然會再有這般好事），因為那些流動性不僅使證券市場得以維持正常功能運作，也有效降低了債務違約的可能性。

投資組合分散投資與信用風險

信用評等機關用來形容**非投資等級**（sub-investment grade）債券的字眼——如「投機」、「高度投機」或「劣質」等——公允地說明了個別債券（若單獨看待的話）的風險。信用評等機關形容個別**高收益債**（high-yield bonds）風險的這類強烈用語，應該足以提醒投資人，投資那類信用風險部位的唯一明智管道就是充分分散投資的投資組合。

在景氣良好階段，信用產品投資組合能達到分散投資的要求，但違約、對違約的恐懼以及投資人逃向流動性的行為，會對各式各樣的公司債造成不利的同步影響。所以，瞭解公司債虧損風險的最可靠指南，就是觀察長期的市場經驗，因為這些經驗證明，在景氣嚴重衰退時期，公司債的績效總是非常令人失望。

在不景氣時期，利差擴大和信用損失擴大等狀況，經常會像連體嬰一般同步出現，不僅如此，此時破產案件的資金回收比率可能低得異常。安格斷言，「公司債代表著縮小版的股票風險」，何況「公司債還面臨非常高的流動性不足風險」。這提醒我們，雖然公司債（與其他很多類型的投資標的）投資組合在景氣良好階段的報酬率保證令人印象深刻，但企業信用永遠都屬於風險性資產的一種。

新興市場當地貨幣計價的債券

根據投資管理公司艾許摩爾（Ashmore）的說法，自20世紀末至21世紀初開始，新興市場的債券發行量就顯著成長，至2019年底，新興市場的未清償債券總額已高達29.6兆美元，這個金額相當於全球債券市場規模的1/4左右。對基金經理人來說，「新興市場債券」這個概括的分類或許還勉強稱得上合適，但對投資人來說，這並不是縝密且有條理的分類方式，因為這些新興市場不管是在金融成熟度、規模和信用度上，都各有差異。而且，這個群體當中的很多當地貨幣計價債券，並未能達到足以被納入常用新興市場債券市場指數的合格標準（包括市場流動性）。

儘管如此，從新興市場債券的巨大發行規模便可看出全球經濟結構的變遷方向，也可體會到中國的興起正在改變全球的金融環境。未來幾年，全球投資人很可能會漸漸習慣成自然地大幅提高全球債券投資組合對中國債券的配置。截至2022年6月底，中國債券佔彭博巴克萊全球整體債券指數（Bloomberg Barclays global aggregate bond index）的權重已接近9%，美國的權重略高於40%，歐元區則是19%，但無論如何，投資人都應該嚴肅反思中國所代表的單一國家風險。[4]

在過去25年裡，愈來愈多新興市場的政府鎖定國際投資人，發行以當地貨幣計價的債券，這些發債行為純粹是對市場機會（能同時滿足投資人與貸款人的市場機會）所做的回應。

對各式各樣的投資人來說，以充分分散投資的投資組合方法來投資新興市場當地貨幣計價的債券，似乎是不錯的選擇，原因在於：

- 新興市場當地貨幣計價債券的殖利率可能比同類的美元債券更具吸引力（不過這一點可能因國家而異）。
- 如果投資人對美元與新興市場貨幣之間的相對績效抱持某種看法，便可利用這類債券來獲取利益。

■ 對所有投資人來說，這類債券可能成為有效率的分散投資管道。

某些來自新興經濟體的投資人是以美元來衡量與報導（因為他們的基礎貨幣可能在某種程度上存在問題）其投資帳戶的狀況，對這類投資人來說，新興市場的投資標的可能特別具有吸引力，這些投資人的匯率風險不像美國居民之類的投資人那麼顯而易見。而對某些這類國際投資人來說，充分分散投資的新興市場債券投資組合或許可作為降低美元曝險程度的好方法之一。

證券化、投資債券市場的現代管道，以及信用危機

近幾十年，證券市場的創新已改造了各個投資市場與銀行業的資產負債表。這個創新流程的核心議題就是所謂的證券化，舉個例子，將一筆銀行貸款轉化為某種有價證券，就屬於證券化的一種。

多年來，證券化大受銀行業歡迎，因為業者可藉由證券化作業，將放款決策及資產負債表風險管理的需要加以切割，從而更善加管理銀行本身的信用曝險部位——只要透過一些能將曝險部位轉嫁給其他銀行、避險基金或投資基金的標準化安排，就有可能實現這個目的。另外，拜證券化之賜，債券基金

或完全報酬型債券基金可投資的資產範圍也得以明顯擴大。

不動產抵押貸款債權證券（Mortgage-backed securities）

早在民眾普遍認識何謂證券化以前，它就已是金融市場裡的一股強大影響力。以不動產領域來說，19世紀末，電梯的發明和摩天大樓的興建，促使20世紀初的「摩天大樓債券」得以興起。摩天大樓債券是以商業不動產抵押貸款債權來擔保的證券，而發行這類債券的目的是要為1920年代在紐約與芝加哥大行其道的摩天大樓榮景（後來變成過度開發）提供資金（更確切來說，是提供燃料）。在1921年以後那10年間，紐約當地興建的高樓大廈（70公尺以上），比之後的其他所有10年期間興建的大樓都來得多。[5]

隨著建築物愈蓋愈高，人們也對「總租金收益上升」一事寄予厚望，問題是，當時很多新建築物說穿了只是投機性的建築，建商先是以人為虛灌的租金預估值來向銀行取得建築融資，等到建築物完工後，卻無法招攬到租戶，因為預估租金實在高得不合理，這導致不動產債券的投資人損失慘重。不出多久，這個部門就變成一個有毒的領域，到1934年，那些不動產債券（在1925年時，不動產債券的規模幾乎佔美國公司債總發行量的1/4）的價格已崩跌到近乎零。

證券化的重大進展之一是政府國民不動產抵押貸款協會（Government National Mortgage Association，或簡稱吉利美〔Ginnie Mae〕）在1970年推出的不動產抵押貸款債權證券。該協會支付給投資人的現金，其實直接來自標的家庭抵押貸款的還款，換言之，它只是把標的家庭抵押貸款的現金流量，直接轉付給債券持有人罷了。轉手債券（pass-through bonds）的主要投資特質是，持有這種債券的投資人承擔了**提前清償風險**（prepayment risk），因為美國的家庭不動產抵押貸款人通常可在不被收取罰金的情況下，提前償還固定利率的不動產抵押貸款。每個人提前清償房貸的理由各有不同，不過促使貸款人提前還款的最主要因素是，在考慮過轉貸相關的手續費後，當貸款人有機會以較低利率乃至較低月付款轉貸，他們就傾向提前清償舊貸款。美國住宅不動產抵押貸款市場的另一特色是，聯邦支持的三家不動產抵押貸款機關在發行不動產抵押貸款債權證券的同時，也負責擔保那些證券的利息與本金還款義務。

這個做法區分了符合與不符合聯邦不動產抵押貸款機構之貸款品質指導原則的不動產抵押貸款。不符合這個指導原則的不動產抵押貸款就是所謂的次級房貸（subprime mortgages，譯註：簡稱「次貸」）。不同於其他信用證券，在2008年至2010年的信用緊縮期間，以符合該指導原則的美國不動產抵押貸款組合為基礎所發行的不動產抵押貸款債權證券，並未出現殖利率急速飆升的狀況。相反，以商業不動產抵押貸款組合與不符合該指導原則的住宅產權貸款組合為基礎所發行的證券，則對銀行與投資人的投資組合造成嚴重損害。

到1980年代中期，轉付型不動產抵押貸款市場帶動了抵押擔保債務憑證（collateralised mortgage obligation，CMO）發展。CMO透過精心安排，將一個不動產抵押貸款組合的付款，分割成一系列不同等級的**分券**（tranches），每個等級分別面臨提前清償房貸風險的不同要素的威脅。就這樣，美國不動產抵押貸款市場的這些發展，徹底改造了美元計價債券投資人的投資組合內容。在2008年前那幾年，符合上述指導原則的不動產抵押貸款的重新包裝，為其他領域的某些相關創新提供了一個參考模型，但遺憾的是，那些創新最終變得愈來愈「百轉千迴」，而且經常因時運不濟而失敗。關鍵差異在於這些新領域並沒有採用信用品質指導原則，而不動產抵押貸款債權證券時時刻刻都得適用信用品質指導原則。

完全報酬債券基金

多數投資人應該都認為「債券基金經理人應該努力避免虧錢」是個常識，投資人應該也都認同，債券基金經理人的績效應該是根據他們獲得的投資報酬來判斷（正報酬當然優於負報酬），而基金經理人應該想盡辦法避免發生負報酬。完全報酬債券基金（也就是所謂的絕對報酬基金）的目標就是：無論市場情勢如何變化，都要創造吸引人的絕對報酬率。

完全報酬債券基金的替代選擇，當然就是傳統的債券基金，投資人在評估傳統債券基金經理人的績效時，可能是以特定債券市場指數來作為評估基準，所以，如果某一檔傳統債券基金的投資績效優於事先選定的比較基準指數，該基金的經理人就會被視為（至少他們的雇主會如此判定）績效良好。如果市場表現非常優異，那麼這位基金經理人理應表現得比指數更好，才會被評估為精明幹練的經理人。然而，如果殖利率上升（一如2022年的情況），債券指數一定會下跌，就這個衡量標準來說，如果基金經理人的基金跌幅小於市場指數，他們也會被評估為表現良好。正因如此，很多在艱困市場環境中虧本或表現不佳的基金經理人，常會試圖辯解他們的績效比起市場而言有多麼優異，然而實際上沒有賺到錢甚至虧本的基金投資人一定會對基金經理人的這類自我評估存疑，並質問：「我明明沒有賺到錢，他口中的超前績效是怎麼來的？錢又跑哪裡去了？」

相較之下，完全報酬債券基金的弱點則是，基金經理人必須有能力善加把握和應對市場環境的時機變化，才能創造良好的基金管理成果。這類基金的經理人必須有能力及時將投資部位轉為現金，才能避免在利率上升時發生負報酬，問題是，在全球金融危機過後的那10年，現金的報酬率可說是微乎其微。

我們在第4章討論基金經理人技能時提到一些警語，那應該能促使投資人調整心態，不再一心指望基金經理人獲得顯赫的成就。利率長年下降與債券價格長期上漲的有利環境，很可能使完全報酬基金用於行銷的市場績效紀錄顯得非常優異。對應來說，利率上升時期則能提供全新的利息收入緩衝，讓完全報酬基金的經理人更容易取得正面績效。

表現差勁的模型[6]

量化投資（Quantitative investment）是形容本質上以數學方法為基礎的金融流程或策略的專有名詞，經常被縮寫為「quant」，這個單詞也被用作形容詞，或是用來描述定期在工作上使用數學的投資專業人士。

人們將數學模型運用到金融領域後，決策的制定變得客觀，投資人得以不再受個人偏誤（見第2章）所害。總之，一個凡事以規則為本的決策制定流程的確可能具備明確的優勢，只不過，模型本身的量化規則可能一開始就埋藏著某種程度的心理扭曲。

有些人將2007年至2009年全球金融危機的主要罪責，歸咎於那些習慣使用數學模型的投資專業人士。其中一個苛責認定這些人士難辭其咎的原因是，他們的上司並不瞭解他們所發明的模型可能造成什麼危害。這個論點並非全然無的放矢，因為高階經理人取得或擁有的技能鮮少和數學有關，只不過，不同文化背景下的情況還是有所差異。

媒體工作者薩爾蒙（Felix Salmon）在2009年發表的一篇的文章（事後經常被引用）進一步引申了這個論點，他甚至將全球經濟的崩潰全數歸咎於一個公式：擔保債務憑證（collateralised debt obligations，CDO，又譯為抵押債務憑證）的基礎公式。[7]一檔CDO裡的貸款（其中一個例子是次級房貸）組合的還款，會被細分成許多不同等級的分券，而這些分券的等級是依照整個貸款組合從不同債務人身上收回還款的順序來排列。各個信評機關分別給予這些等級分券不同的信用評等，想當然爾，第一收款等級的分券自然能獲得比次一收款等級的分券更高的評等，依此類推。

這些CDO等級分券被賣給投資人（包括信用產品的基金經理人），而投資人會參考那些等級分券的信用評等來評估發生虧損的或然率。但事實證明，信評機關用來評估那類**結構性商品**（structured products）信用評等的模型極度不可靠，投資人評估出來的虧損機率自然大有疑問。所以，薩爾蒙在他的文章裡要求投資人質疑一個問題：量化投資在什麼情況下可能有效，在什麼情況下又可能無效。

量化投資：不完全可靠的投資方法

評估股票價值的常見做法之一，是以兩個變數作為評估的基礎：

- 股利相對公司盈餘的比率
- 折現率，通常高於政府公債殖利率，即相對公債殖利率呈現某種溢價或差額（這是考慮到信用風險的影響）。

雖然市場上有很多不同類型的股票，但我們可以用相同的方式來處理同質性（homogenous）較高的股票族群，例如標準普爾500指數的成分股。想當然爾，這個領域的專家一定馬上就會指出這項指數的成分股之間有什麼微妙區別，但我們現在要討論的重點概念是「同質性」。總之，不同資產之間的相似度愈高，就愈能以相同的公式來評估它們的價值。

債券就和股票相反了，債券的異質性（heterogeneous）比股票高很多（非專業人士經常對這樣的概括性說法感到非常訝異），從眾多量化債券模型的本質便可看出這一點。這些模型通常需要耗費更多資源來建立，而且，債券的量化模型比股票量化模型複雜。就某些個案來說，量化模型甚至會針對每一家企業的公司債使用不同的個別殖利率曲線，而股票模型則可能只用一或兩條這樣的曲線。不僅如此，不同種類的債券（乃至每個種類當中的不同次族群——所謂不同種類的債券包括公司債與政府債券）還需要使用不同的模型。

近幾年來，量化投資型避險基金積極利用大數據（big data）與高頻交易（high-frequency trading）來謀取利益，這為量化投資營造了嶄新的面貌。這些避險基金尋求利用電腦程式所發現的獲利機會來圖利，其中，這些策略經常試圖利用殖利率的趨勢或殖利率差異來獲利。高頻交易能成功的原因是，一般投資人沒有足夠的時間差（time elapses）來看清這個流程的本質，不過高頻交易也不見得每次都會成功。想利用高頻交易獲利的投資人，必須有能力以過人的速度辨識出市場上的錯誤定價（mis-pricings，通常要一段時間後才會消失）。

高頻交易者一心只在乎一項工具是否有效，不在乎它為何有效。建造那類模型的人通常是數學家或物理學家，而非金融經濟學家。金融經濟學家對「績效屬性」的分析比較有興趣，而進行這種分析的目的，是為了思考良好的績效是否可能長久持續下去。相對而言，數學家則會認為這種分析的速度太慢且沒抓到重點。

量化投資型基金經理人宣稱，他們的關鍵優勢首先在於他們能辨識出明顯的錯誤定價，其次（也是最重要的）則是他們能將一項策略應用到大範圍（因此分散投資程度較高）的投資標的。他們通常主張，採用這個做法後，即使不依循很多不同的投資觀點也能獲利，還能避免掉一些愚蠢又無謂的交易，如此一來，交易成本便能降低，量化投資型避險基金也得以更快速回應其他投資人較難辨識的市場訊號。這進而使錯誤定價得以維持下去，並讓這項策略在更長時間保有獲利能力。所以說穿了，很多量化投資策略充其量只是統計加工品，就算一項策略目前有效，之後還是會變得不再管用。

可想而知，由於這些避險基金為市場提供流動性，所以能為市場帶來有益的作用力。然而，事實證據顯示，在市場壓力剛開始浮現的時期，這些基金總是會劇烈減少它們的流動性供給。另外還有一些跡象顯示，這些神秘的避險基金都採用非常相似的演算法，而這有可能導致它們成為加劇市場動蕩的元凶，舉個例子，如果一檔避險基金犯了一個交易錯誤，其他避險基金也難逃犯下相同錯誤的命運，而這就會導致動蕩程度擴大。散戶投資人通常不會有機會接觸到那類現代量化投資型基金，然而某些複雜的多元資產基金有可能會投資那類避險基金，故散戶投資人還是可能得其門而入。（見第10章）

歷史告誡我們，量化投資型基金經理人並非萬能。我們在第1章強調了金融財務知識的重要性，在知識明顯不對等的情況下，投資人在採納任何聽起來很吸引人的策略時，都應該擦亮雙眼，仔細分析，千萬不要輕易簽約。如果你無法用簡單且

容易理解的解釋來說明為何某個題材值得投資，請直接跳過這個題材吧。誠如我們苦口婆心不斷提醒的，散戶投資人一定能找到專為他們的環境量身訂做的低費用率單純策略。

總之，散戶投資人應該要瞭解政府與公司債的不同特性。優質的政府公債就像是避風港，這種債券一定會在其存續期間內正常履行所有既定承諾。當利率上升時，這種債券雖難免對投資人造成短期的負報酬，但事後的較高報酬承諾足以抵銷這種短期負報酬。

公司債就不同了，公司債隱含企業的倒閉風險，所以也提供某種程度的溢酬報酬。由於公司債屬於風險性資產，所以在波動性較高的時期，公司債的績效理應會落後市場。不過即使如此，歷史還是顯示，當公司債普遍崩跌，那可能主要是投資人為規避風險而暫時逃向流動性所致，那種負面的表現是可逆的，它不是因企業破產案例增加而產生的永久性損失。所以，擁有流動性緩衝的較長線投資人應該能安然度過這類風暴。

第10章
多元資產基金與另類投資標的

多元資產基金（multi-asset fund）通常錯綜複雜，所以可能比它的競爭對手——單純的指數型基金——更缺乏彈性且收費較昂貴。不過，這種基金讓投資人有機會承擔經常被錯過的風險，並因此獲得經常被錯過的回報，這項優點或許在彌補上述缺陷後依然綽綽有餘。

我們可以用「一站式購足」的概念來看待多元資產基金，也就是說，它有可能一次滿足投資人的所有需要。最便宜的多元資產資金（即多元策略基金）是低收費的指數型平衡基金。這些基金只投資股票、債券和現金，所以追求交易簡便的儲蓄及投資計畫常把這種基金納為核心部位。不過，多元資產基金也是投資人介入各種另類投資標的的管道，那類投資標的有時能在低波動性的條件下，讓投資人享受到分散投資的利益乃至誘人的報酬率。通常散戶投資人不容易取得直接投資另類投資標的的管道，而多元資產基金是其中少數可行的管道之一。

主動管理型的多元資產基金則屬於風險性產品，這種產品通常牽涉到額外的風險承擔，所以一旦市場上的風險趨避態度突然增強，這種產品便很容易帶來令人失望的結果。一旦那樣的時刻來臨，這種基金在景氣良好時期為投資組合建立的分散投資部位可能很快就會急速跌價，甚至化為烏有。投資主動管理型多元資產基金的風險之一是，這種基金持有的某些另類投資標的，平日雖有頻繁的定價與高流動性，卻很容易因偶發性的極端負面結果而受創。另一個風險是，由於很多（但非全部）另類投資標的沒有頻繁的定價（因此只能仰賴估計值來評定它們的價值），所以流動性偏低，而這會導致風險與波動性加劇。大型基金的經理人才較有能力駕馭這些投資標的市場，而且，也只有口袋比較深的老練機構法人投資者，才擁有優先進出這些市場的條件。

這類**私募**投資標的的關鍵特徵是：它們並沒有在組織化的市場上掛牌交易，所以不適合作為短線投資標的。然而，即使這類投資標的可透過私募市場交易，其流動性卻還是不足，所以投資人經常會在需要調整持有部位時遭遇困難，因此對投資人來說，私募投資標的在改善流動性（以利於投資人調整其部位）與發展次級市場等方面，都還迫切需要加強。

另類投資標的種類五花八門，是非常廣泛的投資類別，除了包含私募投資標的，還涵括某些較能輕易換手交易的投資標的，如黃金、其他大宗原物料商品，乃至不動產投資信託（即REITs〔見第7與第11章〕），還有高流動性的避險基金部位（見下文）。另類投資標的也可能包括經營公共建設投資、私募股權基金與創業投資等業務的公開掛牌企業的曝險部位。

這些公開掛牌交易的私募股權基金的流動性頗高（因為公開掛牌，所以擁有連續定價，因此屬於流動性較好的產品），但它們持有的基本投資標的卻常有流動性不足的毛病，因此這類私募股權基金也存在和REITs相同的「流動性錯配」問題。從一檔私募股權基金在股票市場上的價格，便可看出其標的投資部位的評定價值（appraised value）和市場對該基金的連續評價（譯註：即市場價格）之間有何差異，而市場價格經常呈現起伏不定的折價狀態（但也偶爾會呈現溢價）。

這些高流動性的另類投資策略（liquid alternative strategies，又稱為「liquid alts」）可以包裝為另類共同基金，例如美國的另類「40法案基金」（40 Act funds），或是歐洲的歐盟可轉讓證券集體投資計畫（UCITS）共同基金。相較於較低流動性的避險基金、私募債務或私募股權基金策略，這些高流動性的另類投資標的基金讓投資人更能輕易取得流動性。由於這些基金擁有不錯的價格透明度，所以投資人能輕易比較這些基金和被動型基金經理公司所銷售的指數型股票與債券投資策略之間的波動性和績效差異。

最理想的主動管理型多元資產基金擁有領先業界的風險管理機制，並採用槓桿與放空等手段，所以能將績效超前的機率最大化，同時善加管理績效落後的程度。但多元資產基金採用的策略實在太五花八門，意味我們很難從某一檔基金的名稱，看出它的實際投資方法、期望報酬率、風險、透明程度或費用。而且，投資人經常難以明確衡量出這些複雜的多元資產基金的全部費用負擔究竟有多高；然而可以肯定的是，即使這類基金在其他方面具備優勢，其收費水準絕對還是會造成扣分的效果。最複雜的多元資產基金也被稱為多元策略避險基金（multi strategy hedge funds）。

通常多元資產基金並不會持有很多高流動性投資標的，而且，這些基金雖號稱能藉由錯綜複雜的投資策略來取得可觀的分散投資效益，但實際上，它們的分散投資效益經常言過其實，甚至有可能在投資人最迫切需要分散投資之際徹底失去這項優勢。這類基金的分散投資效益之所以那麼不可靠，主要原因在於它們持有的投資標的流動性不足或是沒有頻繁的評價。在正常時期，這項特性會讓基金對外報導的評價顯得平穩，不過一旦情勢陷入動蕩，這個假象就會被拆穿。誠如第7章說明的，這種透過低流動性平穩假象來落實分散投資的主張是錯誤的，完全無助於提升財富或提供收益保障。

近幾年，外部顧問常建議投資人增加低流動性投資標的持有部位。多元資產基金就有可能持有各式各樣不容易出售或出售成本過高的另類投資標的，這些另類投資標的可能包括：直接貸款和其他私募債務、基礎建設與可再生能源投資標的、租賃合約的曝險部位，甚至還有來自音樂和其他方面的版稅／權利金收入，其中某些曝險部位可能是以專家避險基金（specialist hedge funds）為代表。這些基金確實讓投資人有機會參與更廣泛的風險性資產曝險部位，不過，在不景氣時期，這些多元曝險部位在分散投資風險方面的貢獻經常令人失望。

還有一項低波動性策略是以稱為**隱式選擇權賣出**（implicit option writing）的專業特質為基礎，就會衍生不同的基本投資問題。這種投資策略的特徵和保險公司很類似，而且還牽涉到所謂的放空波動性交易（short volatility trade）。在多數情況下，穩定的選擇權溢價將帶來令人心安的正向績效，但一旦到了不景氣時期，這些正向績效將被異常大的損失淹沒殆盡，而其實不像表面上那麼令人意外。本書作者認為，如果一檔主動管理型基金的風險概況和指數型低成本多元資產基金類似，那麼後者的績效對前者來說，將會成為嚴苛的比較基準。

私募債務

2008年金融危機的後續影響之一是，投資人投資組合的樣態改變了。這場危機主要是一場銀行業危機，當時監理機關以緊縮銀行治理監理規定的方式來回應這場危機，但新的監理規定導致銀行業者承作風險性放款的意願降低，進而改變了高風險企業的集資型態。

在過去，各地的中小型企業通常是透過銀行貸款來滿足它們的借款需要，但從2008年以來，很多這類企業多半靠投資人直接貸款來滿足借款需要。近來這種集資來源持續成長，而私募股權基金旗下的企業向來是善用這種資金來源的傑出高手，它們藉由成立私募債務基金的方式，善加利用這項資金來源牟取利益。散戶投資人通常經由持有多元資產基金的方式而接觸到這種私募債務基金。根據民間市場顧問公司普瑞金（Preqin）統計，2008年時，私募債務基金總規模約價值2,340億美元，到了2022年3月，這類基金的總規模已上升到1.2兆美元以上。

投資人通常可將對私募債券基金的投資視為補強公司債基金部位的工具。私募債務基金持有的私募貸款涵蓋面非常廣泛，從安全的貸款到高度投機的貸款等，不勝枚舉，而私募債務基金的風險當然取決於基金本身選擇持有的貸款的屬性，這類貸款的利率通常高於某個變動基準利率；相反，公司債則通常是支付固定的收益。也因如此，私募貸款對預期利率將上升的投資人來說，必然特別有吸引力。

常見的直接貸款類型如下所述：

1. 為歷史悠久的企業提供的循環性擔保信用工具，期限介於5至7年。
2. 用來支應基礎建設開發案——包括再生能源（如水、污水處理、風能與太陽能）——資金需求的私募債券，基礎建設貸款可能是長期貸款（超過20年）。
3. 槓桿貸款，對負債水準已非常高的企業所承作的貸款。
4. 用於購買不動產的直接放款。
5. 對正要從企業重組中復原的企業所承作的不良債權放款，這些貸款相對國庫券的信用利差大約高達每年10%左右，或甚至更高。

經過10年快速成長，到2021年時，私募債務規模大約已相當於未清償公司債總額的10%。私募貸款相對不透明，流動性較低，且通常是持有至到期為止，而不是以交易為目的。為了補貼上述幾項不利的差異，投資人在投資私募債務相關產品時，應該要求取得某種程度的殖利率溢酬。

有時候，投資人購買私募債務基金是因為他們預期可從市場上尚未得到充分研究的角落獲取安全的溢酬報酬。多數私人投資者是藉由持有某些極大型基金的小額部位，間接介入私募債務曝險部位。通常私募債務基金的資金管理規模都超過10億美元，而且多半遠高於這個金額。由於這類基金的規模如此龐大，所以從中獲得超額報酬的機會也漸漸因競爭而減少。

2008年之後的十幾年，持續降低的殖利率與各國央行提供的大量流動性，形成了一個對債務人非常良性的背景，而利率降低與流動性大幅增加，當然也使企業破產案件明顯減少。這樣的良性大環境促使一般人普遍預期私募債務能提供誘人的風險溢酬。**平均來說**，在2008年過後的那些年，不管是相對投資等級債券或高收益債券而言，投資人似乎都如願獲得那樣的溢酬報酬。不過，未來私募債務的溢酬報酬可能不會再像過去那麼優渥了。

普瑞金公司與另一家私募市場諮詢公司Pitchbook指出，不同私募債務基金之間的報酬率極度分歧（不過這類基金本身就差異甚大，很難進行同類比較），這顯示以往優異的平均績效，潛藏了和「基金經理人選擇」有關的風險。一如所有未公開掛牌交易的市場，投資人必須對他們的基金經理人有信心，相信基金經理人具備挑選優質放款產品的優勢，並相信基金經理人透過這種優異選擇能力而獲得的報酬，將足以抵銷這些基金所收取的高額費用，並盡可能降低流動性不足乃至缺乏透明度等缺陷所造成的不便。[1]

對投資人來說，私募債務的吸引力在於它讓投資人有望獲得穩定的收益來源，這項特性應該能對投資策略當中較高波動性的環節發揮穩定的錨定作用。在利率水準偏低的情況下，要取得有保障的收益，一定得付出昂貴的代價，如果一項私募債務的價格看起來很誘人，投資人就必須假設它隱含其他缺點，否則價格不會跌到那麼誘人的水準，切記「便宜無好貨」的道理。流動性不足就可能是一種缺點，因為一旦投資標的的流動性不足，投資人就無法輕易在不耗費高成本的情況下進行投資組合再平衡作業。

保險連結型債券

多元資產基金會持續不斷地尋找能分散收入源流的來源，其中最廣泛可取得的來源之一是保險連結型債券（insurance-linked securities）。其中，巨災債券（catastrophe bonds，或稱 “cat” bonds）是多元資產基金投資組合中常見的一種保險產品。

當投資人向保險公司購買巨災債券，就形同向保險公司購買了發生災難事件損失的潛在風險，而購買這種風險的人將因承擔了相關的風險而獲得高收益率的補償。最常見的承保風險（insured risks）是颶風或地震損失，這類損失風險的明確特性是，在大多數時候，保費水準都很吸引人，但預期會發生偶發性的大額損失。舉例來說，在2011年3月日本大地震以及2017年9月美國颶風發生後，巨災債券的投資人都損失慘重。

多元資產基金投資組合可能承擔的其他保險風險還包括壽險保單貼現（life settlements），指較年老的承保人為了取得現金，而拿人壽保險保單（主要是美國市場的保單）向投資人換取一次性付款。

這筆款項通常明顯高於保單持有人的保險公司承諾支付的退保價值。壽險保單貼現基金持有這類保單，而且會繼續定期支付應付的保費款項，等到被保險人身故，這些基金就能向保險公司領回理賠金。有些人認為這類投資標的令人反感，而且確實有一些例子顯示，某些年老的保單持有人是聽了一些不當的建議，才將壽險保單拿出來貼現。儘管如此，原則上來說，這種投資標的一方面能為保單持有人提供某種可貴的服務，一方面又能為投資人提供寶貴的投資機會。2021年的壽險保單貼現市場總值大約是300億美元，年度交易量則大約是50億美元。這讓它成為一個利基市場，因為只有相對少數多元資產基金持有這類投資標的。

版稅／權利金

版稅／權利金是另一個利基市場，因為也只有某些（不是多數）多元資產基金持有這項標的。音訊串流是當中一個備受關注的例子，音樂串流服務的問世，讓成功的音樂人得以確保多年版稅收入。而投資人則是為了取得流行音樂人的熱門曲目版權，主動開出誘人的價碼。音樂版稅基金讓人有機會投資能獲得穩定盈餘的多元音樂版稅，而且這種盈餘看起來似乎多半不受經濟衰退影響。

不過，投資人一定會擔心後續的市場變化可能對版稅／權利金收益來源造成影響，並導致目前簽訂的合約變得不再健全。舉個例子，隨著時間的消逝，個別音樂人的曲集被播放的次數一定會漸漸減少，版稅收入自然也日益降低，到最後，他的曲集甚至可能變成一種廢棄資產。雖然某些人為了買到少數成功音樂人的曲集而開出的價碼看起來的確很高，但對投資觸角遍及全球的人來說，曲集的投資潛力並不特別突出。不過，這類利基型基金還是具備某種吸引人的投資特質，某些個人投資者的投資組合確實也包含了這類基金。職業運動隊伍的權利金也可能非常吸引人，可惜這種產品更是無法大量取得。

音樂版稅與職業運動隊伍的權利金都特別有意思，因為它們除了能在財務上提供權利金收益，還能讓運動俱樂部或音樂人的忠實支持者獲得某種心理或情緒上的紅利，這和持有藝術品所得到的非財務性報酬很類似（見第12章）。

版稅／權利金來自專利、受版權保護的作品與其他特許經營權或自然資源的使用，所以可能成為企業的另類資金取得來源。目前多數的版稅／權利金證券是對礦業與石油公司未來特定百分比營收的一種聲索權——未來這些企業出售特定資源時，必須將某個百分比的收入交付給那些版稅／權利金證券持有人。不過，相關的投資機會並不多，且這些證券通常也缺乏流動性。不僅如此，這類證券還承擔了商業周期風險，意味這種證券的分散投資效益低於音樂、運動與其他專利權的版稅／

權利金。

避險基金與另類風險溢價（alternative risk premia）

避險基金代表著一種高度仰賴知識且收費昂貴的投資工具，有些多元資產基金會持有避險基金。避險基金是以私營創業投資公司的形式存在，這類公司受到非常少的營運限制。避險基金的典型特性是它們可以在投資組合中持有**放空部位**（short position），也可以使用槓桿來達到放大報酬的目的。

一如第9章討論的完全報酬債券基金，避險基金也是旨在獲取正絕對報酬，而不是以打敗或追平特定股票或債券市場指數為目的。某些避險基金策略缺乏流動性，所以這些基金的經理人要求投資人必須拉長投入期間。不過，主要投資到衍生性金融商品與外匯的避險基金策略則可以隨興買進或賣出。

某些避險基金策略的報酬型態和股票與債券市場的報酬型態有著直接的相似性，不過，這些避險基金通常會努力設法降低市場報酬率對其投資組合的影響，以便凸顯基金經理人本身的技能有多麼高超。其他類型的避險基金則旨在為投資人提供一些新的機會與報酬型態，可惜這些機會與報酬型態的分散投資效益並不容易評估，相關的例子包括把「市場波動性」當成可買賣的投資標的，並期許透過其定價趨勢來獲取利益的避險基金；另一個例子是順勢操作型的避險基金，也就是以依循市場趨勢與動能的技能來作為主要操作訴求的避險基金。其他投資風格（例如價值型與品質型投資風格）則和股票投資很相似（見第8章），而且這類股票型避險基金的資產佔避險基金產業總資產的大宗。

多元資產基金也經常會投資旨在利用不同市場或相似的投資標的之間的定價矛盾（pricing discrepancies）來獲取利益的策略，這就是所謂的套利（arbitrage）策略。這類避險基金策略所牽涉到的專業技能和市場買賣時機，和傳統的債券與股票投資組合完全不同，而避險基金產業雖動輒把「套利」一詞掛在嘴上，卻不代表這些策略的風險很低。對應來說，宏觀策略與大宗原物料商品交易顧問（commodity trading advisers，CTA，也就是所謂的管理期貨基金〔managed futures funds〕）等其他策略，也和傳統的債券與股票策略完全不同。

避險基金為這些領域和其他領域提供某種風險轉移（risk transfer）與流動性的服務，在2008年以前，這原本是屬於投資銀行業者的業務範圍。不過，除非是擁有十八般武藝的避險基金，否則很難真正為投資人實現良善的風險轉移與流動性服務。舉個例子，2020年初那場短暫的流動性危機，就凸顯出很多避險基金策略太過仰賴高流動性的市場（高流動性的市場才便於避險基金隨時且輕易進出），尤其是依賴槓桿。當時，原本的高流動性因COVID-19疫情爆發而短暫被打斷，很多避險基金因此遭遇到驚心動魄的震撼。幸好聯準會與其他中央銀行及時出面提供鉅額的流動性支援，這些避險基金才得以迅速起死回生。如果你偏好簡單的策略，且主要只投資股票、債券和現金，就幾乎不需要擔心那類議題。不過，對採用複雜的多元資產策略的眾多投資人來說，這個議題卻至關重要，只不過並非所有這類投資人都瞭解這些議題的重要性。

一旦你投資避險基金，通常就會承擔很高程度的股票、信用與利率風險，也會承擔小型企業與外匯等其他容易介入的風險。事實上，介入這類風險的管道並非只有避險基金之類的複雜產品，然而避險基金投資具備兩種主要的吸引力：

- 投資人能透過避險基金經理人卓越的投資管理技能（可惜這種技能很罕見，不容易找到，而且代價高昂）來取得績效上的利益。
- 投資人能透過投資避險基金取得另類的市場報酬來源，並更妥善分散投資原本主要受股票、信用與利率風險支配的投資組合。

某些另類報酬來源（也稱為另類風險溢價，包括收取不同保險溢價）有偶爾發生高額損失的風險。這些另類報酬來源包括波動性與事件驅動型（event-driven）避險基金策略，其中，波動性策略包括出售可抵禦股票市場崩盤風險的保險（並因此收取保費），其他策略則是旨在取得動能型策略的**系統性報酬**

（systematic returns）。但無論如何，多數投資人的投資組合通常不會納入太多這類風險與報酬來源。

避險基金與加密貨幣

數位貨幣與區塊鏈去中心化交易紀錄的興起，吸引了某些避險基金與創投基金經理人的密切關注。俗話說，賣鏟子給其他淘金客比自行探勘金礦更賺錢，同理，很多另類基金經理人雖然對作為投資機會之一的數位貨幣的長期投資價值存疑，卻一致認同加密貨幣相關——尤其是區塊鏈相關——的企業是有價值的。

避險基金的主要動機似乎是要為投資人提供套利與造市（market-making）的機會。隨著某些加密貨幣市場的流動性改善，據報導，許多避險基金正積極利用加密貨幣市場特有的獲利機會（包括加密貨幣市場的價差〔spread〕高於傳統市場、而效率低於傳統的市場等）來獲取利益。

反之，順勢操作型避險基金則將努力搜尋和其他投資者的動能及可預測行為等相關的明確跡象，並設法利用那些跡象獲取利益。就算經濟學家認為加密貨幣沒有任何價值基礎可言，那些基金也未必會因此感到苦惱（見第5章）。目前已有某些以數位資產為主要目標的避險基金成立，這些基金在所有具合理流動性水準的市場裡搜尋各式各樣的定價矛盾與可預測的群眾行為，並藉此獲取利益，除此之外，為了獲取長期且可觀的經常性手續費收入，這些基金還可能朝所有有助於它們鎖定較長承諾投入期間的投資領域靠攏，畢竟投資鎖定期愈長，基金篤定能賺到的手續費就愈高。而在這些以行為科學為基礎的避險基金眼中，加密貨幣市場絕對是堪稱完美的牟利場所，而且，這些基金將以它們在其他高波動性工具方面的操作經驗，在這個市場上呼風喚雨。

不過，這個領域的私募股權基金經理人則較關注實質的內涵，他們特別受區塊鏈技術吸引，因為這項技術有機會顛覆現有的交易結算與紀錄保存程序，特別是金融領域的交易。

在加密貨幣市場建立鉅額長期部位的避險基金似乎不多，其中，價值導向的避險基金不可能認同加密貨幣有任何價值可言，所以也當然不可能持有加密貨幣的部位。相反，目前則有非常多散戶投資人持有加密貨幣，可能已有超過一億人一度至少持有少量加密貨幣（不同時期的人數略有不同），其中最常見的是比特幣。

眾所周知，加密貨幣的總所有權集中掌握在少數所謂「鯨魚」的大型所有權人手中。根據富達公司（Fidelity）在2021年進行的一份調查，有超過一半接受調查的歐洲與亞洲富裕家庭、大約一半的美國**家族辦公室**（family offices），以及30%左右的歐洲與亞洲家族辦公室，直接或間接握有數位資產曝險部位。投資人常感覺有必要學習這些新市場的知識，而學習新知的最好管道，就是親自下水試試水溫，但這並不代表那些新市場目前已在很多大型投資人的投資配置中佔有顯著地位。

私募股權與創業投資

私募股權是指未掛牌交易的投資標的，或沒有在股票市場掛牌的私營企業，由於未掛牌交易，這類投資標的並無即時可取得的更新報價。

創業投資則是指私募股權投資案中，牽涉到全新或初期風險性投資或新創企業的案件。對照之下，私募股權公司也可能持有歷史悠久且基礎雄厚的企業，只不過那些企業碰巧沒有在股票市場掛牌罷了。

多數的多元資產基金並不會把資產配置到私募股權或創業投資領域，不過還是有部分多元資產基金會涉獵這些領域。當多元資產基金涉獵私募股權或創業投資領域，它們通常會把配置到這些領域的資金分別投資到一檔以上的私募股權基金或創投基金。如果這些私募股權基金和創投基金屬於封閉式基金型態，就會有起伏不定的股票市場價格，但即使那些基金有市場報價，可能也不容易脫手，除非要出售的數量不多。多元資產基金除了透過掛牌交易的封閉式私募股權基金或創投資金部位來參與這些領域，也可能持有一檔以上的未掛牌交易基金，不過這種基金可能要求投資人拉長持有期間，而且投資人說不定還有義務在閉鎖期之內投入更多資金，不僅如此，一旦投資人打算將這些部位變現，可能不得不接受極大的折扣才有辦法如願以償。

在投資策略中私募股權該佔有什麼樣的地位才適當？這個問題的答案簡單明瞭，顧名思義，私募股權就是股權的一種，所以應該將私募股權部位計為投資人對股票的配置，且所有和上市櫃股票（見第8章）有關的分散投資論點——不管是依照風格、規模或地理位置等原則來分散投資——也都適用於私募股權。

然而，私募股權畢竟只是投資人整體股票配置裡的一部分，既然投資人已藉由持有分散投資不同股票的方式來達到分散風險的目的，就沒必要特地再針對私募股權納入一個私募股權投資組合，畢竟它佔整體資產配置的比重不會很高。私募股權的投資人應該要能不偏不倚地評估私募股權基金經理人的技能，在評估這類基金的分散投資程度時，必須一併檢討它們對所有股票市場——含已掛牌交易股票部位與私募股權部位——的曝險部位。接著，在評估私募股權基金的績效時，就理想狀況來說，投資人必須有能力區分究竟基金經理人的績效紀錄有多少是來自他們的技能，又有多少是來自槓桿的使用。實務上，投資人最好要能大致瞭解槓桿對績效的重要性，也應釐清基金收費拖累績效的程度有多大。私募股權基金在對外報導它們的績效時，是採用平穩化（smoothing，又譯為平滑化）以後的績效數字，問題是，外界難以從平穩化以後的績效數字看清高收費與槓桿對實際績效的影響。[2]

會把部分資金配置到私募股權的投資人，很有可能也會把一部分資金配置到其他私募資產類別，但這兩類資產的流動性都較低，換言之，這類投資人概念上的低流動性預算會因他們投資了這兩類資產而被消耗掉一部分——所謂低流動性預算是指投資人配置到他能安心持有的低流動性投資標的之資金上限（見第7章）。當投資人持有私募資產部位後，就不宜持有太多其他難以出售、進行再平衡作業以及評估價值之投資標的。

配置到私募股權資產的規模對投資人來說非常重要，因為他們必須瞭解對私募股權的配置會如何改變既有的股票風險承擔狀況（即已因持有掛牌交易股票而承擔的風險）。舉個例子，當分散投資的私募股權配置佔投資人整體股票配置的比重達到10%左右時，就有可能會對整個股票投資組合的波動性造成明顯可見的影響，但還不至於翻轉局面。然而，如果投資人的資產配置裡包含一檔以上的私募基金，就可能出現流動性不足的問題，並導致他們的資產配置在某種程度上趨於僵化，而這個問題很可能要花費非常高昂的成本才能解決。

把私募股權分成兩個不同的單元來思考，應有助於理解這些議題：一是對初創企業的創業投資，二是槓桿收購現有企業的市場。近幾年新成立的私募股權基金多半以創投基金為主，不過，隨著機構法人投資者投入前所未見的鉅額資金到私募股權基金，整個產業也不時可見到規模愈來愈大的收購基金。不過有些人認為，極大型收購基金變得愈來愈唾手可得，是以下這個更廣泛的現象所造成的結果之一：如果一項稀缺產品的需求大幅增加，市場就有能力提供贗造的替代品（pseudo-substitute），但這些贗造替代品的性能通常比原始產品差。（譯註：由於投資人殷切期盼能透過私募股權基金乃至收購基金獲取超額報酬，故吸引眾多機構成立這類基金，而投資人也一窩蜂投入這類基金，但這些基金的管理績效令人存疑，甚至有掛羊頭賣狗肉的可能。）

散戶投資人持有的主動管理型多元資產基金的投資組合裡可能也包含了上述私募股權基金所持有的部位。產業專家在2022年初報導，「乾火藥」（dry powder，可用來作為私募股權投資資金來源的既定承諾）超過1.5兆美元，但也有一些專家質疑投資人實際上並不見得真的會投入這麼多資金。2022年，乾火藥所代表的龐大資金供給金額，已經有抬高私募股權產品價格之虞，進而可能傷害到這類產品的未來投資績效。

多元資產基金能為投資人的策略提供一站式購足服務，讓投資人有機會承擔諸如私募股權、創業投資、REITs、基礎建設與大宗原物料商品等另類投資標的（低成本的市場指數型股票、債券與現金策略並未涵蓋這些投資標的）的風險，並進而透過這些投資標的獲取報酬。不過值得留意的是，主動管理型的多元資產基金屬於風險性產品。當市場上的風險趨避心態突然增強，或是投資人突然意識到市場上的實際風險承擔行為流於不節制的時候，這些基金的分散風險利益很可能就會令人大失所望。

第11章
住宅所有權與不動產

房地產是每一個人財務與福祉的核心。
有耐性的不動產投資信託（REITs）散戶投資人可能
比許多機構法人投資者更能從不動產投資中獲益。

住宅不動產：「金窩銀窩比不上自己的狗窩」

每個人都需要一個家，而一個家庭耗費在房子上的財富，往往佔家庭投資金額的最大宗。乍看之下，很多民眾放任住宅投資導致自己的投資組合失衡，但誠如其他人指出的，不管你的住宅是不是優質的投資標的，它佔個人財富的比重肯定很高，原因是住宅所有權（不像純粹的金融投資）能發揮兩種作用力：它既是一種投資，也是經濟學家所謂的「消費財」（consumption good，為滿足消費者個人需要的財貨）。如果某人沒有自有住宅，那他必定是住在租來的房子裡；如果房子是租來的，那麼租客必然背負了支付租金給房東的承諾或義務。

總之，不管作為「家」的房地產是自有（通常是在不動產抵押貸款的幫助下才能自有）或租來的，它都同時牽涉到情感和財務。我們基於心理面的需要，把一間房子布置成一個家，這種心理上的滿足感和因持有珍貴財產收藏品（例如我們將在第12章討論的藝術品）而獲得的報酬很相似。這樣的情感依戀意味我們可能永遠也無法經由財務面的各種計算方式，來瞭解為何某些人決定買房子而不用租的，以及民眾為何會購買挑選上的那間房子。

擁有住宅的吸引力之一是，它能提供規避風險的效果，一旦你持有住宅產權，未來就沒有支付租金的義務，也毋須面對不利的房價走勢。雖然個別住宅的價格高度波動且具風險性，但是投資住宅就像擁有某種避風港，所以對一般人來說，住宅投資的風險性說不定低於儲蓄與投資組合裡的其他風險性資產投資。

家庭與個人永遠都需要一個作為棲身之所的避風港，但不管是家庭或個人需要，都有可能隨著情勢不同而改變。現代的年輕家庭通常需要投資比祖父母輩更多的資金到住宅上，於是，理性的經濟學家順理成章地建議民眾宜在晚年時縮小家居規模。舉個例子，隨著子女長大成人並離家，家庭規模會縮小，這時房子就會變得比較不像是安全的避風港，而是一種高風險投資，此時縮小家居規模，就能釋出一部分財務資源，讓家庭財富的投資組合更有效趨於均衡。

2008年全球金融危機過後那幾年，寬鬆的貨幣與超級低的利率推升了幾乎所有資產的價格。這個發展自然也對住宅市場造成影響，並為住宅所有權人帶來了龐大的意外之財。各國的住宅所有權型態向來因風俗習慣、房地產租稅與租賃契約細節等差異而有極大的不同。德國和瑞士的住宅自有比率分別約為50%與40%，而美國和英國的比率則高得多，接近65%。

本世紀截至目前為止，住宅租賃部門吸引了愈來愈多機構法人投資者的青睞，包括多元資產避險基金與傳統的資產管理機構如保險公司等，都更積極投資到為出租而興建的單戶或多戶公寓大樓。有時候，這些投資者也會收購現有的房產（例如公寓大樓）來持續經營，並期待這些房產的績效能進一步提升，好讓他們從中獲利。散戶投資人可能會發現他們持有的多元策略基金部位也配置到那類房地產基金，若是如此，投資人就等於既投資了住宅，又涉足了更廣泛的商用不動產市場。

商用不動產

商用不動產市場被分成幾個主要類別：辦公用、零售用與工業用房地產，另外也涵蓋了部分的旅館與住宅用房地產，包括公寓大樓及農地。每一類房地產的重要性因國家而異，舉個例子，英國的法人機構投資者鮮少投資住宅，這在其他國家是很不尋常的狀況。近幾十年，私募基金和避險基金已成為商用與住宅不動產市場上的重要參與者。

創業型不動產經理人偏愛不動產的理由，和所有資產類別的基金經理喜歡那些資產的理由是相同的：他們將不動產視為可讓他們善用自身技能為自己與客戶賺錢的機會。由於不動產市場是異質性與波動性非常高但機動性又偏低的市場，所以它就像是消息靈通且技藝高超的經理人的天然歸宿，這類經理人能在這個市場上創造更多價值，但其他市場參與者在這個領域的績效則注定落後。

私募股權與不動產避險基金向來勇於使用不動產投資槓桿，它們還將大量資源部署到某些看似缺乏價格敏感度的產品，因此那些產品的市場價格已被他們推高。然而，箇中的因果關係當真是剪不斷、理還亂。低利率促使所有投資人更勇於付出較高的價格去購買房地產，從新入行的房地產經理人以及已有雄厚基礎的房地產經理人都尋求部署更多資金到不動產，便可見一斑。

這些發展意味如今的投資人擁有許多新投資工具可參與商用不動產市場部位（包括不動產債務，見第10章的討論）。不動產的報酬率——無論好壞——一向都深深影響著經理人的績效，而避險基金、私募股權和房地產投資信託經理人的績效更會因他們增加槓桿的使用而被放大。

COVID-19疫情的衝擊與不動產投資

在2020年與2021年，因COVID-19疫情而實施的封城政策，對商用不動產市場造成了極大衝擊，但財務上的影響則差異甚大，從嚴重負面到極端正面都有。多數國家的零售商店（不含食品類）與旅館業皆因封城而受害，但封城和社交距離的實施，卻使得線上購物、點擊提貨（click-and-collect，譯註：即線上購物，現場自取）與送貨到府服務等現有趨勢進一步擴大，這股趨勢更轉化為對食品零售乃至超級市場備貨中心、數據中心、倉儲與配銷單位以及廣義工業用房地產等行業的強烈需求。另外，在疫情蔓延期間，實行居家上班也導致市中心地區變得一片沉寂。

各國的封城規定各有差異，儘管政府提供了不同程度的緊急支援，很多企業還是很快就無力負擔應支付的房地產租金。於是，對很多非必要服務領域的白領員工來說，居家辦公成了他們近兩年間的新常態。

總之，那段期間對不動產投資人而言是一個極端的時期，那不僅僅是正常業務被暫時打斷的那種小問題：COVID-19大幅加速了不動產領域的現有趨勢。隨著網路購物長期蒸蒸日上，城鎮中心與購物中心原本就已承受了嚴重的壓力。20世紀末時，各地的城市中心經常藉由將鄰近市中心老舊工業房地產改造為新住宅區以及新穎的科技與藝術中心等方式，來對外展現它們自我復興的能力。如今，某些較老舊的城市中心辦公大樓也可能展開相似的復興與蛻變流程，而由於較老舊的建築物很難調整到符合新環保標準，所以直接改造舊建築的選項自然顯得更有吸引力。

在疫情爆發初期，辦公室投資狀況大致還算保持穩定，中斷支付租金的情況並不多見。但在這場疫情大流行結束後不久，一般人反而開始對辦公室場地的需求產生疑問。優質的網路連線使雇主察覺到員工就算繼續居家辦公也能維持既有的效率，而員工本身也沒必要或不想要一週五天都待在辦公室裡。總之，各行各業的企業都發現，它們至少可以將租用辦公室空間的部分負擔轉移給居家辦公的員工（至少暫時轉移）。對辦公室不動產的投資人來說，這場疫情帶來了一些重大的不確定性，其中之一是，這樣的工作型態轉變是否會成為永久的形態？隨著全球經濟擺脫封城的束縛，世界各地的勞動市場變得意外吃緊，而辦公室員工對其工作條件的影響力轉強的事實也變得顯而易見。

此時此刻，市中心辦公室的所有權人正面臨雙重挑戰：一方面要吸引員工回到辦公室，一方面又要為了日益嚴格的建築物標準（為因應氣候變遷的威脅而設定的標準）而付出財務上的成本。雖然各方的估算各有差異，但據估計，建築物的建造、暖氣、冷氣和照明等項目所排放的溫室氣體，約佔全球溫室氣體總排放量的40%。[1]如果各國政府要履行將「全球氣溫維持在不高於工業化前1.5度之水準」的承諾（譯註：各國在《巴黎氣候協議》（Paris Agreement）中所做的承諾），勢必得針對建築物的建造與營運進行重大變革。

改變後的新環境正促使人們調整他們賦予現有商業建築物的價值和對新建築物的設計。對房地產投資人來說，不管是應對新環境標準的需求，或是配合漸漸改變的勞動偏好而進行的所有應變性調整，都必須耗費實實在在的成本，而且，現有的房地產還可能因違反新監理標準（而且監理法規還不斷演變）而被罰款。對較老舊的市中心辦公室來說，諸如此類的成本尤其可能令人卻步，因為很多辦公大樓正面臨被拆除（乃至重建）的前景。[2]俗話說：「折舊是不動產見不得人的醜事。」這句俗諺用在這類情境上是再真切不過了。對持有大量市中心、零售購物中心或城鎮中心老舊大樓的投資人來說，宜特別留意未來可能得承擔的翻新成本。

商用房地產的價值是多少？你的期望報酬又應該是多少？

不動產投資的吸引力之一是，投資人通常很容易就能建立出看似合理的簡單模型來評估一項房地產投資的財務議題。但這個做法並不保證你的房地產投資一定會成功，而且偏好以電子試算表來評估這個議題的人，可能經常遺漏掉某些重要非標準合約條款的影響，不過，這個做法還是有助於找出一些以異常強烈的假設為基礎的機會。

建築物的財務評鑑作業需要使用到以下幾種變數：

- 目前的租金。
- 未來幾年的租金展望。
- 目前的政府公債殖利率。
- 承租戶的信用度與租賃條件。
- 房地產折舊或價值折損（obsolescence）。

根據可靠的經驗法則，除非你預期不動產的投資績效將高於優質政府公債殖利率所能帶來的保證報酬，否則就不該投資不動產。

房地產的價值等於租金（扣除所有費用後）加上未來出售這項房地產時所收得的價金總和的折現值；反過來說，預測房地產售價的關鍵變數是租金的未來變動率、計算租金收入之現值時所使用的適當折現率，以及維護大樓的必要支出水準。本地或地區不動產市場的詳細預估值，或許可作為上述預測的參考輸入值。正因為租金需要長期進行隱性或顯性的預測，因此租金和通貨膨脹之間的關係是檢驗這些預測的合理性的有用因子。另外，不意外的是，一旦當局發布較嚴格的環境標準，不動產融資活動就可能會立刻遭受衝擊。

為避免犯下兩個常見錯誤，聚焦在租金收入是很重要的：

首先，一項房地產的價值通常和它的重建成本不太相關，房地產的價值取決於未來的租金。若已算出這項房地產的價值，我們還可以把這項價值分成重建成本和殘值（residual）兩個部分，前者大約是這項房地產被賦予的保險價值，後者則是大樓所在的地皮價值。

其次，房地產之所以昂貴，絕對不是因為建築物所在的地皮很貴，事實正好相反——土地之所以昂貴，是因為租金很高，也因為租金很高，所以房地產才會昂貴。

房地產投資的第三個重要特性就是從這個觀念衍生出來：土地的價值——也就是房地產評價當中的殘值——有可能極端不穩定。

表11.1是一個簡單的例證。

表11.1 可開發土地的波動性

	初始價值	後續價值
房地產價值	$ 1,000萬	$ 900萬
重建成本	$ 800萬	$ 800萬
土地價值	$ 200萬	$ 100萬

資料來源：作者的例證

就這個例子來說，如果房地產價值下跌10%，且若重建成本維持不變，那麼土地的價值將減少一半，剩下100萬美元；相反，當房地產市場上漲，土地的價格則可能加速增值。這個例證非常實用且重要，因為它既可用來解釋可開發土地的投機本質，也可用來作為評價時的有效交叉檢驗因子。同樣地，土地價格的重要性將取決於土地本身的稀缺性，當土地非常充沛且規畫中的法規限制不會阻礙到新建築活動的進行，租金往往就只能達到足夠為新大樓的邊際成本補償正常利潤的水準，而那樣的租金水準不見得能趕上整體通貨膨脹水準。

只要土地的供給量維持充沛，土地就永遠都會是廉價的。而隨著建築技術進步，商用房地產有成為大宗商品的風險，所以需要使用不動產（供作住宅、辦公室、工業或零售空間等用途）的個人或企業，就必須像制定其他財務決策般，決定是要持有、短租或長租房地產。雖然租金與土地的成本會隨著供給和需求的變動而起伏，但租金與土地成本的上漲速度並沒有必然超過通貨膨脹的趨勢。

事實上，租金增長速度有可能長期追趕不上通貨膨脹，舉個例子，在1973年倫敦金融城（City of London）處於榮景高峰之際，據報導，當時的租金大約落在每平方英尺20英鎊的水準。若將通貨膨脹計入，到半個世紀後的今天，倫敦金融城設施完善的優質辦公室的租金還不到前述數字的1/3。房地產專家一定能提出各種不同的理由來解釋倫敦金融城辦公室租金為何表現落後，例如時尚相關行業轉向倫敦的西區，以及投資銀行和重視預算考量的行業轉向濱海港區（Docklands）金融區等。

但無論如何，我們提出這項投資訊息的目的，是為了質疑所有堅稱房地產租金上漲速度必然跟得上通貨膨脹的說法。儘管有些人暗示，房地產租金的漲幅跟得上經濟成長率，但這樣的期待也不是很理性，只不過長期下來，本地的人口結構趨勢確實有可能對租金產生重大影響。因此，不動產投資人的主要投資績效來源是租金收入，而非資本增值。這也足以說明為何來自不動產投資的租金收益率，通常遠高於投資主流股票的股息收益率。

那麼，不動產投資人應該期望從不動產獲得比政府公債高多少的溢酬報酬？這個問題並沒有明確答案。由於不動產能為平衡型投資策略帶來分散投資的利益，所以這個好處讓這項必要的溢酬隨之降低。這項溢酬報酬也可能局部取決於投資人是否有信心挑選到精明的不動產經理人。最重要的是，一如所有私募市場投資標的，直接投資不動產的投資人不該假設他們一定能獲得和市場等量齊觀的報酬，因為要獲得超越市場報酬的成果，先決條件是要建立一套設計精巧的投資流程。

愈是認定自己擁有高超技能的不動產投資經理人（或任何私募市場的投資經理人），愈可能基於這樣的心態而建立龐大的不動產（或其他私募市場產品）配置。因此，投資人不能在缺乏明確根據的情況下，輕信那些投資經理人真的擁有他們自以為的不尋常技能，而是必須非常謹慎地評估他們的真正實力。另外，在解讀經理人的過往績效時必須非常用心，一定要試著區分出經理人的績效有多大程度是經由在市場上漲期間使用槓桿而來，也要去分辨經理人的績效有多少來自他的技能，又有多少純粹是運氣使然。誠如我們在第6章強調的，在不確定性環伺的情況下，真正審慎的做法是寧可錯在過於謹慎。

商用不動產的私募與公開市場

個人投資者是透過他們的住宅、住宅增建設施、度假屋以及為出租而購買的住宅型房地產來持有不動產市場的曝險部位。另外，商用不動產曝險部位則主要是藉由投資不動產投資信託（REITs）來取得。

REITs是在股票市場掛牌交易的房地產公司，這些公司必須以股利的形式，將它們的大多數盈餘分配給股東（唯有如此，這些公司才能享受到租稅上的限定特權）。我們已在第7章討論過，REITs的吸引力在於它為投資人提供一個連續市場（continuous market，譯註：指買賣雙方連續委託買進或賣出掛牌交易的證券時，符合成交條件的所有交易皆可在正式交易時段的任何時點發生，成交價則是隨著不斷變化的買賣盤而漲跌），這和英國傳統房地產基金所面臨的挑戰呈現鮮明對比。

很多投資人也透過投資多元資產基金來持有不動產曝險部位，因為這些多元資產基金也可能持有REITs。

通貨膨脹與不動產投資

近幾十年，來自REITs的收益報酬率大致上並不亞於投資等級債券的收益報酬率。支持不動產投資的永恆論述之一是，人們預期不動產投資能為投資人帶來隨著通貨膨脹而增加的可靠收益。相反，債券的報酬率則容易被意料之外的通貨膨脹所侵蝕。

長期下來可以想見，來自不動產的租金應該會隨著通貨膨脹而作出一定程度的反應，但這並不意味租金必然跟得上通膨的腳步。從前述倫敦金融城辦公室租金的例子就可見一斑，當一個市場擁有過多或老舊的不動產產能，不難預料它的租金將下跌。

儘管這麼說，「通貨膨脹率愈高，租金勢必上漲愈快」可說是個合理的假設。租金上漲會進而反映在人們對建築物的評價上，因此建築物的評價應該也會隨著通貨膨脹而升降。經由這個方式，長期不動產投資能提供某種保險，讓傳統債券的長期投資人得以規避他們的最大風險，即意料外的通貨膨脹對財富所造成的侵蝕效果。不過，誠如投資人已見識到的，不動產／租金的價值並不絕對與通貨膨脹連動，而且，這個連結關係的實務重要性也經常被誇大。

REITs和舊式房地產基金（目前英國還可找到一些這類基金）之間的差異在於前者的價格是起伏不定的，REITs的收益率可能不亞於公司債，但REITs的波動性卻比優質公司債（波動性低）更接近股票市場波動性。因此，我們不該把REITs視為可取代投資等級債券基金的同類投資標的。

一檔REITs的波動性反映出市場必須不斷平衡買方與賣方勢力的現實，而且，這項波動性會隨著REITs所採用的各種不同槓桿比率而放大（通常其槓桿比率介於25%至30%，40%的槓桿就會被視為高槓桿）。相反，傳統的房地產基金通常為了應付投資人的贖回要求，持有某種程度的現金準備緩衝。如果說槓桿能放大一檔REITs的績效和波動性，這種現金管理作業則通常會削弱舊式房地產基金的投資績效，只不過，由於這種基金持有的房地產類型差異甚大，所以通常很難針對不同的基金進行個別比較。

私募不動產市場和公開不動產市場各有差異，所以投資人總是想比較其中哪一個市場的不動產曝險部位更便宜、投資哪一個市場更有賺頭、是要購買REITs還是直接購買房地產。理論上，REITs的市場價格應該會和這些基金本身購買的標的房地產投資組合的價格同步起伏，但實務上，REITs市價與其標的房地產的價格之間，永遠存在某種程度的落差。如果REITs本身的流動性較高，這些REITs的交易價格相對它們的淨資產價值（net asset value），通常可能會呈現溢價，而且根據過去的數據，平均來說確實如此。

不動產投資的國際分散投資

投資人向來多半只投資本國的不動產。明晟公司在2013年針對28個國家的退休金與主權基金進行調查後發現，這些退休基金與主權基金的本國不動產投資部位，約佔其不動產總曝險部位的83%。散戶投資人的不動產投資活動也絕對會因自有住宅以及持有的REITs或舊式房地產基金部位等，而強烈朝本國傾斜。

隨著REITs市場擴展到世界各地，加上全球不動產避險基金在本世紀問世，遂促成了不動產的國際分散投資。我們在第8章主張，針對國際股票投資部位的匯率風險進行避險，並不會對股票投資的波動性並產生明顯的影響，畢竟股票本身就是一種高波動性的投資標的，不管有沒有針對股票部位進行匯率**避險**，股票的高波動性也不會改變。這個道理也適用於REITs，因為這種投資標的的波動性和股票類似。

然而，還有一個進一步的理由可證明沒有必要針對REITs投資標的進行匯率避險。REITs通常都會使用槓桿，也就是以它們持有的房地產所取得的本國貨幣計價的不動產抵押貸款，而槓桿絕對會使波動性上升。不過，由於不動產抵押貸款和大樓本身的計價貨幣通常是相同的（換言之，沒有貨幣錯配的問題），所以有助於緩和波動性。在實務上，全球分散投資型的REITs曝險部位的波動性很高，且其收益率是變動的，同時通常不會對沖投資人的本國貨幣風險，因此，不針對這種曝險部位進行避險是最單純的，也可能是適當的，這個做法也能讓投資人獲得分散投資到全球房地產曝險部位的利益。

散戶投資人應該配置多少資金到不動產？

散戶投資人在審視其不動產配置時，應該要計入目前對自有住宅的投資。如果投資人決定進一步提高對不動產的投資配置，應該要將以下因素列入考慮：

- 投資人面對風險的態度，以及該項資產的期望績效（相對安全資產而言的績效）。
- 績效無法達到期望的風險。
- 該項房地產的可能績效結果範圍和其他投資的績效結果範圍之間的相關性如何？
- 該項投資標的是否具高流動性（也就是說，它對投資人的靈活性有幫助或有害）？
- 諸如此類投資標的是否與投資人心目中的重要非財務目標一致？

這些問題的精確答案並不容易釐清，而這在在說明了投資不動產的挑戰真的很大。量化模型和投資配置最佳化工具有助於彙整可用的資訊，但這些工具很容易忽略任何一個計畫配置的不確定性程度。實務上，機構法人投資者經常會把能產生收益的不動產投資組合，視為對固定收益產品的自然配置的局部替代方案。散戶投資人則必須密切關注來自不動產的收益是否足夠多元，尤其是持有出租型房地產的投資人。

REITs的投資人能受益於可隨時取得的市場價格。相較於直接購買大樓或甚至持有舊式房地產基金（這些投資標的的價格取決於調查人員的鑑價）的投資人來說，持有REITs的投資人更能妥善校準他們的風險，因為投資REITs的散戶投資人隨時都能得知那些投資的市場價格，而且預期能以適中的交易成本，迅速加碼或賣出持有部位。

機構法人投資者就不同了，這類投資者不認為也不敢指望能在絲毫沒有延宕的情況下，迅速賣掉或買到一棟大樓，而且每次他們買進或賣出大樓，都得負擔龐大的交易成本。冒險購入旨在出租的房地產的散戶投資人，勢必也會碰上類似機構法人投資者買賣諸如辦公大樓時可能遭遇的挑戰。當他們費盡心思買進或賣出那些房地產時，不僅要面臨和「脫手所需時間」有關的不確定性，還得負擔沉重的交易成本。由於這些障礙存在，持有個別房地產的散戶（與機構法人投資人）必須要有更長期持有的打算。但REITs投資人則有別於此，對他們來說，那些時間與貨幣成本早已涵括在REITs的價格裡了。

我們已經討論過，投資REITs和直接投資大樓的不同之處在於前者擁有連續評價，而且流動性很高。然而最近的研究顯示，如果REITs本身也長期持有它們投資的房地產，那麼它們的投資曝險狀況也會和直接投資不動產的機構法人投資者非常類似。

學術界人士比較了經由多元資產策略來投資REITs以及直接投資不動產這兩種選項的分散風險作用。（直接投資不動產主要是大型機構才有的選項，不過這當中或許有值得選擇買進房地產後將之出租的投資人的借鑒之處。）要達到公平比較的目的，必須矯正調查人員評價對直接投資型不動產之價值所產生的平滑效果，也要把市場流動性的偶發性波動以及槓桿對REITs績效的影響列入考慮。無論如何，此類研究強烈認同不動產能對投資人的整體策略（包含對其他另類資產以及股票和債券的投資）產生分散投資風險的作用力。[3]

最近的研究顯示，主要透過股票市場掛牌REITs來投資不動產的投資人，一樣能受益於不動產的分散投資效益。研究人員在評估美國、英國、澳洲和歐陸的REITs及機構直接投資型房地產投資組合的年度績效數據後證明，在考量REITs使用的槓桿後，直接投資房地產或投資掛牌型房地產投資標的之績效及波動性是相似的，這兩種投資方式對經濟衝擊（包括好與壞的衝擊）的反應很類似。這些研究也顯示，隨著持有時間變得愈來愈長，掛牌與非掛牌交易之不動產的行為表現會變得愈來愈相似。雖然REITs屬於股票市場投資標的，但若同時持有REITs和股市大盤投資標的，REITs還是能提供分散投資的效果，且事實證明，REITs的分散投資效果已愈來愈好。

相反，如果你持有REITs的期間很短暫，就不該期待能享受到這個好處，但證據顯示，隨著持有期間拉長，投資人就愈能體驗到那個好處。REITs的投資人還享有連續定價以及隨時可調整投資標的的彈性等額外優勢。機構法人直接投資者（以及買進後出租的投資人）會受流動性不足、缺乏機動性與不可分割性等問題所箝制，相較之下，REITs投資人則不會因這些限制而受傷，不僅如此，REITs投資人還能受益於所有促使不動產長期報酬上升的因子。

第12章
藝術品與愛好性投資標的

投資你樂於擁有或支持的事物，得到的將不僅僅是金錢上的報酬。

瑞特林格（Gerald Reitlinger）的研究《品味經濟學》（*The Economics of Taste*）是藝術作品價格的重要詳細歷史資訊來源之一，這本書回溯了1760年以後的「畫作價格興衰」史。[1]他提出的實例之一是17世紀法國風景畫藝術家洛漢（Claude Lorrain）的兩幅畫作，這兩幅畫作在1808年以12,600英鎊一同售出，他說，這使那兩幅畫作成為當時售價最高的畫作之一——價格相當於2022年的120萬英鎊。但經過140年後，這兩幅畫作又以5,355英鎊一同賣出，相當於2022年的207,000英鎊。

由此可見，即使是以高價購入的偉大畫作，也可能換來令人震驚的低貨幣報酬，即使持有的期間非常非常久，一樣可能發生這種令人遺憾的狀況。這個世紀初的一份研究確認了這一點，那份研究顯示，特定藝術名著的績效低於整體藝術品市場的情況並不罕見。即使各項指標（例如這份畫作的購買價格、學術引用數或該作品的參展數）顯示某項美術作品擁有優異的品質，也無法保證這項作品將在未來的藝術品市場上表現出眾。相反，這項作品的市場表現有可能會比先前糟糕更多。[2]

有些人主張，由於除了透過拍賣會，一般人難以評估藝術品的價值，因此藝術品市場容易發生泡沫。主要藉由公開拍賣來定價的做法，也可能導致一幅偉大畫作的績效較不可能持續超越整體市場。[3]

很多人不惜花重金收藏畫作、其他藝術品或是諸如郵票、珍稀書籍、古董車或名酒等收藏品。那類收藏品有時雖被稱為愛好性投資，但主要都還是一些珍貴的收藏品。有些藝術作品即使經過代代相傳，卻還是能維持顯著的增值趨勢，並因此得以保有顯著的貨幣與美學價值，另外，某些當代藝術也曾大幅增值。不過，多數藝術愛好者購買的藝術品並沒這麼好運。

來自各式各樣市場的奇聞軼事一致顯示，只有少數人單純是為了獲得財務上的報酬而購買藝術作品或收藏品。促使一般人購買諸多收藏品的催化因素是，他們預期自己將能透過擁有美好的作品或珍貴的財產而獲得情感上（而非財務上）的紅利，這樣的預期心理無傷大雅。根據研究人員計算，19世紀末法國共有大約4,000名藝術工作者，這些人每年共創作出大約20,000幅畫作求售，但其中絕大多數的畫作如今似乎都已消失得無影無蹤。在當時，其他國家（包括英國和美國）的藝術工作者人數應該也不亞於法國，而這些藝術工作者的大多數作品應該多半也都消失了。令人感慨的是，當世人不再欣賞一項藝術品，它的價值就會化為烏有，接著似乎就注定會被丟棄。[4]

但這並不意味當初購買那些藝術品的決定是不明智的，那只是意味我們最好把藝術品視為消費財，也就是買來享受的東西，而不是為了投資的現實考量而買進（並期望最終能轉賣出去）的投資標的，畢竟我們的後代子孫想購買的珍藏品可能和我們不同。

每次一有藝術收藏品拍賣成功的新聞報導發出，一般人就會聯想到藝術品市場很熱絡。近幾十年來，確實有一些看起來頗具分水嶺意義的拍賣結果令人眼前一亮，包括2008年9月英國藝術家赫斯特（Damien Hirst）在蘇富比（Sotheby）舉辦的拍賣會，那一天正好是雷曼兄弟公司（Lehman Brothers）倒閉的日子，後者宣告了全球金融危機的到來。

儘管如此，赫斯特卻在這場拍賣會上，以他的223件新作品籌到了2億美元，堪稱是當時最成功的一場藝術家拍賣會。其他成功的拍賣紀錄還包括2017年11月時，達文西的《救世主》（*Salvator Mundi*）以4.5億美元售出，以及2021年3月時，藝術家溫克爾曼（Mike Winkleman，也就是畢普

〔Beeple〕）創作的**非同質化代幣**（non-fungible-token，NFT）《前五千天》（*The First 5000 Days*）以6,900萬美元售出。

目前市場上有許多不同的藝術市場指數彙編公司，每一家都依循略有不同的研究方法，這顯示從2008年起，整體藝術市場就不如一般人想像中活絡。不過，當代藝術歷經2009年至2010年的劇烈逆流後，目前正漸漸恢復榮景。

科技、NFT與藝術品市場

這個世紀以來，數位化的發展以及網際網路所造就的巨大投資透明度，已改造了許多藝術品的創作、購買與記錄方式。科技催生了包括霍克尼（Hockney）的iPad繪畫以及數位藝術品範疇等新媒體。在網際網路盛行的大環境下，即使是最不起眼的本地拍賣公司，都得以將觸角延伸到全球各地。科技也有助維護拍賣定價的透明度與紀錄，另外，科技還以區塊鏈交易紀錄（使權威的出處與所有權紀錄變得更加鞏固），促進了藝術名著「部分所有權」的發展。

數位藝術品拍賣會是當代藝術市場的普遍特徵之一。2021年時，藝術市場諮詢師公司Artprice.com估計，數位藝術品相關的營業額已佔全球拍賣公司營業額的8%。非同質化代幣（NFT）是一種獨特的數位證書，旨在確認數位資產（例如數位藝術品）的唯一數位紀錄的所有權。NFT源自線上遊戲的世界——即在某個線上遊戲中鑄造（創造）出來的獨特代幣或備受歡迎的數位藝術收藏品。各地的主要美術館早已開始利用這項創新，拍賣或出售由自家收藏品複製出來的獨特數位藝術作品，以開發新的營業收入來源，各國重要報紙的老闆也拍賣了歷史上許多著名日期的報紙頭版的NFT。

數位藝術品的特色是它能在不改變品質的情況下加以複製與仿造，然而，唯有NFT的所有權人能擁有基本的電腦程式碼（computer code，所以它是非同質化的）。它並不能代表被納入NFT的任何影像的版權，因此據報導，某些藝術家發現他們的藝術作品被納入NFT後，感到非常訝異。

NFT所有權能傳達的所有權權利非常有限，根據一家主要拍賣公司的說法，當你持有一項NFT的所有權，你可以「基於個人與非商業的用途而展示這項數位作品……但你並沒有得到這項數位作品的任何智慧財產權」。這家拍賣公司又進而建議：「一般來說，任何人都能下載與分享與某項NFT有關連的數位作品。」[5]

目前，NFT被用在數位藝術品與傳統藝術作品的數位註冊等用途上。藝術工廠（Artory）是一家受區塊鏈保障的藝術與收藏品數位註冊機構，它已成功吸引到尋求為數位與傳統藝術品建立核實歷史或出處紀錄的創投投資人資金。

數位帳本的使用提升了民眾對藝術品所有權的信心，而信心是發展藝術品所有權相關服務的先決條件之一。進一步來說，對所有權的信心也有助於美術作品收藏的所有權人取得貸款，並促進了藝術作品部分所有權（一件作品可以有多位所有權人）等發展。舉個例子，數位帳本使人們得以只購買沃荷（Andy Warhol）某項作品0.1%的所有權。

另外，Masterworks.io以募集資金（它募集資金的方法是邀請在該公司〔這是一家擁有藝術品所有權的有限公司〕平台上預先註冊的人認捐，預期這些認購金額能賦予該公司3至10年的壽命）的形式來收購一些精選的當代藝術作品，接著再透過部分所有權的形式，將那些作品轉賣出去。後來，它的確透過股票交易所掛牌（也就是首次公開承銷，即IPO）的管道，開價出售它購買的每一幅畫作的部分所有權。

投資人可能有空間在Masterworks的內部次級市場上出售一小部分的部位，而且從事這類交易的交易成本低於在公開拍賣會上出售畫作的交易成本。然而，這家有限公司期待投資人能在其存續期間內繼續持有那些投資標的。這個模式的主要吸引力之一是，投資人只要支付一筆小額資金（遠低於購買整份畫作所需的金額），就能取得某些精選知名當代藝術家作品的部分所有權。買一股班克斯（Banksy）的某項作品可能只要花1,000美元，但購買他的原始完整作品，可能動輒就得花費100多萬美元。而且班克斯的這項作品將獲得專業的貯存，而不是掛在你家牆上當裝飾品。至於相關費用，這個平台的收費和私募市場投資基金的收費相近。

線上銷售的興起

COVID-19大流行加速了藝術品乃至其他愛好性投資標的在線上交易、拍賣與參展等方面的創新趨勢。2021年時，美術作品的線上銷售金額達到133.4億美元，相當於各地美術館、經銷商和拍賣公司總銷售額的20%。[6]根據經銷商和拍賣公司回報，這場疫情促使新買家湧入，他們在所有價格區間的線上拍賣活動中參與標購，這使得愛好性投資標的市場的周轉率與流動性顯著上升。封城措施促使原本就致力於利基型奢侈品市場的拍賣公司與線上應用程式改善它們的線上服務，而這些作為當然也提升了那些市場的流動性。

愛好性投資標的近年來的良性氛圍

本世紀頭20年間的氛圍對愛好性投資非常有利，除了線上交易的興起使得各個市場的深度（depth of markets，譯註：指能在不顯著影響市場價格的情況下完成大量買賣單）大大改善，現金儲蓄收益率長期微不足道以及全球財富顯著成長（乃至於財富分配變得更不均）等現象，皆對這些市場的發展相當有利。

所有購買行為都牽涉到選擇，當一名收藏家購買一幅畫作，等於是決定放棄原本可透過現金或持有債券（這些債券的到期期限可能和這位收藏家打算持有這幅畫作的年數大致相同）來賺取的利息。收藏家購買畫作的原因是，他們認為未來因持有這項藝術品而將獲得的樂趣，至少跟為此而放棄的利息收入、乃至可從這些利息收入獲得的利益一樣有價值。

全世界高淨值家族的金融財富幾乎有1/4是以現金或準現金的形式持有（見第6章），所以現金存款利率每出現1%的變化，這些家族每年的所得就會出現1,000億美元的差異。因此，當利率下降到接近零（一如2008年以後那10年的狀況）把錢花在藝術品或奢華名錶（或是其他幾乎所有事物，只要不把錢存在銀行就好）的行為就一點也不顯得突兀了。

我們還可以用另一個不同的角度來看待這個相同的現象：觀察所得和財富分配不均對奢侈品與藝術作品需求的影響。2011年發表的一份學術研究探討了藝術品價格和經濟之間的關係。[7]這份研究發現，在過去兩個世紀，股票市場報酬率對藝術品市場的價格水準影響重大。另一項發現是，所得分配不均情勢的惡化，可能促使藝術品價格上漲，而且有強烈跡象顯示，頂層人口族群所得和藝術品價格之間存在長期的關係：當高所得者的收入增長率遠比一般人高，藝術品價格就傾向出現強勁的反應。

我們可以從藝術品市場過去150年的繁榮與停滯型態看出這個關係：藝術品價格在1914年底達高峰後，接下來幾十年，藝術品的累積績效就陷入有史以來最漫長的低迷時期。在計入通貨膨脹後，藝術品價格直到1960年代才終於在一波強勁回升的帶動下，再次觸及1914年的高峰水準。這段時間，儘管個人所得幾乎增加了4倍，藝術品價格還是呈現漫長的停滯狀態。然而，那段期間的所得分配不均狀況是大幅度改善的，換言之，最富裕人口族群的相對購買力也因所得分配不均改善而被削弱。

過去150年的狀況顯示，藝術品市場的環境還是有可能陷入長達數十年的低迷。1970年代過後，在頂層所得顯著增加的支撐下，藝術作品價格漲幅輕鬆超越通貨膨脹，並攀升到前所未見的水準。儘管如此，過去50年的整體藝術品市場還是經歷了幾次嚴重的逆流，市場潮流也在那幾次逆流中出現了顯著的變化。其他研究人員也發現，過去一個世紀，郵票和小提琴價格也呈現類似的型態，不過這兩者價格表現弱勢的期間並不完全和藝術品市場同步。

影響藝術品與收藏品價格的力量也會影響到奢侈品的價格。雖然據報導有數百萬人收藏各式各樣的珍貴物品，但每一個類別的奢侈品——不管是美酒、藝術作品、奢華名錶、罕見郵票或古董車——的最頂層收藏品，都受到最富裕人口族群的所得與財富影響，也同樣受這些人口族群對各種無法兼得的投資機會的看法所影響。加密貨幣創業家與投機客、避險基金經理人、科技業巨頭、俄羅斯寡頭政客、中國億萬富翁以及各國國家博物館起伏不定的購買力，都是影響近幾十年奢侈品與藝術品價格的主要推動力量。

藝術品與收藏品的價格指數

拜學術界人士與諮詢機構發表的價格指數所賜，如今一般人已更能清楚瞭解藝術作品與收藏品的近期價格趨勢，我們也可以透過這些價格指數回溯20世紀初迄今的價格發展過程。

根據學術界人士的計算，藝術品、郵票和小提琴的長期平均價格增幅，都超過現金與政府公債的投資報酬率，但顯著落後於股票市場。其他研究也發現，在不同的漫長取樣期間內，藝術作品的價格績效稍微落後於股票，但優於現金。

然而實務上來說，一般的藝術作品收藏家的績效理應不如上述狀況，因為上述報酬水準並沒有計入購買與出售那些收藏品所需的成本——由於那類市場的流動性低，故其交易成本通常較高，可能輕易就達到待售品項價格的25%（見下述內容）。誠如我們在第10章討論過的，低流動性市場的平均指數報酬率只是參考用，沒有人能真正賺到那樣的報酬率，何況從平均指數報酬率也無法看出不同收藏品的價格因時間與潮流變化等因素而受到什麼樣的影響。

事實證明，瑞特林格的書對研究人員來說，簡直就像是一座寶庫，許多學術界人士檢視了藝術品價格的長期發展（多半是使用瑞特林格的數據），一份檢視這些研究的權威評論

（以目前的情況來說，這份評論已經有點過時了）的結論是：「『純粹基於轉售並賺取價差目的而購買藝術品，是否真的有利可圖？』幾乎所有研究都一致認為這個問題的答案是否定的，只有一份研究例外。」[8]

透過藝術品與收藏品而獲得的心理報酬

收藏家收藏藝術品與藝術愛好者購買藝術品的理由是，他們預期能因這些收藏品而得到快樂。這種美學層面的情感報酬（或稱心理報酬）就像是貨幣報酬（當〔或如果〕收藏家或藝術愛好者最終賣掉手中的收藏品時，可能期望獲得的報酬）以外的紅利，必須另外加以評估。

許多經濟學家曾試圖估計藝術品可能帶來的心理報酬，其中某些經濟學家使用租賃藝術品（例如企業會租用藝術品）的成本數據來估算，這個方法算出來的隱含心理報酬率很高，大概介於每年10%至30%。不過，有些人批評，這個估計數字這麼高的原因在於，那些經濟學家並沒有扣除隱含在租用成本中諮詢服務公司（就應該租賃哪些藝術品而對企業或個人提出建議的公司）的「高貴」收費，若扣除諮詢服務的成本，心理報酬率就會大大降低，換言之，因擁有某項珍貴財產而產生的享受感將因此明顯減少。

2013年的一份學術研究報告評估了幾個被用來衡量持有文化資產的心理報酬的替代方法，這份研究報告將高額的交易成本、藝術作品明顯漫長的持有期間，以及投資到藝術品的財富佔可投資財富的可能比例等因素列入考量後發現，來自藝術作品的年度心理報酬率大約僅介於畫作成本的1%至2%以下。

不過這份研究還發現，由於藝術作品的持有期間通常非常久，所以相較於股票市場投資（持有期間短很多），藝術市場的高交易成本（例如拍賣會上的佣金）對投資人所造成的負擔，並不像表面上的數字看起來那麼沉重。所以報告的結論是，如果買進來的畫作和股票市場上的投資都同樣持有20至30年，那麼，「投資股票相對購買畫作的年度優勢大約僅介於每年0.5%至1%」，似乎是一個合理的推論。[9]但無論如何，高交易成本確實會嚴重侵蝕藝術品與收藏品投資的潛在報酬。

藝術品價值的持久性

經濟學或許有助於解釋整體市場趨勢為何會發生，但我們卻難以清楚說明個別藝術家作品的財務價值是取決於哪些標準。任何一幅畫作的估值（valuation）都應該等於某個願意掏錢買它的人對它的鑑價，而這個鑑價勢必會強烈受那個人評估該畫作的品質後所做出的結論影響。當一位藝術家獲得評論圈代代相傳的好評，其作品的保值力就會增強。

有幾份研究不約而同地探討了這一點，2006年發表的一份學術研究檢視了過去450年間，義大利文藝復興時期眾多藝術家獲得評論圈褒揚與好評的狀況。[10]這些研究的作者以這個期間內不同時期的權威藝術史教科書對眾多藝術家的重視程度來作為比較基準，其中，他們採用的具體衡量標準是，每一位藝術家被引用的次數以及獲得的書面評論篇幅。

這項分析是以知名藝術家兼先鋒藝術史學家瓦薩利（Giorgio Vasari）在1550年發表的評鑑結果為起點，學術界人士比較了瓦薩利的著作和接下來幾個世紀分別發表的六份權威著作，其中最後一份是《葛羅夫藝術辭典》（*The Grove Dictionary of Art*，最後一卷在1996年發行，目前已被定期更新的線上版辭典取代）。比較各個時期的不同藝術權威著作後便可明顯發現，正統藝術機構對義大利文藝復興時期各個領導性人物的表面評價（apparent rating），可以說是歷久彌新到令人印象深刻。比較結果顯示，過去470年的這七份精選權威著作所推舉的義大利文藝復興時期十大藝術家名單中，每一份都「入榜」的有喬托（Giotto）、米開朗基羅（Michelangelo）和拉斐爾（Raphael），另外，這七份權威著作裡有五份同時選擇了提香（Titian）與達文西（Leonardo da Vinci）。

長久以來的權威著作對義大利幾位頂級大師級老畫家的評價，都維持不變的褒揚立場，而這樣的權威評價型態顯示，藝術品品質的某些評鑑結果，確實值得長久信賴。正因如此，不管世代如何流轉，它們的財務價值也因此獲得了某種支持力量，舉個例子，賭「200年後拉斐爾的某件藝術作品將繼續獲得推崇與高度評價」似乎是相當安全的賭注。一家美術館不可能因為擁有拉斐爾的這件作品而陷入困窘，但那並不意味一旦這件作品進入市場，它的績效將跟某個金融投資標的一樣好。

相較之下，當代藝術品的市場並沒有歷史「評論圈好評」可參考，所以當藝術領域的專家評斷某位當代藝術家的作品屬於強勢還是弱勢作品，很大程度上還是和那位專家的主觀意見有關。具影響力的意見領袖和贊助人的加持，絕對有利於營造光環效應（halo effect，經由為藝術家爭取褒揚與商業成就來建立）。即使是事後才被公認為大師的藝術家，都可能要花非常久的時間才能獲得那樣的光環。最著名的例子之一是梵谷（Vincent van Gogh），他的經歷為無數尚未被發掘的藝術家帶來希望：梵谷過世時身無分文，而且儘管他的哥哥和叔叔都是藝術品經紀商，但顯然梵谷在他短暫的一生中只售出過區區幾幅畫作。[11]

一般認為品牌是支撐當代藝術品市場商業價值的另一項重要因素，獲得主要藝術品經紀商支持的藝術家、透過蘇富比或佳士得（Christie’s，目前這兩者依舊是世界上最具支配力量的藝術作品拍賣公司）拍賣作品的藝術家、作品在主流現代藝術品美術館展出或被這些美術館收購的藝術家，或是作品被名流收藏家收購的藝術家等，都能提供所謂的品牌效應（Branding，也就是藝術品市場人士所稱的價值驗證〔validation〕）。市場對藝術品品質的感知有可能是對的，也可能是錯的，而前述的這些管道就像守門員，它們是判斷市場感知品質是否正確的重要仲裁者。

當一位當代藝術家獲得上述某幾個管道的認可，他就會成為有品牌的藝術家，從此以後，他的作品就會漲價。如果一位收藏家能預見這個過程並提早布局——即購買尚未獲得品牌認證、未被發掘的藝術家的作品——就篤定能藉由收藏當代藝術品來獲得財務成就，不過在實務上，市場上或許有很多優秀的當代藝術家，但能獲得品牌力乃至財務成就的終究只是少數。

長久以來，有錢的藝術贊助者、收藏家和發起人可謂不計其數，其中確實有某些人的收藏品變得極其有價值。不過，即使歷史可能會斷定這些人是精明的收藏家，幾乎沒有任何跡象顯示他們收藏藝術品的動機，是為了滿足個人累積財富的欲望，而非出於對藝術的熱愛。

關於這一點，最突出的例子之一是紐約的甘茲夫婦（Victor and Sally Ganz）終其一生所累積的20世紀藝術品收藏，當中包括畢卡索（Pablo Picass）和瓊斯（Jasper Johns）的部分作品。甘茲莊園在1997年的拍賣會上賣掉了114幅畫作，總出售價金共為2.07億美元，這筆金額遠比他們當初為購買這些收藏品而花費的764,000美元高出許多。後續幾場家族收藏品拍賣會中籌到的資金更是可觀，包括2021年11月為了出售紐約不動產大亨馬克洛（Harry Macklowe）和他的前妻柏格（Linda Burg）的部分藝術品收藏而舉辦的拍賣會，那一次拍賣的作品包括羅斯柯（Rothko）、波洛克（Pollock）、畢卡索、昆斯（Koons）以及沃荷等人的作品，最後共籌到了6.76億美元。

學術界人士分析了甘茲夫婦的收藏品後發現，它們的績效輕易就打敗了同一時期投資美國股票市場的績效。[12]雖然我們很難就這些數據和更廣大的藝術品市場的績效進行比較，但情況似乎清楚顯示，甘茲夫婦的收藏品明顯創造了超前的績效。這項分析也發現，甘茲夫婦眾多收藏品的財務績效並非單純歸因於一、兩幅畫作的非凡成果，而是兩人堅持在不同時期投資不同藝術家的習性。那份研究更發現，那些畫作與版畫之所以能以特別高的價格成交，似乎反而是因為它們是來自甘茲夫婦的收藏。

藝術市場拍賣：統計學家的金礦

藝術收藏家總希望估算他們最珍藏的作品的價值（不僅是為了保險的目的），而估計價值最簡單的方法，就是盡可能參考類似藝術品近期在公開拍賣會上的成交價。近幾十年來重要的發展之一是，幾家彼此競爭的藝術市場指數彙編公司與線上藝術品估值服務提供者，已共同彙編了幾檔藝術品市場指數。

拍賣公司能提供經紀商畫廊、藝術博覽會或各拍賣公司非公開銷售活動等交易活動所無法提供的定價透明度，從而促進了指數彙編服務的發展。然而，每一項藝術品指數都各有缺點，其中一些和所有低流動市場的績效衡量指標的缺點相同，某些只會出現在藝術品市場，還有一些則導因於研究方法與涵蓋範圍的差異。每一檔主要藝術品指數都反映了公開拍賣會上的交易與成交價，不過，在經銷商畫廊或藝術品博覽會達成的機密性交易則不會被計入那些指數中。然而，根據藝術經濟學研究暨諮詢公司（Arts Economics）估計，公開拍賣會的交易額還不到2021年藝術作品市場總營業額的一半。

拍賣會的價格資訊（包括拍賣會前的價格估計值）可隨時取得，這使得拍賣會成了統計人員與分析師眼中的金礦。某些低流動性市場上的交易全部都屬於非公開交易，因此，這些市場績效指數需仰賴專家的估值來彙編，藝術品市場則不同，指數的提供者能使用拍賣結果來會彙編指數。然而，一如其他市場，這些指數都排除了佣金成本對財務績效的衝擊。通常指數的提供者也會將未能達到底價（reserve price）並因此未能出售（或「買入」）的品項排除。它們也會略過在拍賣會舉辦前才匆匆撤回的待售品項，臨陣撤回的可能原因有很多，包括擔心需求疲弱等。在拍賣會上，1/3的品項未能達到底價的情況可說是稀鬆平常。[13]

藝術品與收藏品投資

和藝術品投資有關的討論非常多，但顯然，將藝術品純粹視為金融投資的討論並不多。近年來，購買個別精選當代藝術作品部分產權的風氣漸漸興起，這股風氣似乎正形成一股新趨勢。在過去，曾有不少人試圖成立藝術品基金，基金的認購人可經此管道持有某個藝術品投資組合的股份。從1904年開始，就有一些成功的藝術品基金案例可循，當時一位法國金融家和他的十二名朋友建立了一檔名為「熊皮」（La Peau de l'Ours，這是基於諷刺目的而刻意取的名稱，它的典故源自一則寓言：幾名獵人在獵捕一隻熊之前，就順利賣掉了它的皮，但他們後來並未能真的捕獲那隻熊）的基金。拜幾位發起人挑選藝術作品（包括高更〔Gaugin〕、莫內〔Monet〕及馬諦斯〔Matisse〕的作品）的眼光和非凡的好運（它在成立後10年清算，當時正值第一次世界大戰爆發前夕）所賜，就財務的角度來說，那一檔基金可說是成就斐然。幾項藝術品市場指數都顯示，經過50多年後，即使將通貨膨脹計入，藝術品市場的價格都未能回到那時的高峰。

2008年金融危機爆發前不久，市場上出現一連串積極的藝術品基金發行計畫，分別計畫投資不同領域的藝術品市場。從那時開始，藝術品與財富投資顧問陸續成立了各式各樣的私募藝術品基金。藝術品投資顧問通常只鎖定最有錢的客戶，他們集中火力向那些客戶提供藝術收藏品的管理與買賣建議，並在客戶購買高價藝術作品後，在信用工具的安排與取得方面提供協助，藝術作品佔那種富裕投資人的財富比重可能相當高。當然，投資顧問或許會推波助瀾地向客戶強調那些藝術品能賺到多大程度的利潤，不過與其稱那些藝術品為投資組合，將之形容為收藏品通常更為貼切。

藝術作品與其他愛好性投資標的的共同特性

愛好性投資（即嗜好性收藏品）有很多共同的特性。

- 每一個品項的出處（也就是鑑定證明與所有權歷史）都極端重要，即使是最顯赫的藝術收藏品和美術館的重要作品都有遭到專家重新鑑價的風險。當重要作品被重新鑑定為「出自某某流派」而非特定大師級老畫家之手，它的估值有可能會受到嚴重影響；萬一某項珍貴的藝術作品被揭發為贗品，那更是糟糕至極。
- 郵票或硬幣收藏也受類似的風險所威脅：質化鑑定（qualitative assessment）對外行人來說似乎很神秘，但其鑑定結果卻可能顯著影響外界對一項收藏品之品質的判斷。無論是收藏藝術作品或收藏品，收藏家培養專業與熱情的目的，都是為了將這類風險降至最低（集郵愛好者應該都認同，在某些情況下，一些惡名昭彰的偽造郵票價值可能不比原版郵票低）。

- 市場內部人和多數投資人之間存在資訊不對稱的問題，所有流動性不足的市場都有著這個共同特徵。期待建立收藏品的人都必須瞭解，市場上的專家幾乎永遠都能掌握資訊上的優勢。

藝術品與愛好性投資標的的交易成本通常遠高於流動性較高的證券市場。藝術拍賣會的交易成本主要是買家與賣方酬金（即佣金），舉某大拍賣公司為例，買家的佣金是根據浮動級距來計算，150萬美元落槌價的應付佣金有可能超過20%，其中頭25萬美元價金的應付佣金高達26%，這筆應付金額甚至還不包括其他稅金。

作品賣方（即寄售人）的應付佣金也非常可觀，不過自2002年的佣金價格操縱醜聞（price-fixing scandal）被揭發後，目前賣方應付佣金的水準可能取決於拍賣公司與賣方之間哪一方的經濟壓力更大。儘管如此，幾乎可以肯定的是，拍賣公司針對高價畫作收取的賣方佣金，還是可能輕易達到成交價的25%，較低價品項的佣金比率甚至更高。如果碰上必須針對佣金繳納間接稅的情況，整體交易成本可能輕易就超過30%。

如果收藏者不是選擇長期持有的策略，上述交易成本有可能會成為所有愛好性投資的巨大絆腳石。不過這當中有一個例外：某些市場（尤其是收藏品市場）的拍賣品可能是由大量混雜品項組成，例如由一箱箱老集郵冊與集郵包組合而成的單筆待售拍賣品。若要逐一仔細評估其中每一個品項的價值，成本必然高得令人卻步，所以這種拍賣品已有公認的估值方法。不過，這就是利之所在——如果你擁有逐一評估這些拍賣品項價值的專業能力，就有可能從中獲得可觀的報酬。

藝術品價格與藝術品市場的規模其實很「渺小」

基本上，和全球藝術品的市場規模比起來，全球各地可配置到購買藝術品的財務資源實在非常龐大。中東人士的口袋非常深，他們正出資成立許多全新的國家級美術館。更重要的是，藝術品市場相對民間總金融財富而言一向非常渺小，這是一直以來就存在的失衡狀況。根據藝術經濟學研究暨諮詢公司與瑞銀集團（UBS）估計，2021年藝術品與古董的全球銷售金額為650億美元，但凱捷管理顧問公司2022年的《世界財富報告》估計，投資用途的可用金融財富高達86兆美元，其中幾乎有21兆美元是隨時可取用的現金或存款。

藝術品市場規模相對可支配財富而言實在太微不足道，

這意味一旦任何一位或一群大型投資者打定主意要大手筆建立或擴大他們的藝術品收藏規模，就可能對價格構成可觀的支撐力量。換言之，如果你相信未來幾十年那類投資者（至少其中某些人）會對藝術作品的價格構成愈來愈強的支持，那麼將藝術市場上的搶手作品當成純粹的金融性投資，就算是合理的行為。誠如學術界人士曾提到的，經濟學無法為極度珍貴的藝術品定出任何價格上限。

出人意料的是，正是這樣的不確定性讓專家的角色變得更加吃重。在相對**有效率的市場**（efficient markets）上（例如股票或債券市場），基本面非常重要，已知的未來股利調整往往會自動反映在當前的價格上。然而，藝術品市場缺乏基本面，這使得專家的角色變得更舉足輕重，而在這個市場上的專家意見，其對價格的影響自然比其他市場的專家意見大得多。

藝術品戰術公司（ArtTactic）就提供了專家意見的某種獨特應用。拍賣公司總是會在拍賣會前提供估計價格範圍，這是藝術品拍賣市場行之有年的重要結構性特色之一。從2013年以來，線上ArtTactic預測家競賽（ArtTactic Forecaster competition）搜集了數百位自告奮勇的預測人員的重複價格預測（他們〔在一份多選題問卷中〕預測一組受高度矚目的精選拍賣品的最終拍賣價會落在哪一個價格範圍之中），而這些預測都是在每一場拍賣會舉辦前的幾天時間內取得。

預測結果的有趣發現之一是，所有預測人員的平均預測值，往往非常接近拍賣官估價範圍的中間價。我們似乎可以將這個發現視為第2章所討論的**錨定偏差**的經典案例之一，而且這個發現或許有助於強化相關拍賣公司的可信度。

只有少數例外狀況出現了出人意料的拍賣價格結果，而且「群眾」預測的平均值鮮少能預測到這些價格結果。若想獲得更強大的預測力量，就需要進行愈多測量，而且可能還必須考慮到特定預測人員在特定藝術家與作品類別方面的技能水準。儘管如此，雖然平均預測值可能不容易預測到意料之外的拍賣價格結果，但預測人員之間的意見差異絕對隱含了更多可參考的情報。

最容易成交的收藏品（例如勞力士手錶）的價格估計值區間比較適中，相反，不同專家對相對「深奧」的收藏品的鑑價範圍就可能很大，例子之一是，較少人深入研究且歷史拍賣紀錄相對短暫的年輕藝術家作品。由於這些預測是在非常短的時間範圍（例如幾天）內做出，所以外界無法透過這些預測的價格範圍，得知和某項藝術作品有關的長期市場風險，而這項訊息非常重要。

長期風險本就不容易評估，因為這種風險牽涉到諸如聲望與品味變化等因素。然而某種程度上，我們可將專家估價範圍視為拍賣執行作業相關風險的主觀指標。一如所有收藏家都心知肚明的，即使一件作品擁有被頂級拍賣公司納入拍賣項目（外界可能理所當然地認為顯赫的傑出作品必然會被那類拍賣公司納入拍賣項目）的價值，它在拍賣當天的現場能以什麼價格售出，還是有非常大的不確定性。

如果你是個放款人，而且需要評估是否要接受以某一項著名藝術品來作為放款擔保品（見下述內容），你就必須瞭解這個價格的風險有多大，因為這是這類放款決策的重要考量因素。諸如拍賣官估價等專家估價只能作為部分參考。預測變異（prediction variance，不管是就估計的貨幣金額而言，或是相對其他藝術家與作品的排名而言）是評估這項風險的方法之一，這和一個拍賣品項在拍賣會上徹底拍賣失敗（實際上就是指拍賣參與人對它的估價低於它的底價）的風險密切相關。總而言之，無法售出的機率和預測範圍等估計值，似乎是能夠補強專業估價的有用風險衡量指標。

以收藏品作為擔保品

想要投入重金收集收藏品的人，務必要嚴肅看待收藏品流動性不佳的問題。已經有一些人為了解決這個問題而提出許多創新，他們建立了一些結構來幫助收藏家利用手上的收藏品來作為貸款擔保品。

藝術品擔保貸款可視為能讓藝術品收藏家在不賣掉那些藝術品的情況下，有效取用其藝術品收藏權益價值的好管道，畢竟出售藝術品的行為可能衍生某種納稅義務。藝術品放款讓收藏家得以釋出部分資金，並將這些資金重新部署到更有效益的用途上，例如收購新的藝術品、投資其他吸引人的商業機會，或是純粹進行現有貸款的再融資。

德勤（Deloitte）會計師事務所與藝術戰術公司的《2021年藝術品暨金融報告》（the Art & Finance Report 2021）估計，2021年的藝術品擔保放款市場規模大約是2,100億美元（根據尚未清償的貸款價值計算）。高價藝術品的估價服務多半由民營銀行和拍賣公司提供，這項服務是隨著藝術品被用來作為貸款擔保品的發展才應運而生。[14]這項服務的利基面之一是，某些將藝術品納入投資組合資產的避險基金一定有需要使用藝術品估價服務。

金融上的需求正一步步改變藝術品的市場，藝術作品擔保貸款的發展只是其中一環而已。一如過往，金融與科技正亦步亦趨地驅動藝術品創作、所有權紀錄、估價與銷售等方面的變化。在科技的驅動下，人們對前幾個世紀的藝術家工藝的理解也漸漸改變，歸屬（attribution，譯註：指認定特定作品屬於特定作者的過程）的確認也因科技發展而有所改變。金融與科技的綜合影響不容小覷，這兩項因素不僅使藝術作品及收藏品市場的流動性漸漸改善，也使這個市場變得更全球化、更透明，且更「親民」。

詞彙表

本詞彙表不會重複正文中已提及之概念的定義與解釋。

主動管理（active management）

指主動型投資經理人的投資策略，投資人禮聘這些投資經理人的原因是期望他們在收取較高的主動管理費用之餘，能為投資人創造優於整體市場績效的表現。這類投資策略都牽涉到極高的無謂周轉率（相較被動管理型策略或市場指數型策略而言），所以也背負了績效落後市場的無謂風險。另見**被動型投資策略**。

年化算術平均（annualised, arithmetic average）與年化幾何報酬率（geometric returns）

算術平均績效是指一段期間內投資報酬率的簡單平均值，算術平均值高於複合（即幾何）平均報酬率。這兩者之間的差異很容易說明，假定一個投資組合在某一期間的報酬為–50%，下一期則為+100%，那麼這兩個期間的算術平均績效為+25%，即（–50 + 100）÷ 2。然而，幾何平均（即複合）報酬率則為100 ×（0.5 × 2.0）– 100，也就是 0%。所以，在使用算術平均報酬率時，也應該一併使用諸如標準差等標準風險衡量指標。但無論如何，觀察幾何（即複合）報酬率才能瞭解財富隨著時間流逝的演變狀況。

年金（annuity）	定期支付給某種保險契約持有人的款項，通常是保險公司發行，終身年金是指在保單持有人有生之年持續支付款項的年金。
資產配置（asset allocation）	不同市場之間的投資標的分配，和選股相反，選股是在某個特定市場內的投資標的分配。
基礎貨幣（base currency）	投資人的本國通貨，他們用基礎貨幣來表達其投資目標，投資人的基礎貨幣通常——但非絕對——顯而易見。見第8與第9章。
基本點（basis point，BP）	百分之一的百分之一，即0.01%。
貝他值（beta）	衡量一檔股票的曝險部位會對股票市場風險帶來稀釋效果（貝他值低於1.0）或是槓桿效果（貝他值高於1.0）的指標。
債券（bonds）	見**傳統債券**。
損益平衡通貨膨脹率（break-even rate of inflation）	指相同期限的傳統政府公債與通貨膨脹連動政府公債的贖回殖利率之間的（約略）差異。如果通貨膨脹率正好等於這個損益平衡率，通貨膨脹連動政府公債與傳統政府公債之間的總報酬就會大約相同。見第4章。
逆勢操作者／策略（contrarian）	蓄意逆潮流並與近期市場趨勢背道而馳的投資人或投資策略，通常是用來形容價值型投資人的用語。見第8章。

傳統債券（conventional bond） 固定收益的債券（根據預定的時間表發放固定利息且贖回價值固定的債券）。使用「傳統」一詞，是為了和連結通貨膨脹的債券或浮動利率債券做區隔，通貨膨脹連結債券發放的息票與／或贖回價值，會根據通貨膨脹進行調整，浮動利率債券的息票也會根據某一項具體指定的短期參考利率（例如倫敦同業拆款利率〔London Interbank Offered Rate，LIBOR〕）重新設定。

相關性（correlation） 兩個變數（variable）之間的線性關聯程度，換言之，它是衡量兩種投資標的價格同步波動程度（但不盡然等額）的標準化衡量指標。相關係數（correlation coefficient）——即R值——介於–1至+1之間。當相關係數為0，代表兩項投資標的之間的價格波動毫無關係可言；當相關性為正數，意味這兩項投資標的的價格傾向同時上漲或下跌；當相關係數為負，意味在任何一段特定時間，這兩項投資標的的價格傾向反向波動。在建構由風險性資產組成的投資組合時，最好能納入負相關的資產，因為這樣能降低風險。然而，負相關卻又吸引人的投資標的很罕見。

信用利差（credit spread） 高風險債券相對於相同期限之國庫債券的額外殖利率，高風險債券之所以能提供額外的殖利率，是為了對承擔了該債券潛在違約風險的投資人提供補貼。另外，額外的殖利率也可能是為了補貼債券的流動性不足。

衍生性金融商品（derivatives）　衍生性投資契約，這種契約的設計是為了複製可從股票或固定收益市場直接投資活動而獲得的特定風險特點。

存續期間（duration）　一檔債券的平均壽命，也是衡量一檔債券對利率波動的敏感度的指標（這些定義反映了計算上的些微差異）。存續期間是預定支付款項總額的加權平均時間，其權重取決於每一筆付款的現值。債券的存續期間一定比它的到期期限短，因為它會把更早之前的付息日考慮在內。不過，零息債券例外，這種債券的存續期間正好等於它的到期期限。存續期間有兩個常見但相似的專業定義：麥考利存續期間（Macaulay duration）以及修正存續期間（modified duration），如果你想要精確配抵未來的付款源流，前者是最有用的，後者則是衡量一個債券投資組合對小幅利率變動之敏感度的指標。

效率市場（efficient markets）　直觀來說，我們可以把效率市場想成：即使你根據過往資訊預測未來，也無法從中獲得財務優勢的市場。真正的效率市場應該在大多數時候具備這樣的屬性，不過實際上不見得如此，因為有時候我們真的不能預測到將來發生什麼事。

環境、社會與公司治理（ESG）	投資領域的環境、社會與公司治理議題。見第8章。
股票指數型基金（ETF）	一種持有特定市場之曝險部位的投資產品。ETF本身是在股票市場掛牌交易，所以這種產品的流動性非常好，而且通常能以適中的交易價取得。
家族辦公室（family office）	富裕家族的私人辦公室，負責管理家族的財務事務。
遠期合約（forward contract）	和期貨合約相似，但遠期合約可能不是標準化的合約（但多半是標準化的），而且無法享受正規交易所提供的定價透明度與支援等好處。因此，遠期合約不見得每天都會按照市值計價，這形成了比期貨合約更嚴重的交易對手風險（counterparty risk），畢竟期貨合約是在正規的交易所買賣交易的。
期貨合約（futures contract）	一種為了在未來特定日期買進或賣出一項特定投資標的（或一籃子投資標的），而在特定期貨交易所簽訂的標準化合約。這個交易所負責擔保交易所成員（而非成員的客戶）之間的收付款。在實務上，一項期貨合約的獲利或虧損會按日計算，而這些損益會反應在簽約雙方應對交易所結算部門收／付的變動保證金金額中。
已避險（hedged）	象徵市場風險（例如來自股票市場或外匯市場的風險）已利用衍生性金融商品或其他金融工具加以抵銷。

捷思（heuristic） 有助於找出棘手問題的適當——但通常不完美——答案的簡易程序，即捷徑。

高收益債券（high-yield bond） 被信用評等機關判定為投機或甚至不太有保障的債券。另見**次投資等級**、**投資等級**與第9章。

指數化投資法（index investing） 牽涉到最小周轉率與最低費用的市場指數型投資策略。通常這種投資法只有在應付投資人資金流入或流出，或是為了改善投資組合的市場指數化特色時，才會有周轉的狀況發生。也稱為被動投資法。

通貨膨脹風險溢酬（inflation risk premium） 損益平衡通貨膨脹率高於預期通貨膨脹率的數字，反映了未來實際通貨膨脹率可能高於預期的風險。見第4章。

投資等級（investment grade） 主要信評機關賦予至少具中等到優質信用評等的債務型證券的一系列信用評等，這是區分投資等級債券和被判定為投機或甚至沒有良好保障的債券的分界線。見**次投資等級**與第9章。

大型股（large cap） 在股票市場上，市場價值最大的企業族群。以美國來說，市場價值超過100億美元的掛牌企業會被視為大型股。見第8章。

槓桿（leverage） 象徵一項投資標的乃至其績效隨著它本身的固有債務水準而變動的程度。

流動性（liquidity）	表明一項投資標的以接近其告示價格（advertised price）買進或賣出的容易度。在流動性不足的市場上，買進與賣出投資標的難度可能很高。
單純作多的投資策略（long-only strategy）	一種傳統的投資策略，投資組合是由實際上真正持有的投資標的組成，而不是由借來或放空的投資標的。另見**放空部位**。
均值回歸（mean reversion）	根據價值型投資人的基本信念，金融市場的價格傾向於過度反應，並在價值高估與低估之間擺盪。均值回歸是指預期價值高估的市場肯定將變得較便宜，而價值低估的市場可能會變得更接近「公允價值」。
迷因股（meme stock）	見〈前言〉。
心理帳戶（mental accounting）	行為財務學的概念之一。個人與家庭用來組織、評估與追蹤理財活動的一系列認知作業。
貨幣市場基金（money market funds）	投資到現金、約當現金的證券以及具高信用評等的極高流動性短期工具（例如美國國庫券）的基金。貨幣市場基金旨在以極低的風險為投資人提供高流動性。
天然歸宿（natural habitat）	特定投資人的天然投資歸宿，例如長天期國庫債券就像是退休基金的天然歸宿。

非同質化代幣（non-fungible token，NFT）

非同質化代幣是儲存在區塊鏈的數據單位，可供賣出與交易。和多數可互換加密貨幣不同的是，非同質化代幣的每一個代幣都能透過其藝術創作（相片、視訊、音訊）與特質來進行唯一識別。

雜訊（noise）

無意義但明顯可見的市場訊號，這些訊號令人更難以解讀市場上的發展所代表的意義。雜訊既是不確定性的導因，也是不確定性的呈現。雜訊的導因之一是無知投資人的買賣交易對市場所造成的衝擊，或是出於回應市場訊號以外的理由而進行交易的人（例如基於任何理由而必須賣出並對市場造成衝擊的投資人）對市場所造成的衝擊。見第4章。

選擇權（option）

選擇權合約的買方有權——但無義務——以特定價格在該合約的預定到期日當天（歐式選擇權）或之前（美式選擇權）購買（買權）或出售（賣權）一項特定投資標的。

被動型投資策略（passive strategies）

牽涉到最小周轉率與最低費用的市場指數型投資策略。通常這種投資法只有在應付投資人資金流入或流出，或是為了改善投資組合的市場指數化特色時，才會有周轉的狀況發生。也稱為指數型投資法。

龐氏騙局（Ponzi scheme）

以欺詐犯查爾斯·龐茲（Charles Ponzi）命名的一種詐騙行徑，他在1920年代利用存在於國際郵件優惠券匯率的反常現象，詐騙了成千上萬名新英格蘭居民——他承諾為拿出積蓄來投資的民眾獲取異常高的報酬率，但事實並非如此。龐氏騙局是一種承諾提供誘人績效的投資詐騙行為，實際上是以新投資人的投入資金來為現有的投資人提供設局者所承諾的優渥報酬。除非有源源不斷且足夠應付退出者的新資金流入，否則整個騙局便無法繼續正常運作，所以那種騙局注定會被揭穿。

提前清償風險（prepayment risk）

指債券——尤其是不動產抵押貸款債券——在具體設定之還款日程到來前可能面臨的本金提早償還風險，因為住宅不動產抵押貸款人（尤其是在美國）能行使提早還款的權利。這會縮短不動產抵押貸款債券的期限，而且最可能發生在利率降低的時期（或是不動產抵押貸款的放款人彼此積極競爭新業務時），因為當利率降低，貸款人就有機會以更吸引人的利率轉貸不動產抵押貸款，從而獲取利益。見第9章。

本益比（price/earnings ratio）

一家企業的股價相對其「盈餘除以總發行股數」（譯註：即每股盈餘）之數值的比率。高本益比意味股票市場預期該公司的盈餘將快速成長，相反則代表股票市場預期該公司的盈餘成長速度將較慢。

價格績效（price performance）	一項投資標的在不考慮衍生的收益或股息等情況下的績效表現。和總報酬呈鮮明對比，總報酬包括價格績效和收益性報酬。
私募型投資標的（private investment）	未公開掛牌或沒有公開報價的投資標的，這種投資標的通常沒有隨時可取得的報價。
私募股權基金（private equity）	直接購買私營企業的基金或投資人，或是從事買斷公開發行企業等業務的基金或投資人，私募股權基金的收費非常高，且贖回條件非常嚴苛。
展望理論（prospect theory）	行為財務學的重點之一。實驗顯示，虧損對民眾動機的影響大於利益的影響，所以民眾一定會竭盡所能避免實現虧損。展望理論就是以這類實驗為基礎。見第2章。
公開市場（public market）或有報價的投資標的（quoted investment）	公開掛牌交易或有公開報價的投資標的，這類投資標的的報價會規律地在正規交易所揭露，並以公開報價或接近公開報價的價格在該交易所進行換手交易。另見**未公開掛牌之投資標的**。
實質利率（real interest rate）	扣除通貨膨脹率後的利率。
風險溢酬（risk premium）	第4章討論了幾項風險溢酬。
避風港型投資標的（safe harbour）	投資人的最低風險策略。見第4章。

夏普比率（Sharpe ratio）

衡量調整風險後之績效的指標，以特定投資標的超過零風險投資報酬率（通常指國庫券利率）的績效與績效相對零風險利率的波動性的比率來衡量。績效與波動性通常是以年化比率來計算。投資人應該要意識到，流動性不足的投資策略會扭曲夏普比率的測量值，因為那些策略的表面波動性將因其基本投資標的的市場過於仰賴投資標的之鑑定估價（appraisal valuations）而遭到人為降低。除非基本投資標的之績效分配大約近似於常態分布，否則夏普比率沒有意義可言。因此，夏普比率不該被用於類似保險計畫的投資策略，也不該用於包含了明顯選擇性的投資策略。基於上述兩個理由，很多避險基金策略所揭露的夏普比率可能產生誤導投資人的效果，無法提供有意義的訊息。見第4章。

放空部位（short position）

當投資人出售他們自己實際上並未持有的投資標的，就會產生放空部位。舉個例子，如果A投資人想要放空某一項投資標的，必須先向C投資人借這項投資標的，才能跟向A投資人購買這項投資標的的B投資人（也就是A投資人的交易對手）完成交割程序。不過，在期貨交易所上建立的放空部位例外。放空者向別人借股票（或其他投資標的）時，必須提供擔保品給出借股票的人。相反，作多部位是指投資人實際上已持有的投資標的。

小型股（small cap）	就股票市場市值而言的小型企業。以美國有公開報價的企業來說，小型股的常見定義是指市場價值低於20億美元的企業。見第8章。
主權基金（sovereign wealth fund）	所有權隸屬於政府的投資基金，這通常是國際收支（balance-of-payments）長期盈餘下的產物。
穩定幣（stable coins）	價值釘住其他法幣、大宗原物料商品或財務工具，或是受其他法幣、大宗原物料商品或財務工具擔保的加密貨幣。穩定幣通常被視為可替代貨幣市場基金的加密型資產，不過作為穩定幣擔保品的資產向來令主管機關憂心，因為那些資產的透明度不足，而且還使用槓桿。
特殊目的併購公司（SPAC）	又稱空白支票公司。見第8章。
標準差（standard deviation）	報酬率的標準差是用來衡量平均報酬率的離散程度。
股票（stocks）	也就是股權或股份。
選股（stock selection）	特定市場投資組合中的投資標的分配，它和不同市場之間的投資標的分配——即資產配置——有所不同。
策略性資產配置（strategic asset allocation）	旨在管理和投資人最終付款義務或目標有關的風險與機會的決策，通常屬於長期性質的決策。策略性資產配置牽涉到投資人

對避風港型投資標的與風險性投資標的（這些投資標的必須能有效分散其他市場風險）之間的配置。見第5章與第6章。

結構性商品（structured product） 通常在出售時附加保本和／或槓桿（以提高對標的市場的曝險程度）元素的投資標的或投資策略。結構性商品的賣方是投資銀行，且通常牽涉到（1）與該結構性商品同時到期的零息債券及攸關標的市場之買權的某種組合，或（2）彈性調整基本投資標的與政府公債曝險部位的動態策略，這是為了確保發行銀行擁有足夠的獲利能力，在到期日當天兌現先前承諾的資本返還金額。

次投資等級或投機等級（sub-investment or speculative grade） 經信用評等機關判定為投機或甚至缺乏保障的債券。另見**高收益債券**、**投資等級**，以及第9章。

系統性報酬率（systematic return） 在承擔充分分散的系統性風險的情況下，預期將獲得的市場報酬率。一般通常是從股票市場報酬率的角度來思考系統性報酬率，亦指承擔任何型態的市場風險（即市場參與者願意為之付出某種代價的市場風險）時預期應該會獲得的報酬。所謂市場風險除了股票市場風險以外，還包括信用市場風險，乃至各式各樣的保險與其他風險轉移服務。目前這種另類的系統性報酬來源被解讀為避險基金報酬的重要潛在來源。

系統性風險（systematic risk）　無法透過分散投資來消除的市場風險。最常被提及的是股票市場風險，但也可能指和一系列不同系統性報酬來源相關的風險。

戰術性機會（tactical opportunities）　根據不同市場的短期期望績效差異，將投資策略或多或少的比重分配到這些市場，由此產生的獲利機會。

總報酬率（total return）　一項投資標的的總績效，包含收益率以及價格績效表現。

分券（tranche）　以擔保債務憑證來說，指同一擔保債務憑證被分割為不同等級的分券，每一等級的分券的風險特性各有不同。見第9章。

國庫券（treasury bill）　原始期限短於1年（通常是1至6個月）的政府債券。

國庫債券（treasury bond）　原始期限長於1年的政府債券。在設計整體投資策略時，慣例的做法是把剩餘期限不到12個月的政府公債視為國庫券。以美國來說，原始期限介於1年至10年的國庫債券稱為「中期公債」，但本書所謂的「國庫債券」是指期限超過1年的所有國庫債券。

未避險（unhedged）　表明市場風險——例如來自股票市場或外匯市場的風險——尚未以衍生性金融商品或其他工具加以抵銷的狀況。

未公開掛牌交易或私募型投資標的（unlisted or private investment）	除了買進與賣出時，價格代表其鑑定估價的投資標的，像是創業投資或房地產投資等。
效用（utility）	象徵滿足感的指標，通常是以貨幣來代表。
創業投資（venture capital）	私募股權的投資標的之一，主要投資到具長期潛力的初創企業與小型企業。
波動性（volatility）	一項投資標的之價格或績效的起伏波動，通常是以報酬率的年化標準差來衡量。
殖利率曲線（yield curve）	見第4章。

註釋

引言

1. 這個章節一開始提到的奇聞軼事引用自：Brett and Marcos Talk Your Chart, US Market Domination & 2022 Predictions, episode 11 webcast, Evensky & Katz/Foldes: www.evensky.com

第1章　看清楚牛肉在哪裡

1. Ilmanen, A., *Expected Returns: An Investor's Guide to Harvesting Market Rewards* (John Wiley & Sons, 2011).
2. 另見美國聯邦存款保險公司前董事長巴爾（Sheila Bair）所著的《金錢童話》（Money Tales）系列童書。
3. Ludwig, C., "The myth of full automation: the roboadvice case", Bank Underground, Bank of England staff blog (January 2020).

第2章　自我評估：應信賴一己之見來處理投資事務，還是求助外部顧問？

1. Dimson, E., P. Marsh and M. Staunton, *Credit Suisse Global Investment Returns Yearbook 2021* (Credit Suisse Research Institute/London Business School, 2021), summary edition, p.27.
2. 金融學術界人士稱民眾對樂透彩券（以及具備樂透彩特性的投資標的）的這種需求為正偏態偏好（preference for positive skewness）。

第3章 個人退休金的挑戰

1. Chen, G., M. Lee and T. Nam, "Forced retirement risk and portfolio choice", *Journal of Empirical Finance* 58(C) (2020). 這篇文章檢視了密西根大學健康與退休研究在1998年至2012年針對美國老年人所做的年度調查數據。
2. Ezra, D., "Most people need longevity insurance rather than an immediate annuity", *Financial Analysts Journal* 72(2) (2016).
3. "The challenge of longevity risk: making retirement income last a lifetime", American Academy of Actuaries, Institute and Faculty of Actuaries, Actuaries Institute Australia (2015).
4. Hurd, M.D., P.-C. Michaud and S. Rohwedder, "Distribution of lifetime nursing home use and out-of-pocket spending", Rand Corporation and Network for Studies on Pension, Aging and Retirement, Tilburg University (2017).
5. Bengen, W.P., "Determining withdrawal rates using historical data", *Journal of Financial Planning* 7(4) (1994).
6. Maeso, J.-M. et al., "Efficient withdrawal strategies in retirement investing", EDHEC-Risk Institute (March 2022).
7. Horneff, V., R. Maurer and O.S. Mitchell, "Putting the pension back in 401(k) retirement plans: optimal versus default deferred longevity income annuities", *Journal of Banking & Finance* 114 (2020).

第4章 驅動績效的因素是什麼？

1. 不同國家的學術研究顯示，當日沖銷的績效落後大盤，且經常呈現負報酬。這些研究包括：Barber, B.M. et al., "Attention-induced trading and returns: evidence from Robinhood users", SSRN mimeo (October 2021)。美國還有一份更早期的研究凸顯了當日沖銷操作者的績效落後大盤：Barber, B.M. and T. Odean, "Trading is hazardous to your wealth: the common stock investment performance of individual investors", *Journal of Finance* 55(2) (2000)。第三個例子是巴西的研究：Chaque, F., R. De-Losso

and B. Giovannetti, "Day trading for a living?", SSRN mimeo (June 2020)，這幾位研究人員研究了2013年至2015年間，巴西股票期貨市場的散戶交易狀況。他們發現，堅持至少300天的當日沖銷客當中，有97%是虧錢的，而且只有1.1%的人賺到比巴西最低工資更多的錢。

2. Bessembinder, H., "Do stocks outperform Treasury bills", *Journal of Financial Economics* (September 2018).
3. Vlieghe, G., "The yield curve and QE"（可透過bankofengland.co.uk瀏覽），2018年9月在帝國學院商學院發表的演說，以及：P. Tucker "On central bank independence", *Finance and Development*, IMF (May 2020)。
4. Dimson, E., P. Marsh and M. Staunton, *Credit Suisse Global Investment Returns Yearbook 2022* (Credit Suisse Research Institute/London Business School, 2022). This updates E. Dimson, P. Marsh and M. Staunton, *Triumph of the Optimists: 101 Years of Global Investment Returns* (Princeton University Press, 2002).
5. 結果，英國的實質利率（以可進行國際比較的數字為基礎）大幅高於公開發布的數據，損益平衡通貨膨脹率則大幅低於公開發布的數據。

第5章　通貨膨脹、利率、榮景與蕭條：世界上有真正安全的投資嗎？

1. Summers, L.H., "The age of secular stagnation: what it is and what to do about it", *Foreign Affairs* (March/April 2016).
2. Mayer, T. and G. Schnabl, "Reasons for the demise of interest: savings glut, and secular stagnation or central bank policy?", *Quarterly Journal of Austrian Economics* 24(1) (2021).
3. Buiter, W.H., "Gold: a six thousand year old bubble revisited", Citi Economics Research paper (2014), www.willembuiter.com/gold2.pdf
4. Rogoff, K.S., *The Curse of Cash* (Princeton University Press, 2016).
5. 美國在1971年廢除各國中央銀行可用35美元兌換1金衡盎司之黃金的機制，自此，金本位的最後一道遺蹟也終於被抹除。
6. 2022年，美國境內流通的最大面額紙鈔為100美元，英國是50英鎊，歐元區則是500歐元。但自2019年以來，面額500歐元的紙鈔就未再發行，不過截至2024年本書翻譯出版為止，此面額的紙鈔還是法定貨幣。

7. Nakamoto, S., "Bitcoin: a peer-to-peer electronic cash system", (October 2008).
8. Turpin, J.B., "Bitcoin: the economic case for a global, virtual currency operating in an unexplored legal framework", *Indiana Journal of Global Legal Studies* 335 (2014).
9. 申鉉松（Hyun Song Shin）2022年6月於國際清算銀行年度股東大會上發表的演說〈The future monetary system〉。
10. Aliber, R.Z., C.P. Kindleberger and R.N. McCauley, *Manias, Panics and Crashes: A History of Financial Crises* (Wiley, 8th edn, 2022).
11. Shiller, R.J., *Irrational Exuberance* (Princeton University Press, 2000).
12. Goetzmann, W.N., "Bubble investing: learning from history", in Chambers, D. and E. Dimson (eds) *Financial Market History: Reflections on the Past for Investors Today* (CFA Institute Research Foundation and University of Cambridge Judge Business School, 2016).
13. Quinn, W. and J.D. Turner, *Boom and Bust: A Global History of Financial Bubbles* (Cambridge University Press, 2020).
14. 席勒本益比是標準普爾綜合股價指數調整通膨後的指數水準與該指數成分企業調整通貨膨脹後的10年移動平均申報盈餘之間的比率。

第6章　標準資產配置有助於提升投資成果嗎？

1. Tobin, J., "Liquidity preference as behaviour towards risk", *Review of Economic Studies* 67 (1958).
2. 以英國來說，歷經2007年被電視新聞戲劇化大肆報導的存款人擠兌事件後，英格蘭銀行（Bank of England）在2007年9月初拯救了儲蓄銀行業的北岩銀行（Northern Rock）。2008年9月，在雷曼兄弟破產後，規模達650億美元的美國主要貨幣市場基金主要準備基金（Reserve Primary Fund）被迫將其單位價值降至1.00美元以下，這引發了一波瘋狂贖回潮，這個事件也促使美國財政部針對貨幣市場基金實施了臨時擔保計畫

（Temporary Guarantee Program）。
3. Siegel, J.J., *Stocks for the Long Run* (McGraw-Hill, 5th edn, 2014).

第7章　流動性風險：在不景氣時期，現金才是王道

1. Johnson, E. and D. Moggridge (eds), *The Collected Writings of John Maynard Keynes, Vol. XII, Investment and Editorial* (Royal Economic Society, 1978), p.108.
2. Ibid., p.109.
3. 2021年時，英國針對流動性不足的投資標的的新基金類別導入了一個稱為長期資產基金的框架：贖回頻率不得高於每個月一次，而且必須至少在90天前提出贖回通知。

第8章　風險性資產：全球股票市場

1. 根據投資公司協會（Investment Company Institute）的資訊，2020年底，投資到指數型共同基金與股票及債券的股票指數型基金的資金超過15兆美元，這是極度龐大的總額。
2. Source: Investment Company Institute "Profile of mutual fund shareholders, 2020"。
3. 以英國來說，Tumelo諮詢公司鼓勵基金經理人在年度股東大會投票前，向基金的單位數持有人徵詢他們對各項議題的意見，並在投票時透過基金持有的股份來反映這些意見。
4. Source: Dimson, E., P. Marsh and M. Staunton, *Credit Suisse Global Investment Returns Yearbook 2021* (Credit Suisse Research Institute/ London Business School, 2021).
5. 關於分散投資不足的學術評估，見：Campbell, J.Y., *Financial Decisions and Markets: A Course in Asset Pricing* (Princeton University Press, 2018), pp.323–31.
6. Campbell, J.Y., K. Serfaty-de Medeiros and L.M. Viceira, "Global currency

hedging", *Journal of Finance* 65(1) (2010).

7. 簡單的測試方法之一是：比較國內／國際股票和國內政府公債的**相關性**。如果國內股票和國內債券的相關性比國際股票和國內債券的相關性更高，那麼本國偏好或許就有道理可言。在實務上，這並不能證明歐洲、英國或美國投資人大幅偏離分散式全球股票投資法是正確的。研究人員為了釐清股票策略的本國偏好是否合理而檢視過更複雜的論點，包括與國內勞動成本、國內通貨膨脹等因素之間的相關性，但結果都模稜兩可。
8. 這是以芝加哥大學證券價格研究中心股價資料庫中，前10%的最大型國內掛牌交易企業為代表。

第9章　風險性資產：全球信用市場

1. 由於信用隱含一些財務上的選擇權，所以在不景氣的時期，公司債的預期績效將較政府證券差。這個獨到見解最初是諾貝爾經濟學獎得主莫頓（Robert Merton）與同事在1970年代初期透過一份先驅研究提出，這項見解有助於闡述公司債在不同環境下的表現。通常公司債投資人獲得的報酬相當於政府公債報酬率加上一個溢酬——這是公債投資人為了將這個選擇權（即保險）授與或賣給公司債權人而提供的報酬。從這個角度來看，這項選擇權是不被需要的，所以，如果這家公司倖存下來，而且能在到期日當天全額清償所有公司債，這項選擇權就會變得毫無價值。選擇權定價與股票市場之間的連動性，導致股票市場波動性和公司債基金的績效之間存在重要的密切關係，當股票市場的波動性上升，公司債基金的預期績效將令人失望。
2. Giesecke, K. et al., "Corporate bond default risk: a 150-year perspective", *Journal of Financial Economics* 102(2) (2011).
3. Ilmanen, A., *Expected Returns: An Investor's Guide to Harvesting Market Rewards* (Wiley, 2011); Ng, K.-Y. and B.D. Phelps, "Capturing the credit spread premium", *Financial Analysts Journal* 67(3) (2011).
4. 一如已開發國家的狀況，新興市場主要也只發行以本地通貨計價的債券，在2022年中時，中國的債券佔新興市場未清償債券總額的53%。中國的債券發行活動和政府支持的集資活動密切相關，而多數債券都是由政府機構所發行，而且其中多數債券都由中國銀行業者持有。

5. 哥倫比亞商學院財務學教授W. N. Goetzmann和Edwin J. Beinecke在以下書籍中針對1920年代摩天大樓債券的大眾行銷活動，乃至這些債券後來價值崩跌的慘況，提供了非常值得一讀的史料：*Money Changes Everything: How Finance Made Civilization Possible* (Princeton University Press, 2016) pp.477–81.University Press, 2016) pp.477–81.
6. Derman, E. *Models. Behaving. Badly. Why Confusing Illusion with Reality Can Lead to Disaster on Wall Street and in Life* (Wiley, 2011).
7. 這段有關量化投資與全球金融危機的討論引用了以下文章：F. Salmon "Recipe for disaster: the formula that killed Wall Street", *Wired Magazine* (February 2009) and also C. Reavis, "The global financial crisis of 2008: the role of greed, fear and oligarchs", *MIT Sloan School of Management* (2009).

第10章　多元資產基金與另類投資標的

1. 現在投資人可以藉由投資私募信用股票指數型基金的方式，取得私募債券市場的分散投資曝險部位。一如所有受制於流動性不足的市場，這種ETF的投資人也必須相信這類ETF的經理人有能力平衡ETF的流動性錯配問題，即掛牌交易的ETF本身的高流動性與其標的市場的流動性不足之間的錯配。
2. Phalippou, L., "An inconvenient fact: private equity returns and the billionaire factory", *Journal of Investing* 30(1) (2020).

第11章　住宅所有權與不動產

1. Source: UN Environment Programme, *2019 Global Status Report for Buildings and Construction.*
2. 根據房地產諮詢公司SMR Research的統計，至2021年時，美國商業大樓的平均年齡為53年。

3. Hoesli, M. and E. Oikarinen, "Does listed real estate behave like direct real estate? Updated and broader evidence", *Applied Economics* 53(26) (2021); Lizieri, C., S. Satchell and W. Wongwachara, "Unsmoothing real estate returns: a regime-switching approach", *Real Estate Economics* 40(4) (2012), pp.775–807.

第12章　藝術品與愛好性投資標的

1. Reitlinger, G., *The Economics of Taste: The Rise and Fall of Picture Prices 1760–1960* (Barrie and Rockliff, 1961). Reitlinger表示，當時（1808年）以12,600英鎊成交的這兩幅洛漢畫作，價格僅次於1754年以8,500英鎊成交的拉斐爾《西斯汀聖母》（Sistine Madonna）。
2. Mei, J. and M. Moses, "Art as an investment and the underperformance of masterpieces", *American Economic Review* 92(5) (2002).
3. 能在主要拍賣公司拍賣會上拍賣的藝術品，都是經過這些公司過濾而來。這是當然的，因為他們希望每一場拍賣會都能成功，因此目前最流行的個別風格與藝術家的作品較可能通過這個過濾的流程，而這類作品的價值也較不可能被低估。此外，拍賣會上可能結合了較多（甚至全部）和特定資產價格有關的可用資訊，而不是只有估價師的估價（估價師總是希望能根據最新的市場狀況，做出更切合時宜的估價）。但也是基於這些理由，在拍賣會上購買藝術品的人不可能經常性地獲得超額價格績效，學術研究似乎也確認了這一點。
4. 見Grampp, W.D., *Pricing the Priceless: Art, Artists and Economics* (Basic Books, 1989)，第2章中有關藝術品價值折損的段落。
5. Source: Christie's, www.christies.com/features/nft-101-collectionguide-to-nft-11654–7.aspx
6. Source:The Art Market 2022, Arts Economics for Art Basel and UBS.
7. Goetzmann, W.N., L. Renneboog and C. Spaenjers, "Art and money", *American Economic Review* 101(3) (2011), pp. 222–6.

8. Grampp, W.D., *Pricing the Priceless: Art, Artists and Economics* (Basic Books, 1989).
9. Pownall, R., S. Satchell and N. Srivastava, *The Estimation of Psychic Returns from Cultural Assets*, mimeo, 2013.
10. Ginsburgh, V. and S. Weyers, "Persistence and fashion in art: Italian Renaissance from Vasari to Berenson and beyond", *Poetics* 34(1) (2006).
11. 傳說梵谷只賣掉兩幅畫。我們不知道他究竟賣掉幾幅，不過一定超過兩幅。阿姆斯特丹的梵谷博物館網站上提供了一些背景資訊：www.vangoghmuseum.nl
12. Landes, W.M., "Winning the art lottery: the economic returns to the Ganz Collection", *Louvain Economic Review* 66(2) (2000).
13. 根據Artprice.com，2021年藝術作品拍賣會的未售出率為31%。
14. McAndrew, C. and R. Thompson, "The collateral value of fine art", *Journal of Banking and Finance* 31(3) (2007), pp. 589–607.

延伸閱讀

第1章　看清楚牛肉在哪裡

Brayman, S. and J. Stipp, "Measurement of client risk tolerance: How improving methodology could offer advisors a significant competitive advantage", Morningstar, 2021.

Kahneman, D., "The myth of risk attitudes", *Journal of Portfolio Management* 36(1) (2009).

Kay, J. and M. King, *Radical Uncertainty: Decision-Making Beyond the Numbers* (Norton, 2020).Klapper, L. and A. Lusardi, "Financial literacy and financial resilience: evidence from around the world", *Financial Management* 49(3) (2019).

Mitchell, O.S. and A. Lusardi, "Financial literacy and financial behavior at older ages", Global Financial Literacy Excellence Center, WP 2021–3 (July 2021).

第2章　自我評估：應信賴一己之見來處理投資事務，還是求助外部顧問？

Akerlof, G.A., "Behavioral macroeconomics and macroeconomic behavior". Nobel prize lecture (November 2001): www.nobelprize.org

Kahneman, D., *Thinking, Fast and Slow* (Farrar, Straus and Giroux, 2011).

Lo, A., *Adaptive Markets: Financial Evolution at the Speed of Thought* (Princeton University Press, 2017).

第3章　個人退休金的挑戰

Scott, J.S., W.F. Sharpe and J.G. Watson, "The 4% rule – at what price?",*Journal of Investment Management* 7(3) (2009).

第4章 驅動績效的因素是什麼？

Damodaran, A., "Equity risk premiums (ERP): determinants, estimation and implications – the 2022 edition": stern.nyu.edu

Damodaran, A., *Investment Fables: Exposing the Myth of 'Can't Miss' Investment Strategies* (Financial Times/Prentice Hall, 2004).

Dimson, E., P. Marsh and M. Staunton, *Credit Suisse Global Investment Returns Yearbook 2022* (Credit Suisse Research Institute/London Business School, 2022).

Dimson, E., P. Marsh and M. Staunton, *Triumph of the Optimists: 101 Years of Global Investment Returns* (Princeton University Press, 2002).

Harvey, C.R., "Be skeptical of asset management research", SSRN (2021):ssrn.com/abstract=3906277

Ibbotson, R.G. and J.P. Harrington, *Stocks, Bonds, Bills and Inflation: 2021 Summary Edition,* Morningstar (CFA Institute Research Foundation and Duff & Phelps, 2021).

Ilmanen, A., *Investing Amid Low Expected Returns* (Wiley, 2022).

Ilmanen, A., *Expected Returns: An Investor's Guide to Harvesting Market Rewards* (John Wiley & Sons, 2011).

第5章 通貨膨脹、利率、榮景與蕭條：世界上有真正安全的投資嗎？

Allen, H.J., "DeFi: shadow banking 2.0?", *William and Mary Law Review* (2022).

Bernstein, P.L., *The Power of Gold: The History of an Obsession*, (Wiley, 2nd edn, 2012).

Buiter, W.H., "Gold: a six thousand year bubble revisited", Citi Economics Research paper (2014), www.willembuiter.com/gold2.pdf Deutsche Bundesbank, *Germany's Gold* (Hirmer, 2019).

Erb, C.B. and C.R. Harvey, "The golden dilemma", *Financial Analysts Journal* 69(4) (2013).

Financial Stability Board, *Assessment of Risks to Financial Stability from Crypto-assets*, Bank for International Settlements (February 2022).

Goodhart, C. and M. Pradhan, *The Great Demographic Reversal: Ageing Societies, Waning Inequality, and an Inflation Revival* (Palgrave Macmillan, 2020).

International Monetary Fund, "Chapter 2. The crypto ecosystem and financial stability challenges", *Global Financial Stability Report, October 2021* (2021).

Makarov, I. and A. Schoar, "Blockchain analysis of the bitcoin market", NBER working paper 29396 (2021).

Quinn, W. and J.D. Turner, *Boom and Bust: A Global History of Financial Bubbles* (Cambridge University Press, 2020).

Summers, L.H., "The age of secular stagnation: what it is and what to do about it", *Foreign Affairs* (March/April 2016).

World Gold Council website (www.gold.org) is a mine of useful information and statistics on gold.

第6章　標準資產配置有助於提升投資成果嗎？

Ang, A., "Illiquid assets", *CFA Institute Conference Proceedings Quarterly* 28(4) (2011).

Capgemini Research Institute, *The World Wealth Report*, 2022.

Rogoff, K.S., *The Curse of Cash* (Princeton University Press, 2016).Salmon, F., "Recipe for disaster: the formula that killed Wall Street", *Wired Magazine* (February 2009).

第7章　流動性風險：在不景氣時期，現金才是王道

Ang, A., *Asset Management: A Systematic Approach to Factor Investing* (Oxford University Press, 2014).

Asness, C., "The illiquidity discount?", AQR perspective (2019).

Johnson, E. and D. Moggridge (eds), *The Collected Writings of John Maynard*

Keynes, Vol. XII, Investment and Editorial (Royal Economic Society, 1978).

第8章 風險性資產：全球股票市場

Anson, M. et al., "The sustainability conundrum", *Journal of Portfolio Management* (March 2020).

Arnott, R.D. et al., "Alice's adventures in factorland: three blunders that plague factor investing", *Journal of Portfolio Management* (April 2019).

Arnott, R.D. et al., "Reports of value's death may be greatly exaggerated", *Financial Analysts Journal* 77(1) (2021).

Bebchuk, L.A. and S. Hirst, "Index funds and the future of corporate governance: theory, evidence and policy", *Columbia Law Review* 119 (2019).

Bebchuk, L.A. and S. Hirst, "The specter of the giant three", *Boston University Law Review* 99 (2019).

Campbell, J.Y., K. Serfaty-de Medeiros and L.M. Viceira, "Global currency hedging", *Journal of Finance* 65(1) (2010).

Dasgupta, P., *The Economics of Biodiversity: The Dasgupta Review*, (HM Treasury, 2021).

Eccles, R.G. and S. Klimenko, "The investor revolution", *Harvard Business Review* (May/June 2019).

Fisch, J.E., "Mutual fund stewardship and the empty voting problem", *Faculty Scholarship at Penn Carey Law* 2678 (2021).

Florentsen, B. et al., "The aggregate cost of equity underdiversification", *Financial Review* 55(1) (2019).

Kavour, A., "Equity home bias: a review essay", *Journal of Economic Surveys* 33(3) (2020).

Lee, A.H., "Every vote counts: the importance of fund voting and disclosure", speech at the 2021 ICI Mutual Funds and Investment Management Conference.

Lochstoer, L.A. and P.C. Tetlock, "What drives anomaly returns?", *Journal of Finance* 75(3) (2020).

Schneider, P., C. Wagner and J. Zechner, "Low-risk anomalies?", *Journal of Finance* 75(5) (2020).

Somerset Webb, M., *Share Power: How Ordinary People Can Change the Way that Capitalism Works – and Make Money Too* (Short Books, 2022).

World Bank Group, *Purchasing Power Parities and the Size of World Economies: Results from the 2017 International Comparison Program* (World Bank, 2020).

第9章 風險性資產：全球信用市場

Aramonte, S. and F. Avalos, "Corporate credit markets after the initial pandemic shock", *BIS Bulletin* 26 (2020).

Giesecke, K. et al., "Corporate bond default risk: a 150-year perspective", *Journal of Financial Economics* 102(2) (2011).

第10章 多元資產基金與另類投資標的

Blake, D. and D. Harrison, "And death shall have no dominion: life settlements and the ethics of profiting from mortality", Pensions Institute, Cass Business School (2008).

Boni, P. and S. Manigart, "Private debt fund returns and general partner skills", Tilburg University (2021).

Gregoriou, G.N. and F-S. Lhabitant, "Madoff: A Riot of Red Flags", EDHEC Risk and Asset Management Research Centre (2009).

Harris, R.S., T. Jenkinson and S.N. Kaplan, "How do private equity investments perform compared to public equity?", *Journal of Investment Management* (2016).

Jorion, P., "Hedge funds vs. alternative risk premia", *Financial Analysts Journal* 77(4) (2021).

Lester, K. and F. Scheepers, "Risk in private debt", Validus Risk Management (2014).

Neureuter, J., "The institutional digital investor assets study", Fidelity Investments (2021).

Phalippou, L., "An inconvenient fact: private equity returns and the billionaire factory", *Journal of Investing* 30(1) (2020).

Preqin, *2021 Preqin Global Private Debt Report* (2021).

第11章　住宅所有權與不動產

Hoesli, M. and E. Oikarinen, "Does listed real estate behave like direct real estate? Updated and broader evidence", *Applied Economics* 53(26) (2021).

Lizieri C., S. Satchell and W. Wongwachara, "Unsmoothing real estate returns: a regime-switching approach", *Real Estate Economics* 40(4) (2012).

Preqin, *2021 Preqin Global Private Debt Report* (2021).

UN Environment Programme, *2019 Global Status Report for Buildings and Construction.*

第12章　藝術品與愛好性投資標的

Baumol, W.J., "Unnatural value or art as a floating crap game", *American Economic Review* 76(2) (1986).

Deloitte & ArtTactic, *Art & Finance Report 2021,* 7th edn (2021).

Ginsburgh, V. and S. Weyers, "Persistence and fashion in art: Italian Renaissance from Vasari to Berenson and beyond", *Poetics* 34(1) (2006).

Grampp, W.D., *Pricing the Priceless: Art, Artists and Economics* (Basic Books, 1989).

McAndrew, C., *Art Market 2021, The Art Basel & UBS Global Art Market Report,* 5th edn (2021).

Reitlinger, G., *The Economics of Taste: The Rise and Fall of Picture Prices 1760–1960* (Barrie and Rockliff, 1961).

謝辭

衷心感謝為這本書提供協助的許多人。

首先最需要感謝的是我們三人的太太—— Alex、Ana與Rubina，在本書漫長的醞釀過程中，她們給了我們從不間斷的支持與耐心。另外不得不提的是Jayaraman Rajakumar，他提供了純熟且深入的研究協助，事實證明這些協助彌足珍貴。我們也要感謝Chris Bartram、Elroy Dimson、Hugh Ferry、Hamzah Javaid、Mike Lea、Colin Lizieri、Tim Lund、Mark Ralphs、Oliver Stanyer、Richard Williams、Oliver Williams與Esmond James Wyatt大方為特定議題或章節貢獻的許多獨到高見。

我們由衷感謝他們每一個人，若本書有任何錯誤，必然是我們的缺失，與他們無關。我們也要感謝Profile Books的Clare Grist Taylor，她一路上的鼓勵與明智建議，讓我們受益良多。我們還要感謝Philippa Logan編輯本書時的耐性及純熟的編輯手法，還有Paul Forty對整個編輯工作的善意監督。

本書旨在幫助投資人瞭解投資方面的知識，但我們並未在書中針對任何具體的投資標的提出買進或賣出建議。本書就各式各樣的投資議題引用並彙整了各方的研究成果與投資人觀點，而且也註釋了其中某些引用來源，但我們不敢說我們的來源註釋足夠完整。雖然在重大爭議領域的討論上，我們特別標註了幾位主要研究者的參考文獻，但對於較沒有爭議的其他領域，我們則只就一般常表達的觀點提出說明，這部分未特別標註參考來源。

我們將每一章裡特別重要的資料來源條列在〈註釋〉與〈延伸閱讀〉清單等部分。

我們很榮幸在某些投資基金與實體的董事會或委員會任職或為他們提供顧問建議，但請注意，本書所表達的觀點純屬我們三位作者的個人意見，那些投資基金或實體的觀點可能和我們的看法並不一致。

彼得・史坦耶，peter@peterstanyer.com

馬蘇德・賈維，how_to_invest@hotmail.com

史蒂芬・薩齊爾，ses11@cam.ac.uk

企畫叢書 FP2289

經濟學人投資原則：
從股票、基金、ETF、房地產、加密貨幣到藝術品，在個人理財時代穩定獲利的《經濟學人》18 條關鍵投資心法
How to Invest: Navigating the Brave New World of Personal Investment

作　　者　彼得．史坦耶（Peter Stanyer）、馬蘇德．賈維（Masood Javaid）、史蒂芬．薩齊爾（Stephen Satchell）
譯　　者　陳儀
責任編輯　黃家鴻
封面設計　Dinner Illustration
排　　版　陳瑜安
行　　銷　陳彩玉、林詩玟
業　　務　李再星、李振東、林佩瑜

發 行 人　何飛鵬
事業群總經理　謝至平
編輯總監　劉麗真
副總編輯　陳雨柔
出　　版　臉譜出版
城邦文化事業股份有限公司
台北市南港區昆陽街 16 號 4 樓
電話：886-2-25000888　傳真：886-2-25001951
發　　行　英屬蓋曼群島商家庭傳媒股份有限公司城邦分公司
台北市南港區昆陽街 16 號 8 樓
客服專線：02-25007718；25007719
24 小時傳真專線：02-25001990；25001991
服務時間：週一至週五上午 09:30-12:00；下午 13:30-17:00
劃撥帳號：19863813 戶名：書虫股份有限公司
讀者服務信箱：service@readingclub.com.tw
城邦網址：http://www.cite.com.tw
香港發行所　城邦（香港）出版集團有限公司
香港九龍土瓜灣土瓜灣道 86 號順聯工業大廈 6 樓 A 室
電話：852-25086231　傳真：852-25789337
電子信箱：hkcite@biznetvigator.com
新馬發行所　城邦（新、馬）出版集團
Cite（M）Sdn. Bhd.（458372U）
41, Jalan Radin Anum, Bandar Baru Seri Petaling,
57000 Kuala Lumpur, Malaysia.
電話：+6(03) 90563833
傳真：+6(03) 90576622
電子信箱：services@cite.my

一版一刷　2024 年 6 月

ISBN　978-626-315-493-3（紙本書）
　　　978-626-315-490-2（EPUB）

售價：NT 480 元

國家圖書館出版品預行編目資料

經濟學人投資原則：從股票、基金、ETF、房地產、加密貨幣到藝術品，在個人理財時代穩定獲利的《經濟學人》18 條關鍵投資心法／彼得．史坦耶（Peter Stanyer）、馬蘇德．賈維（Masood Javaid）、史蒂芬．薩齊爾（Stephen Satchell）著；陳儀譯．-- 一版．-- 臺北市：臉譜出版，城邦文化事業股份有限公司出版：英屬蓋曼群島商家庭傳媒股份有限公司城邦分公司發行，2024.06
面；　公分．（企畫叢書；FP2289）
譯自：How to invest : navigating the brave new world of personal investment
ISBN 978-626-315-493-3（平裝）

1.CST: 投資　2.CST: 投資分析　3.CST: 投資管理

563.5　　113005031